すぐに使える ビジネス英語スピーチ 100

上達の秘訣30 + モデル文100

CD BOOK 2枚組

亀田 尚己　　清水 利宏

（英文監修）ガー・レイノルズ

研究社

まえがき

100 Ready-to-use Business English Speeches

　この本を手に取っていただいた皆さん、まずはスピーチの世界へようこそ！　英会話ではなくスピーチの本、しかも「ビジネス英語スピーチ」の本を手にされたわけですから、状況は違っても、「自分の気持ちをスピーチで伝えたい」と願う気持ちは同じでしょう。この本は、まさにそんな皆さんのために書き上げた一冊です。

　この本がこだわったのは、ビジネスパーソンに、数多くの具体例と解説を、分かりやすい言葉で伝えることです。まずは、本書をパラパラとめくってみてください。PART 1 では、スピーチの「上達の秘訣」を30項目に整理して、難解な専門用語を使わず、スピーチに必要な知識を一通り解説しています。PART 2では、すぐに使える「モデル文」を100例用意しました。これだけの実例があれば、それらを少し組み合わせるだけで、限りなく応用の幅が広がることでしょう。自分独自のスピーチを作る際には、PART 3の「目的別索引」を活用してください。ここでは、「上達の秘訣」や「*Apply it!*」欄（応用のヒント）が検索できるだけでなく、100本のスピーチに登場する英語表現を、700項目以上の見出し語から、速やかに探し出すことができます。

　特に本書がユニークなのは、「上達の秘訣」と「モデル文」が相互に連携し、独学でもスピーチづくりの基本が学べることです。たとえば、スピーチの「モデル文」には、そのスピーチを深く知るための「上達の秘訣」の参照先が示されています。また、「上達の秘訣」には、その解説の実例となる「モデル文」の参照先が記されています。このように本書は、豊富な実例と解説を横断的に学べる、実践的な「英語スピーチ・ガイド」として、きっと皆さんの国際ビジネスのお役に立つことでしょう。

　この本が誕生するきっかけは、2009年に遡ります。著者二人が国際ビジネスコミュニケーション学会の関西支部会を終えて帰宅する際、「指導学生が英語弁論大会で準優勝をした」という清水の報告を、亀田が受けた時でした。亀田がその話を喜んだのは、実は亀田自身も大学生時代に母校（日本大学）の英語弁論大会で3年連続優勝をするなど、スピーチには人一倍の情熱を傾けていたからです。清水も同様に、大学生時代に母校（関西外国語大学）の英語弁論大会で優勝したほか、複数の外大が競う大会などでも優勝を収めていました。ふたりは、「スピーチ談義」で意気投合したのです。

　それから4年が経過した2013年の春、亀田は、自身の著『スピーチ英語の手ほどき』（日本経済新聞社, 1994年）に収録の60本のスピーチを再編集した新著の企画を、清水に呼びかけました。縁とは尊いもので、ちょうどその頃二人が大会委員を務めていた国際学会 "The 12th ABC Asia-Pacific Conference" (Association for Business Commu-

iii

nication) の招待講演者が、のちに本書の英文監修をご快諾くださる Garr Reynolds 氏（関西外国語大学教授）だったのです。ベストセラー『プレゼンテーション Zen』の著者として世界的に有名なレイノルズ氏には、ビジネスの最前線で活躍するプレゼンターの厳しい目線で、本書のすべての英文をご監修いただきました。建設的で、大変貴重なご指摘を頂戴したことを、改めて御礼申し上げます。また、『スピーチ英語の手ほどき』に掲載されたスピーチを本書で改編する旨をご快諾くださった、日本経済新聞出版社の増山修氏にも厚く御礼申し上げます。

　そのような経緯により、本書の執筆では、まず亀田から受け継いだ 60 本のスピーチを、清水が現代風にアレンジして新たに解説を付け加えました。続いて、残る 40 本のスピーチと解説、そして「上達の秘訣」を清水が書き下ろしたのち、著者二人で入念な議論と推敲を繰り返してきました。本書を通じて、これまでに亀田と清水がスピーチの恩師から受けた指導の一端を広く社会に還元できれば、これほどうれしいことはありません。ここに恩師の名を記し、心から敬意を表します。まずは亀田のスピーチの恩師である Bro. Casimir Kreczmer, S. A.（フランシスコ修道会士）と、尊敬する mentor でもある Dr. Jeremiah J. Sullivan (Emeritus Professor of International Business, Foster School, University of Washington)。そして、清水にスピーチを指導してくださった、足立事宏先生（関西外国語大学教授）と、早瀬光秋先生（三重大学名誉教授）。また、本書の「*Concept*」欄（言葉の概念解説）の源泉となった、清水の「ビジネス・スピーチにおける概念メタファ研究」をご指導くださった豊田昌倫先生（京都大学名誉教授）に、心より御礼と尊敬の念を申し述べます。

　「日本のビジネスパーソンに、スピーチの素晴らしさを知って欲しい」という著者の願いを受け止め、出版の機会を与えてくださったのは、研究社編集部の杉本義則氏です。同氏は企画から出版に至るまで、常に迅速かつ的確な助言を与えてくださいました。心から感謝を申し上げます。また、本書の出版にあたり、快く英文校正にご協力をいただいた Jean-Pierre Antonio 氏（鈴鹿国際大学）と Martin C. Stack 氏（滋賀県立大学）、そして、私たち二人をご支援くださったすべての方々に、改めて謝意を表します。

　本書が、一人でも多くのビジネスパーソンに愛されることを願ってやみません。

春色の琵琶湖を大津と彦根から望んで

2014 年 3 月

亀田 尚己　　清水 利宏

本書の特徴

1 すぐに使える！充実の「モデル・スピーチ」が100本

リアルな場面設定に基づくスピーチ(Model Speeches)100本を収録。標準的な長さの「ショート・スピーチ」50本（長めの4本を含む）と、少し短めの「クイック・スピーチ」50本で本文を構成しています。ショート・スピーチには対訳を、クイック・スピーチには抄訳を付けました。

2 男女のネイティブ・スピーカーによる音声CD 2枚組

発表練習の際は、ネイティブ・スピーカーが録音した付属の音声CDを活用できます。男女のナレーターが50本ずつ吹き込んでいますが、本書のスピーチは（一部の表現を除いて）男性用・女性用の区別はありません。音声CDは、英語スピーチのリスニング練習にも役立ちます。

3 身近な言葉でグッと分かりやすい「上達の秘訣30」

パート1では、「スピーチ上達の秘訣」(Speakers' Tips)を30項目に分けて丁寧に解説。難解な専門用語を使わずに、スピーチの基礎から応用までを分かりやすく説明しています。スピーチの初心者には親切な、また上級者には頼もしい、スピーチづくりのガイドになるでしょう。

4 スピーチの理論と実践を横断的に学べる「*Clues*」

パート1の「上達の秘訣」と、パート2の「モデル・スピーチ」を結ぶのが、各スピーチの解説に登場する「*Clues*」です。ここでは、スピーチをより深く理解するための説明に加えて、関連する「上達の秘訣」の参照先を示しています。これにより、理論と実践がひとつになります。

5 言葉の奥の「概念」から表現力を磨く「*Concept*」

スピーチの表現力を高めるヒントとして、本書では言葉が持つ「概念」に着目。各ショート・スピーチに「*Concept*」欄を設けて、スピーチにおける「言葉の概念」の面白さを、やさしく解き明かしています。この説明をヒントに、誰よりも新鮮な表現力を身に付けてください。

6 シンプルな応用で英語力に幅を生む「*Apply it!*」

あなたのスピーチを、よりスピーチらしくする応用練習が「*Apply it!*」です。この欄は、各ショート・スピーチにおける発展のコツを、簡単な応用練習で学べるように工夫したものです。オリジナル・スピーチを作る際や、英語表現に変化をつけたい時に、大いに役立ちます。

目次

100 Ready-to-use Business English Speeches

PART 1 *Speakers' Tips 30*
英語スピーチ「上達の秘訣30」

「パート1」の説明 xii

Seminar 1 「始める」 スピーチの心構え
- #01 言葉は絵筆 ｜ スピーチを「描く」 2
- #02 基本の3C ｜ 残念なスピーチ 4
- #03 スピーチの目的 ｜ ニーズを満たす 6
- #04 聴衆は誰か ｜ 聞き手を味方に 8
  - コラム English Speech Q&A 1 「突然の自己紹介」
- #05 説得力を高める ｜ 心を動かす3要素 10

Seminar 2 「考える」 構成と論理の構築
- #06 拡張と選択 ｜ スピーチの発想 12
- #07 論理の組み立て ｜ 主張を支える 14
- #08 3点ルール ｜ 整理から演出まで 16
- #09 素材の具体性 ｜ 期待に応える 18
  - コラム English Speech Q&A 2 「声が細いと言われて」
- #10 話題の配列 ｜ 順序という配慮 20

Seminar 3 「書く」 伝える&伝わるコンテンツ
- #11 構成の基本 ｜ 直線型の「起・証・結」 22
- #12 概念を伝える ｜ 比喩の強さと怖さ 24
- #13 話の3層構造 ｜ 本論サンドイッチ型 26
- #14 言葉で絵を描く ｜ 描写の技術 28
- #15 注目を集める疑問文 ｜ 質問の力 30
- #16 簡単レトリック ｜ メッセージの演出 32
- #17 推敲のポイント ｜ 改善の手がかり 34
  - コラム English Speech Q&A 3 「日本語が先か、英語が先か」

Seminar 4 「鍛える」 思いを届ける発表技法
- #18 デリバリー ｜ 思いを「届ける」 36
- #19 ボイス・トレーニング ｜ 発声の練習 38
- #20 発音記号の読み方 ｜ 誤解のない発音 40

vi

#21　3つの強調技法 ｜ 強勢・抑揚・間 42
#22　ボディー・ランゲージ ｜ 視覚に訴える 44
#23　もれなく伝える ｜ 参照物の準備 46
#24　ステージ・フライト ｜ 緊張感の克服 48
　　　コラム　English Speech Q&A 4 「娘のスピーチ・コンテスト」

Seminar 5　「発表する」 留意点と改善のヒント

#25　発表イメージの確認 ｜ 想定と活用 50
#26　リアリティを高める ｜ 発表での機転 52
#27　プレゼン・ソフトに注意 ｜ スライドの功罪 54
#28　トラブルが起きたら ｜ 対処と回避 56
#29　質疑応答を活かす ｜ スピーチを補う 58
#30　スピーカーとしての飛躍 ｜ 基本の力 60
　　　コラム　English Speech Q&A 5 「スピーチ上達の近道」

PART 2　Model Speeches 100
英語スピーチ「モデル文100」
「パート2」の説明 62

Section 1　社内関連のスピーチ（本社・関連会社に対して）

お祝いのスピーチ

		Casual　Formal	長さ	ナレーション	
#001	新会社設立披露式典で新社長が挨拶する	□□□■■	Short	女性	66
#002	新会社設立式典で本社代表として挨拶する	□□□□■	Short	男性	68
#003	東京支社開設にあたり支社長が挨拶する	□□□■■	Short	女性	70
#004	新工場操業記念式典で工場長が挨拶する	□□□■■	Short	男性	72
#005	創立記念式典で本社代表として挨拶する	□□□■■	Short	女性	74
#006	現地法人の創立記念日に工場長が挨拶する	□□□■□	Quick	男性	76
#007	勤務成績が優秀な社員を表彰する	□□□□□	Quick	女性	77

歓迎のスピーチ

#008	新たな工員を現地の工場長が歓迎する	□□■■□	Short	男性	78
#009	選抜された研修生を海外工場から迎える	□□□■□	Short	女性	80
#010	ニューヨーク支店からの研修生を歓迎する	■□□□	Short	男性	82
#011	本社から海外視察に来た役員を迎える	□□□■□	Short	女性	84

vii

			Casual Formal	長さ	ナレーション	
	#012	現地法人で政府要人の視察を歓迎する	□□□■□	Short	男性	86
	#013	アメリカの本社から副社長を迎える	□□□■□	Short	女性	88
	#014	日本到着直後の歓迎会で訪問客をもてなす	□□□■□	Quick	男性	90
	#015	新工場予定地の鍬入れ式に来賓を迎える	□□□■□	Quick	女性	91

答礼のスピーチ

	#016	視察先企業の歓迎会で挨拶をする	□□□■□	Short	女性	92
	#017	合弁予定の企業で歓迎を受ける	□□□■□	Short	男性	94
	#018	社内表彰を受けて受賞の挨拶をする	□□□■	Quick	女性	96
	#019	研修先の海外店舗での歓迎に感謝する	□□□■□	Quick	男性	97

就任・着任のスピーチ

	#020	新設海外法人の初代社長に就任する	□□■□	Short	女性	98
	#021	海外現地法人へ後任社長として着任する	□□□■□	Short	男性	100
	#022	新たな海外拠点で社長に就任する	□□□■□	Short	女性	102
	#023	海外支店の統括責任者に就任する	□□□■	Short	男性	104
	#024	商社の海外支店長として着任する	□□□■□	Short	女性	106
	#025	新入社員として勤務を始める	□□□■□	Quick	男性	108
	#026	人事異動で新たな部署に着任する	□□□■□	Quick	女性	109

紹介のスピーチ

	#027	新任の支社長を現地営業部長が紹介する	□□■□□	Short	男性	110
	#028	自身の職位を継ぐ後任者を紹介する	□□□■□	Short	女性	112
	#029	前任者の紹介を受けて挨拶をする	□□□■□	Short	男性	114
	#030	新社長を現地スタッフに紹介する	□□■□	Quick	女性	116
	#031	部門のメンバーを新支店長に紹介する	□□□■	Quick	男性	117

別れのスピーチ

	#032	帰国する支店長が別れの挨拶をする	□□□■□	Short	女性	118
	#033	帰国を控えた子会社社長が挨拶をする	□□□■	Short	女性	120
	#034	現地法人を退職する社員に謝辞を述べる	□□□■□	Short	男性	122
	#035	独立する部下に送別の言葉を贈る	□□■□	Short	女性	124
	#036	本社社長がアメリカで引退の挨拶をする	□□□□■	Short (長め)	男性	126
	#037	大学教員に転身する部下を送る	□□□■□	Quick	女性	128
	#038	日本へ長期研修に行く部下を激励する	□□■□□	Quick	男性	129
	#039	転勤する支店長が別れの挨拶をする	□□□■□	Quick	女性	130
	#040	退職する上司に部署を代表して挨拶する	□■□□	Quick	男性	131

			Casual Formal	長さ	ナレーション	
	#041	定年退職を迎えて別れの挨拶をする	□□■□	Short	男性	132
	#042	自己都合による退職の挨拶をする	□□□■	Quick	女性	134

伝達のスピーチ

	#043	社内行事の確認事項を連絡する	□□■□	Quick	男性	135
	#044	新入社員研修で自社の歴史に触れる	□□■□	Quick	女性	136
	#045	業績悪化に伴う工場閉鎖を告知する	□□□■	Quick	男性	137

Section 2　社外関連のスピーチ（顧客・取引先に対して）

お祝いのスピーチ

			Casual Formal	長さ	ナレーション	
	#046	取引先の日本支社開設を祝う	□□■□	Short	男性	140
	#047	シカゴ支社開設記念式典で祝辞を述べる	□□□■	Quick	女性	142
	#048	新社長披露パーティーで就任を祝う	□□□■	Quick	男性	143
	#049	優良ディーラーに感謝状を贈呈する	□□□■	Quick	女性	144
	#050	自社施工物件の竣工式で祝辞を述べる	□□□■	Quick	男性	145

歓迎のスピーチ

	#051	工場見学に訪れた一般客を歓迎する	□□■□	Quick	女性	146
	#052	招待ワークショップの参加者を歓迎する	□□■□	Quick	男性	147
	#053	海外代理店のディーラー・ツアーを迎える	□□■□	Short	女性	148

答礼のスピーチ

	#054	海外メーカー主催の夕食会で謝辞を述べる	□□■□	Short	男性	150
	#055	海外代理店を代表して会議で挨拶する	□□■□	Quick	女性	152
	#056	訪問先の視察団歓迎式典で挨拶をする	□□■□	Short	男性	154
	#057	研修を終え日本帰国の前に挨拶をする	□□■□	Quick	女性	156

営業のスピーチ

	#058	内覧会で新商品の情報を知らせる	□□■□	Quick	男性	157
	#059	訪問先で自分の会社を紹介する	□□■□	Short	女性	158
	#060	営業先の社員に自己紹介をする	□□■□	Short	男性	160
	#061	新規営業先でプレゼンテーションを始める	□□□■	Quick	女性	162
	#062	取引先で出張セミナーを開催する	□□□■	Quick	女性	163
	#063	店頭で一般消費者に実演販売をする	■■□□	Quick	男性	164
	#064	テレビ番組で新商品を紹介する	□■□□	Quick	女性	165
	#065	ラジオで新商品キャンペーンを知らせる	■■□□	Quick	男性	166

ix

			Casual Formal	長さ	ナレーション	
#066	国際販売代理店会議を始める		□□□■	Quick	女性	167
#067	ディーラー会議で工場の被災を詫びる		□□□■	Quick	男性	168

記者発表のスピーチ

#068	新事業の立ち上げを記者発表する		□□□■	Quick	女性	169
#069	新製品記者発表会で商品を紹介する		□□□■	Short	男性	170
#070	経営陣の異動について報道発表をする		□□□□■	Quick	女性	172
#071	プレス発表会で新たな経営ビジョンを語る		□□□■□	Quick	男性	173
#072	製品の不具合と自主回収を報告する		□□□□■	Quick	女性	174
#073	ネットでの顧客情報流出を謝罪する		□□□□■	Quick	男性	175
#074	ソーシャル・メディアの炎上を謝罪する		□□□■	Quick	女性	176
#075	社員の不祥事について謝罪する		□□□□■	Quick	男性	177

Section 3 各種行事でのスピーチ

お祝いのスピーチ

			Casual Formal	長さ	ナレーション	
#076	部下の結婚披露宴で祝辞を述べる		□□■□	Short	男性	180
#077	同僚の結婚披露宴で司会をする		□□□■	Short (長め)	女性	182
#078	就任披露宴で新社長の人柄を紹介する		□□□■	Short	男性	184
#079	名誉市民号授与式で受賞の挨拶をする		□□□□■	Short	女性	186

別れのスピーチ

#080	結婚退職をする秘書の歓送会で挨拶する		□□■□	Short	男性	188
#081	インターンシップの送別会で挨拶をする		□■□□	Quick	女性	190
#082	取引先会長の社葬で弔辞を述べる		□□□■	Quick	男性	191
#083	社葬で一般会葬者に御礼を述べる		□□□□■	Short	女性	192

公式行事でのスピーチ

#084	研究成果について学会発表をする		□□□■	Quick	男性	194
#085	自社主催の技術コンテストで司会をする		□□□■	Quick	女性	195
#086	公開セミナーの講師を紹介する		□□□■	Short	男性	196
#087	ロータリー・クラブで国際交流を語る		□□□■■	Short (長め)	女性	198
#088	地元の大学の入学式で挨拶をする		□□□■	Short	男性	200
#089	商工会議所で国際理解について話す		□□□■	Short	女性	202
#090	高校生に「批判と理解」について語る		□□■□	Short	女性	204

カジュアル・イベントでのスピーチ

Casual ←→ Formal　長さ　ナレーション

- #091　クリスマス・パーティーで感謝の挨拶をする .... □■■□□　Short　　　男性　206
- #092　家族連れの日帰り社員旅行を主催する .... □■■□□　Short　　　女性　208
- #093　ホーム・パーティーで妻の手料理を振る舞う ■■□□□　Quick　　男性　210
- #094　顧客の誕生日パーティーで挨拶をする .... □■■□□　Quick　　女性　211
- #095　親睦行事の抽選会で進行役を務める .... ■■□□□　Quick　　男性　212
- #096　同好会の歓迎を受けて挨拶をする .... ■□□□□　Quick　　女性　213

日本を紹介するスピーチ

- #097　日本でのビジネスについて語る .... □□□□■　Short（長め）　男性　214
- #098　子供が通う小学校で日本を紹介する .... □□■□□　Short　　　女性　216
- #099　日本の「就活」について話をする .... □■□□□　Quick　　男性　218
- #100　日本の季節の魅力を紹介する .... □■■□□　Quick　　女性　219

ひとことコラム　こっそり上達するコツ

- ① 発音編1　強勢をしっかり意識して英語を話そう 64
- ② 発音編2　余計な母音が入らないように発音しよう 138
- ③ プレゼン編　ワイヤレス機器を活用して演台を離れよう 178

PART 3 Jump-Start Index
英語スピーチ「目的別索引」

「パート3」の説明 220

- #1　「*Apply it!*」をテーマ別に探す 222
- #2　「上達の秘訣」をスピーチの用語から探す 223
- #3　「スピーチの表現例」をキーワードから探す 225

【読者の皆さまへ】

- 本書のスピーチは「CD音声の男女別」に関係なく、男女どちらの発表者にもご活用いただけます。
  ※一部文脈においては、男性・女性の発表を想定したものがあることをご了承ください。
- 添付CDの音声は、音読の「一例」を紹介するためのものです。ひとつの目安としてご利用ください。
- 一部の事実を除き、本書のスピーチに登場する企業名・人物名・商品名および内容等は架空のものです。

Speakers' Tips 30
英語スピーチ「上達の秘訣30」について

パート1では、スピーチ技術の向上に欠かせない30項目の要点を分かりやすく解説しています。5つのセミナーに分類された「Speakers' Tips」は、どの項目から読み始めても理解できるように編集されていますので、スピーチのニーズに応じて、必要な項目を参照してください。スピーチが初めてという人は、最初から通して読むことで、スピーチに必要な一通りの知識が身に付きます。

【凡例】本文の見方

[Tip x]	「*Speakers' Tip x*」を短縮して表記しています。
[SP x]	「*Model Speech x*」を短縮して表記しています。
(→*[Tip x]*)	「*Speakers' Tip x*」を参照すると関連情報があります。
(→*[SP x]*)	「*Model Speech x*」を参照すると関連情報があります。

「英語スピーチQ＆A」について

*Speakers' Tips*には、コラム記事「英語スピーチQ＆A」が5本掲載されています。このコラムでは、著者二人がスピーチに関する質問に答えながら、カジュアルな雰囲気で議論しています。少し息抜きをして、著者の素顔に触れてみてください。
※ は亀田尚己の発言、 は清水利宏の発言です。

PART 1
Speakers' Tips 30

英語スピーチ「上達の秘訣30」

Seminar 1 「始める」 スピーチの心構え 2
Seminar 2 「考える」 構成と論理の構築 12
Seminar 3 「書 く」 伝える＆伝わるコンテンツ 22
Seminar 4 「鍛える」 思いを届ける発表技法 36
Seminar 5 「発表する」 留意点と改善のヒント 50

Seminar 1

Speakers' Tip 1
言葉は絵筆｜スピーチを「描(か)く」
ビジネス・スピーカーに必要なスピーチ・マインドとは？

> 誰にでも分かりやすく、共感を呼ぶスピーチは、とても具体的です。まずは、ビジネス・スピーカーとしての「心構え」について考えてみましょう。

1.「書く」から「描く」へ

　優れたスピーチは「書く」のではなく、「描く」ものかもしれません。スピーチを描くとは、**聴衆の頭の中で「絵が描かれるかのように理解される」スピーチを作りあげること**です。言葉を絵筆に、そして原稿用紙をキャンバスにして、メッセージを思う存分デザインする醍醐味は、まさにスピーチを「描く」プロセスの中から生まれるものです。

　英語スピーチは、「何を、どう捉えて、どう表現するかを構成する作業」と、それを「英語で発信する作業」の組み合わせで成り立っています。前者では、自分独自の見解を分かりやすく整理する必要がありますし、後者では、その思いを間違いなく聴衆へ届けなければなりません。どちらもなかなか難しい作業ですが、その「構成」から「発信」までのプロセスが複雑だからこそ、堂々と英語スピーチを実践できるコミュニケーション・スキルがビジネスの現場で高く評価されているのでしょう。

　聴衆の頭の中で「絵が描かれるかのようなスピーチ」をするというのは、プレゼンテーション・ソフトウェアで視覚的なスライドを見せるということではありません。優れたスピーチは、スライドに頼らなくても、話者と聴衆の間に「共通の絵」を描くことができるのです。プレゼン中に、スライドを映しながら目は原稿を追うだけの発表者や、スライドは立派でも話す内容がいまひとつというプレゼンに触れるたびに、「言葉の力だけで絵を描く」ことの難しさや大切さを、改めて思い知らされる気がします。

　本書は、**あなたの「言葉の力」だけで、思いを伝える技術**にこだわっています。どれだけプレゼン・ソフトが進歩しても、プレゼンそのものを成功へと導くのは、発表者（あなたです！）の卓越したスピーチ技術です。**スピーチづくりは、言葉で聴衆の頭の中に絵を描く作業である**ことを、まず初めに覚えておきたいものです。

2. スピーチで絵を「描く」とは？

　スピーチの描き方（そして書き方）については、この後の *Speakers' Tips* で順に詳しく見ていくとして、ここでは少しだけ予習をしましょう。突然ですが、「朝の電車から見た美しい景色」というテーマで、スピーチを始めてみます。

(a) "I saw an extremely beautiful, very unforgettable scene this morning!"（私は今朝、異常なほどに美しい、とても忘れられない景色を見た。）

感嘆符も付いて、とても衝撃的な表現です。でもこれでは、聴き手に感動は伝わりません。その理由は、いくら劇的な形容詞や副詞を並べても、文章自体に具体的な状況描写がないために、聞き手がその様子を絵に描けないからです。

たとえば、その景色の中には何があったのでしょうか？都市だったのか田舎なのか。何が忘れられないほど印象的だったのか。虹か青空か。その時の乗客の表情は…など、スピーチでは、このような具体的な描写が求められます。

それでは、(a)を別の文章で言い換えてみましょう。

(b) "I won't forget the morning sunlight reflecting on the ocean."（私は、海に反射する朝日を忘れないだろう。）

(a)(b)はどちらも同じ景色の話題で、両方とも10単語のやさしい文章です。(a)は、言葉は豪快でもその光景が想像できません。(b)は言葉はシンプルでも、眩しく光る朝日が目に浮かびます。この**「目に浮かぶ」感覚を届けるのが、スピーチで絵を「描く」ということです。**

話者と聴衆が同じ感動を共有するためには、具体的な描写が必要です。単に「小さい会社」と言うのではなく、"a very tiny company with only eight employees"（たった8人の本当に小さな会社）と表現したり（→*[SP 41]*）、"rather short" という言葉を"just a three-month stay"（わずか3か月の滞在）と言い直すことで（→*[SP 10]*）、スピーチにおける鮮明な描写が可能になります。この技術を応用すれば、「社員の貢献ぶり」を具体的に描写して、スタッフの労働意欲を鼓舞することもできるでしょう（→*[SP 16, 49]*）。言葉で絵を描く技術は、言葉でビジネスの感動を生み出す技術でもあるのです。

3．スピーチ・マインドへの気づき

優れたスピーカーになるには、優れた「スピーチ・マインド」を持つことが必要です。スピーチ・マインドとは、様々な出来事に対する自分の思いを、自分の言葉で表現しようとする意識のことです。それには、言葉で絵を描く大切さに対する理解も含まれます。

スピーチ・マインドを高める心がけを3点、紹介します。**(1)身の回りの出来事に関心を持ち、(2)いくつかの視点から観察をして、(3)自分の意見を「具体的な言葉」で表現・描写する経験を積む**ことです。今日のスピーチ・マインドへの気づきは、強い言葉を身に付ける第一歩になることでしょう。

「言葉で絵を描く」という英語スピーチの技術は、世界に通じるビジネス・スキルです。どうすればもっと優れたスピーチを「描く」ことができるのか。また、どうすれば言葉の力で人の心を動かすことができるのか。その秘訣や面白さを、これから一緒に探っていきましょう。

Seminar 1

Speakers' Tip 2
基本の3C ｜ 残念なスピーチ
Clear（明解）、Concise（簡潔）、Creative（独創的）を目指して

「残念なスピーチ」には残念な理由があります。その理由を振り返り、スピーチに大切な「ハッキリ、スッキリ、ビックリ」の基本を考えます。

1．「ぼんやり」を「ハッキリ」にするC

何かを人に伝える必要があるからスピーチをするわけですが、聞き手には「結局何が言いたかったんだろう」というモヤモヤ感が残ることがあります。

その**第1の理由は、スピーチの主題が曖昧**であることが考えられます。話者として「特に言いたいことがない」、さらには「自分でも何が言いたいのかよく分からない」といった場合です。朝礼などで半ば義務的にスピーチをするような場合、その日のテーマが「スポーツ」だと、「とりあえず何でもいいからスポーツの話」という次元になりがちで、結果として、聴衆には「結局何が言いたかったんだろう」という疑問になるわけです。

この問題を解決するのが、1つ目のC、**Clear（明解）な話を心がけること**です。そのためには、まず話題を絞り込みます。逆に言えば、**主題以外の話をバッサリ切り捨てる勇気が必要**です。上記の例ですと、無数にあるスポーツの話題から、「駅伝のたすき」に的を絞ってスピーチに臨むだけで、あなたの話はぐっと伝わりやすくなります。話題を絞り込み、それをスピーチ全体の中心に据えること（→ *[Tip 13]*）。これは、伝わるスピーチをするためには欠かせないステップです。

2．「難しい」を「スッキリ」にするC

スピーチがうまく伝わらない**第2の理由は、使う言葉が複雑**なことです。いわば、「言いたいことは分かるけど、あの人の話は難しいよね」と言われるケースです。たとえば、自己紹介で "I'm punctual."（私は時間に正確だ。）と言えば一瞬で伝わるのに、"I am not the type of person who is often late for appointments."（私は約束の時間によく遅れるような人間ではない。）のような複雑な表現が繰り返されるスピーチです。サッと理解できない英語が続くと、いくら話の内容が良くても、結局は「あの人の話は難しいよね」で終わります。

これを回避するコツが、2つ目のC、**Concise（簡潔）な文章を心がけること**です。これは、「短く言えることは短く言う」、「やさしい単語で済むところはやさしい単語で済ませる」ということです（→*[Tip 11]*）。**同じ意味なら、簡単な表現の方が伝わりやすい**のは当然です。スピーチは、ネットで見つけた気の利いた

言い回しや、文学的な美しい表現を披露するための場ではありません。「思いを伝える」という目的に徹して、先の"I'm punctual."の例のように、「もっと簡潔に伝える方法はないか」と常に自分に問いかけることが大切です。

3.「平凡」を「ビックリ」にするC

それでもまだ「残念なスピーチ」になる場合、考えられる**第3の理由は**、簡単に言えば、**スピーチが「平凡」**だからです。この原因は、「聴衆の誰もが知っている話をする」という初歩的な失敗(→[Tip 9])から、「話者自身の話し方が単調」という理由(→[Tip 21])まで様々です。総じて、このような話者に共通するのは、「聞き甲斐のあるスピーチ」を提供するという聴衆への配慮が欠けていることです。

ここで登場するヒントが、3つ目のC、**Creative(独創的)な要素を入れること**です。これは、聴衆が「へえ、そうなんだ」**と新鮮な発見を感じる場所を、スピーチのどこかに仕込むこと**です。劇的な驚きは必要ありません。日常的な話題でも、そのスピーチによって、改めて何らかの感動がもたらされれば、それで十分に独創的なスピーチだと言えます。たとえば[SP 17, 23]では、「漠然と感じがちな思い」をあえて明言することで、聴衆に新鮮な発見を与えています。確かに、スピーチには、話を印象的に演出するためのコツ(→[Tip 16])は存在しますが、それ以前に、聴衆にスピーチを楽しんでもらおうという話者の思いがなければ、決して良いスピーチは生まれません。

スピーチで新鮮な発見を語るためには、いつも多角的な視点でモノを見る心構えが必要です。言い換えれば、見えるままの情報を鵜呑みにするのではなく、**常に別の視点から物事の本質を捉えようとすること**です。たとえば、紙に描かれた円は、単なるマルではなく円柱や円錐の底辺、またはパイプの断面図かもしれません。またアルファベットのオーや、数字のゼロかもしれないし、子供が描いた指輪や輪ゴムの絵、あるいは円に見えるだけの単なる落書きかもしれません。「見える」のではなく、意識的に「見る」という習慣が、平凡な毎日の中から新鮮な話題を引き出してくるのです。

ひとつ提案ですが、独創的なモノの見方を養うために、「通勤途上で、毎日ひとつ新たな発見をして、それを誰かに話してみる」という練習はいかがでしょうか。「いつも正面から見ていた自販機を横から見たら、驚くほど薄かった」という小さな発見も、次のビジネス・スピーチのヒントにつながるかもしれません。

ポイントを絞る"Clear"、簡潔な言葉で話す"Concise"、新しい感動を伝える"Creative"。説明されれば、どれも簡単に聞こるかもしれませんが、3つをまとめて実践することはなかなか難しいものです。スピーチをする前には、いつもこの「3つのC」を思い出してください。

Seminar 1

Speakers' Tip 3
スピーチの目的 ｜ ニーズを満たす
情報伝達型・説得型・友好型スピーチで言葉を贈る

> もらってうれしいプレゼントと、聞いて満足なスピーチには、深い関係があります。スピーチづくりは、聴衆のことを大切に思う気持ちから始まります。

1．スピーチという贈り物

本書での「スピーチ」とは、一定数以上の聴衆に対して、一定時間、特定の話題について話すことを指します。ビジネスに目的があるように、スピーチにも果たすべき目的があります。

　目的を果たす「優れたスピーチ」は、人を喜ばせるプレゼントに似ています。何かを贈る時には、まず相手を思って、何が喜んでもらえるかを思案することでしょう。何か暖かい物が良いということでマフラーを贈ると決まれば、次はどんなサイズや素材、色が良いかを考え、最後の包装や渡す状況、さらには相手が喜ぶ姿まで、思いを馳せるのではないでしょうか。これらのプロセスをスピーチづくりに置き換えてみた例が右の「図１」です。贈り物とスピーチの共通点に気づいていただけるでしょうか。

　贈り物もスピーチも、まずは相手や聴衆を大切に思うことから始まります。人前でスピーチすることを英語で"delivery"と呼びますが、その、「届ける」という単語の意味通り、**スピーチは、聴衆への思いがこもった「言葉の贈り物」を届けることなのです。**

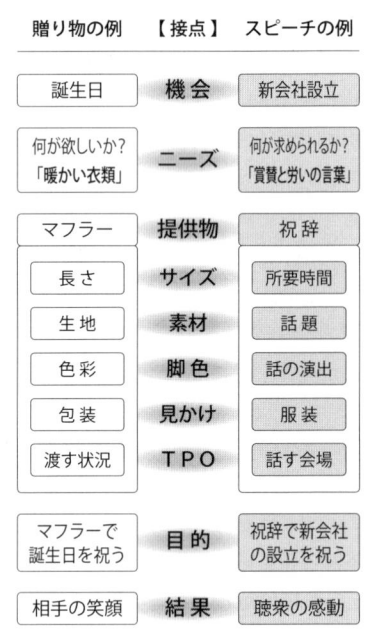

図1： 贈り物とスピーチ

2．スピーチのニーズと目的

　聴衆を思う気持ちが理解できたところで、具体的な目的を考えてみましょう。

　本書の Model Speeches には、100種類のスピーチが掲載されています。これらはすべて、異なる目的を果たすために用意されたものです。**100の目的がある**

ということは、その背後に100のニーズがある、ということになります。たとえば、祝賀行事であれば（図1の例のように）その雰囲気にふさわしい賞賛や労いの言葉が求められるでしょうし、新製品発表会であれば、正確で過不足のない情報が求められるでしょう。一方、カジュアルなイベントであれば、あなたのスピーチで会場がさらに盛り上がり、皆が楽しいひと時を過ごせることが期待されているはずです。

これらの**「話者に求められているもの」がスピーチにおける「ニーズ」で、それを満たすのがスピーチの「目的」です。**大切な人にプレゼントを贈る時のように、スピーチをする相手や場面のニーズを心を込めて分析することで、話の方向性はおのずと定まってくるものです。目的がしっかり定まるからこそ、決意はより強く（[SP 3, 4]）、歓迎はより温かく（→[SP 9, 12]）、そして謝罪はより率直に（→[SP 73]）、聴衆の心に響くようになるのです。

「ニーズ分析」という意味では、スピーチづくりは、企業のマーケティング活動にも似た側面があると言えるでしょう。ビジネスもスピーチも、ニーズを上回る満足感をお客様に与えられた時に初めて、忘れられない感動を相手に提供できるものです。

3．スピーチの種類

本書の Model Speeches 100 においては、主として、(1)「情報伝達型スピーチ」(informative speech)、(2)「説得型スピーチ」(persuasive speech)、(3)「友好型スピーチ」(partnership speech) の、3種類を収録しています。以下にその特徴を簡単に説明します。

(1) 情報伝達型スピーチは、聴衆に何らかの情報を届けることを目的としたスピーチです。（代表例：記者会見、告知、自己紹介、会社・商品・人物紹介など）

(2) 説得型スピーチは、聴衆の心や行動に変化を起こすことを目指すものです。購入や契約などの行動を起こさせるのが象徴的な例ですが、起こさせるだけでなく、「止めさせる」のも説得型スピーチの役割です。（代表例：営業、コマーシャル、実演、訓示、忠告など）

(3) 友好型スピーチは、式典や冠婚葬祭での「儀礼的スピーチ」(ceremonial speech) などに代表される、聴衆との関係を深めることを目的としたスピーチです。本書では、「儀礼的＝形式的で構わない」という誤解を避ける意味から、これらを総称して「友好型スピーチ」と呼んでいます。（代表例：各種式典、慶弔行事、カジュアル・イベントなど）

実際には、これらの3種類は必ずしも完全に分離しているわけではありません。説得型の要素を含む友好型スピーチがあるように、3者が各々の特徴を補いつつ、ひとつのスピーチを成立させています。それは、最高の「言葉の贈り物」を聴衆に届けるための連携プレーなのです。

Speakers' Tip 4
聴衆は誰か ｜ 聞き手を味方に
「敵対的」を「好意的」に変えるヒントは聴衆にあり

> 話者と聴衆の一体感は、「誰のためにスピーチをするのか」を考えることから生まれます。まずは、快く聴衆の価値観を受け入れてみましょう。

1．事前にしっかり「聴衆分析」

伝わりやすいスピーチを作るために、聴衆のことをあれこれ考える作業を「聴衆分析」(audience analysis) と言います。独立を祝う送別のスピーチでは、相手が上司であれば「憧れや尊敬」、同期であれば「祝福や期待」、部下であれば「激励や教訓」のように主題が変化しますが、これもひとつの聴衆分析の成果です。

ひと口に「聴衆」と言っても、それぞれ性別、年齢、学歴、嗜好、さらに思想、信条、社会的地位などが異なります。国際ビジネスの環境であれば、それに国籍や文化、宗教の違いも加わるでしょう。**スピーチをする際には、事前に、聴衆の特徴を把握し、できるだけ誤解のない表現を心がけることが大切**です。

「事前に」と述べたのは、スピーチの現場で即座に内容を変更することが大変難しいからです。新工場長として赴任する際のスピーチで、"Through your years of tireless devotion"（皆さんの永年の精励のお陰で）という自慢のフレーズを練習していったら、会場にいたのは新入工員ばかりだった、というのでは笑えない冗談です。すべての聴衆を事前に把握することは不可能でも、その大勢だけは前もって確認する習慣をつけておくと、思わぬ失敗を避けられます。

2．誰もを味方に変える「同一化」

多様な個性が集う聴衆を話者の視点で分類すれば、程度の差はあれ、話者に「好意的」か「敵対的」、あるいは「興味なし」に分かれるでしょう。「敵対的」は言うまでもなく、「興味なし」もまた、自分の話を能動的に聞いてくれないという意味において、手強い相手になります。

こうした聴衆の違いを乗り越えるコツが「同一化」(identification)です。これは、簡単に言うと「私もあなたと同じだから冷たくしないでね」と訴える技術です。同一化には、次の(1)「共感型」と(2)「一致型」のアプローチがあります。

(1)「共感型」は、聴衆の感情や価値観を察し、それに共感を示すことで、聴衆との一体感を演出する方法です。日本到着直後でお疲れの視察団を労う [SP 14] では、「長旅と時差の疲れ」を具体的に案じることで、「そこまで分かってくれる人なら我々の仲間だな」という聴衆の理解を促しています。なお、同一化

には具体的な項目への共感を示すことが必要ですから、日本人がよく使う、曖昧な「お疲れ様」では同一化の意味をなさない点に注意してください。

(2)「一致型」は、聴衆と自分との共通点を探し、それを言葉にすることで、同じ価値観を共有する仲間の連帯感を演出する方法です。同じ目的、趣味、出身といった明るい話題から、同じ苦境や悲しみという辛いものまで、具体的な共通点を「このように同じです」とはっきり示します。これにより、異質なものを拒む聴衆の警戒心を和らげてもらおうというわけです。たとえば[SP 19]では、「あなたも私もスポーツが好き」という共通の価値観を訴えることで、研修生としての円滑な仲間入りを目指しています。

同一化のコツを応用すれば、聴衆が必ず納得する話題を探し、それを意識的に明言することで、聴衆から「その通り！」という共感を（戦略的に）引き出すことも可能になります（→[SP 57, 61]）。**「同一化」は、自分が言いたいことを考える前に、聴衆の気持ちを優先する技術**です。言い換えれば、同一化を習得することは、優れたスピーカーとしての素養を身に付けることにもつながります。

English Speech Q&A

Q.1 突然の自己紹介

Q. 突然の自己紹介が苦手です。無難に乗り切る何かいい方法は？

⑤(清水) 即興スピーチの質問です。私も苦手です。(笑) **K(亀田)** 得意な人の方が少ないでしょうね。無難に、ということですから、何か取り組みやすい方法を考えましょうか。◆無難な選択なら、1分程度のスピーチを事前に覚えておくという手があります。■それができれば、この質問は出てこないでしょうね。(笑) ◆では、定番の3点ルール（→[Tip 8]）はどうでしょうか。■基本ですね。どんな3点にしますか？ ◆「仕事・家族・趣味」の黄金トリオで。■「仕事」はもっと絞れるのでは？ ◆「最近関わったプロジェクト」ではどうでしょう。■具体的でいいですね。◆必ずしも3つ全部を話す必要はないと思うので、時間と相談しながら、印象深いものについて、例を挙げられるように準備しておくといいと思います。それと、好きなものの話をする時は、その理由も忘れずに。■確かに優先順位は大切です。緊張するのは私も同じですけれど、パーティーでの自己紹介なら、お酒の力を借りるというのも秘訣ですが。(笑) ◆呑みすぎ注意ですね…。

【著者ふたりの結論】
事前に3つ程度の話題を用意しておくと、便利で、あわてません。

Seminar **1**

Speakers' Tip 5
説得力を高める ｜ 心を動かす3要素
ロゴス、パトス、エトスのツボを押さえた説得術

> スピーチが聴衆の気持ちを動かす要因を、3つの角度から考えます。自然で力強い「説得力」を得るための、ベスト・バランスを探りましょう。

1．人の心を動かす3つの要素

スピーチの世界には、アリストテレス(384-322 B.C.)の時代から「説得の3要素」と呼ばれるものがあります。それが、ロゴス、パトス、エトスです。

スピーチでは、この3要素をバランスよく満たすことが説得力を高めます。

2．理屈で説得する「ロゴス」

ロゴスによる説得とは、論理的に聴衆を納得させることです。具体的なデータや事実、関連する逸話などを示して、話の内容が理に適っていることを証明します。たとえば、"We provide the highest quality."（我が社は最高品質を提供する。）と言う際には、他社製品との比較や顧客満足度のデータ、耐久試験結果などの「事実」を示すことで、自社製品が本当に"highest quality"であることを証明するわけです。同様に、社員の「優秀さ」を褒めるスピーチをする際には、「皆さんは優秀です」という漠然とした言葉ではなく、「15社中でトップ」（→[SP 6]）、あるいは「何百人から選抜された皆さん」（→[SP 9]）、という具体的な「優秀さのデータ」を示すことで、初めて、その褒め言葉がお世辞ではないことが印象的に伝わるのです。

「○○ゆえに、××である」という論理構造（→[Tip 7]）や因果関係がハッキリしたスピーチほど、聴衆の納得を得やすくなります。それは、事実で立証された話を、その場で聴衆が否定するのは容易ではないからです。ロゴスを意識した説得は、良く言えば「論理的」ですが、裏を返せば「理屈っぽい」印象を与えることもあります。スピーチをする際には、ロゴス一辺倒にならないよう注意してください。

ロゴスに対する意識を高めるためには、何かの話題を口にするたびに、"Let me explain."（説明します。）と心でつぶやき、その話を裏づける情報を補う習慣を付けると良いでしょう。

3．心を揺さぶる「パトス」

ロゴスが理屈の論理なら、**パトスは「心の揺さぶり」**です。パトスによる説得とは、**聴衆の感情に訴える話題を持ち出すことで、共感を呼び起こす**ことです。たとえば [SP 52] で登場する "Imagine the lovely smile of your child!"（お子様の愛らしい笑顔をご想像ください！）という表現は、パトスの好例です。「かわいい笑顔」や「親の喜び」を数値化するのは困難ですが、この言葉を、心を込めて聴衆（親）に呼びかけることで、（親であれば直感的に感じる）「子供が笑顔になる喜び」に訴えかけて、共感を得ようとしているのです。

人は、理屈やデータだけで物事を判断するわけではありません。ほろ酔い気分を楽しむビア・ガーデンへのお誘いも、「どうですか、ぐいっと一杯！」→「いいですね！」という直感的なものであって、「どうですか、度数5%のビール大ジョッキ700mlの飲酒！」→「血中アルコール濃度0.07%の上昇、いいですね！」などと科学的なデータで解釈してはいません。「理屈抜きに楽しい、うれしい」や「とにかく寂しい、悲しい」といった気持ちを揺さぶるのは、パトスです。

数値化しにくい話題や、データでの説得が適さない場合には、パトスでのアプローチを検討してみてください。

4．信頼で包み込む「エトス」

まったく同じ営業トークでも、新入社員と営業部長では説得力が違います。この差を生むのがエトスです。**エトスは、話しぶりからにじみ出る経験や信頼性、人間味の総称**です。エトスは、聴衆が察知するものであって、話者から熱烈に訴える性質のものではありません。ゆえに、表情や身だしなみ、身のこなしから伝わる「人となり」も、結果的には、すべて話者のエトスに影響を与えます。

エトスのアプローチでスピーチの説得力を高めるコツを2つ紹介します。

1点目は、**スピーチの内容について、会場の誰よりも自信を持つこと**です。話者の言葉にみなぎる自信が、その人の信頼性を高めるからです。そのためには、入念な下調べと練習をし、「これで絶対に大丈夫」という確信を持って本番に臨むことが大切です。お気に入りのスーツや髪型も、会場での自信につながるでしょう（→[Tip 24]）。

2点目は、**エトスの要素を意図的にスピーチに織り込むこと**です。根拠のある自信を示して信頼感につなげる（→[SP 32]）、家族愛や喜怒哀楽を素直に表現して人間味のある人柄を表現する（→[SP 29, 34]）、自社だけでなく事業に関わる国々の繁栄にも言及して人間的な器の大きさを伝える（→[SP 54]）、などがエトスを意識したアプローチの例です。

スピーチをする際は、ロゴス、パトス、エトスのバランスや、効果的な組み合わせ（→[SP 63]）が求められます。「自分のスピーチに足りない要素はないかな」という気持ちで、検証をしてみてください。

Seminar 2

Speakers' Tip 6
拡張と選択 ｜ スピーチの発想
連想しながら話の素材を掘り起こす「芋づるマップ」

> スピーチにおける「発想」とは、頭の中の記憶を「引き出し、つなげる」作業です。記憶に埋もれている話題を掘り出して、「話の素材」を探しましょう。

1.「拡張」のプロセス

スピーチの全体像を考える際、最初に活用するのが、右ページ「図1」の「**芋づるマップ**」です。芋づるマップは、頭の中で漠然と浮かぶアイデアを目に見える形に整理し、発想を手助けするツールです。これには、(1)「拡張」と、(2)「選択」の2つのプロセスがあります。

「拡張」のプロセスでは、連想する話題を次々と「つる」で結びながら図を拡張します。まず「親芋」を描き、その中にスピーチの目的(→[Tip 3])を書きます。次に、親芋から分岐する「子芋」にメインの分類項目(本例では「仕事、人柄、家族、定年退職」)を記します。あとは、そこからどんどん連想しながら広げていくだけで完成です。その際、気を付けるべきポイントが3つあります。

(1) カテゴリーの脱線を気にしない。 拡大のプロセスで大切なのは、「発想の展開」です。多少の脱線は気にせず、思いつくまま広げましょう。図1でも、「仕事」というメイン項目があるにもかかわらず、「人柄」の次に「仕事に厳しい」が来ています。一見するとカテゴリー違いのようですが、これは、「人柄」で真っ先に「仕事の厳しさ」が浮かんだからであり、これ自体が重要な発見になります。

(2) 適度につるを分岐させる。 親芋から伸びる子芋の列は、見やすくなるよう、適度に新たな子芋の列に分岐させます。分岐方法で悩む必要はありません。目的は「拡大」ですから、広がりが見やすくなればそれで構いません。

(3) 話題の飛躍を制限しない。 とにかく楽しみながら話題を広げます。図1の右端の列では、途中の「悪夢か」→「エルム街?」が冗談半分にも見えますが、この飛躍のお陰で、結果的に「音楽が好き」という発見につながっています。

拡張の過程で、類似する項目が登場する時があります。図1で言えば、濃い色のつるで結んだ「いい人」「短気」「音楽」の3つです。**重複項目はスピーチの「中心的話題」となれる可能性が高いので、違う色のつるで結んでおきましょう。**

芋づるマップを眺めると、その対象物が目に浮かぶように感じられます。これは、「拡張」の過程で、その対象を具体的かつ多角的に観察(→[Tip 2])できたからです。これが、スピーチの発想過程で芋づるマップを使う理由です。

Speakers' Tip 6　拡張と選択

図1：Model Speech 40 の「芋づるマップ」

2.「選択」のプロセス

拡張に続く**選択のプロセス**では、すべての話題の中から、スピーチの「話の素材」となる項目を選びます。トピックを絞るコツは、(1) 最も言うべきこと、(2) 最も聴衆が共感する話題、(3) 最も自分が言いたいこと、を選ぶことです。

(1)「最も言うべきこと」は、スピーチの目的を果たすための話です。退職の送別であれば、感謝や別れの言葉がこれに該当します。図1では、「ありがとう」や「どうか健康で」がその一例です。

(2)「最も共感する話題」は、ほとんどの聴衆が共有できる話です。聴衆の思いをひとつにするのが目的ですから、誰もが「そうそう」と納得する話題を選びます。図1で言えば、「オンもオフもいい人」「みんなが尊敬」がこれに相当します。

(3)「最も自分が言いたいこと」は、話者自身の感情がこもる話です。話者のみが知る逸話や、(1)(2) との関連で、特に言っておきたいことを選んでも構いません。図1の例では、入社当時よりお世話になった経緯から、「良き指導者」への感謝が、選ばれることでしょう。

「話の素材」を選んだら、次は、それらを論理的な話題へと整理する作業に進みます。「芋づるマップ」は後で振り返ることがありますので、スピーチが完成するまで残しておきましょう。

なお、図1を基にして完成したスピーチが [SP 40] です。芋づるマップ上で拡張・選択した**太文字の項目**が、実際のスピーチでどのように活かされているかを、ぜひ確かめてください。

Seminar 2

Speakers' Tip 7
論理の組み立て ｜ 主張を支える
つじつまの合った「なるほど」を届けるために

> スピーチをスピーチらしくするのは、話の論理性です。論理の展開に「無理」や「抜け」がないことを確認するための基本について考えます。

1.「なるほど」の論理構造

スピーチの論理を構成する基本単位は、話者の「主張」と、それを裏づける「根拠」です。この２つがバランス良く連携することでつじつまが合い、私たちは「なるほど」と感じます。

論理構造の基本的な仕組みについて、ここでは(1)直接型と(2)間接型に分けて確認をしてみましょう。

(1)直接型は、主張が根拠によって明確に支持されている関係です。両者に明らかな因果関係がある場合も、これに該当します。

(a) I need an umbrella.（傘が必要だ。）
(b) It's raining outside.（外は雨だ。）

この２文は、(a)が主張で、(b)がその原因を示す根拠になっています。このようなシンプルな論理構造を持つ文章は、その理由が常識的に妥当である限り、そのまま聴衆の「なるほど」に直結します。

(2)間接型は、主張と根拠が、必ずしも明確に対応していない関係です。

(c) I can go for a drive.
　　（ドライブに行ける。）
(d) I won the first prize.
　　（一等賞が当たった。）

(d)「一等賞が当たった」ので(c)「ドライブに行ける」というのが(c)(d)の話者の意図であれば、(c)が主張、(d)が根拠ですから、(c)と(d)の間には一定の支持関係が存在します。しかし、「(c)ドライブと(d)一等賞」の間には、「(a)傘と(b)雨」ほどの必然的なつながりが感じられません。そのため、聴衆がこの話者の意図をスムーズに理解するためには、(c)と(d)の間にある「論理の穴」を、何らかの「つなぎ」で埋める必要があります。

(e) I got a car!（車を手に入れた!）

これがその「つなぎ」となる文章の一例です。これが加わって初めて「なるほど」になります。この「なるほど」が得られたのは、(c)と(d)の間にあった「論理の穴」を、(e)が埋めたからです。

(c)(d)のような間接型は、聴衆に論理の穴を埋めさせる手間をかけます。その手間の分だけ、スピーチの理解が遅れます。さらには、聴衆に穴を埋めさせるわけですから、正しく埋めてくれる保証もありません。聴衆が、(c)(d)間の論理の穴を「宿泊券でも当たったの？」という推測で埋めてしまえば、その後の話はどんどん噛み合わなくなっていくでしょ

う。聴衆との「誤解」は、こうして生まれるのです。

スピーチの論理を組み立てる際は、意図せず「間接型の論理」が混ざっていないかを確かめましょう。「論理の穴」を空けないよう、丁寧にスピーチの構造を考えていくことが大切です。

自分のスピーチの論理構造に自信が持てない時には、論旨の展開を考える際に、時折 "Why?" と自分に問いかけてみることをお勧めします。そうすることで、自分自身の主張と根拠の関係をチェックできます。日本人の「そこまで言わなくても分かるだろう」という考え方は、特に国際ビジネスの世界では、「そこまで言ってないのだから、分かるわけがないだろう」というすれ違いの元になります。明確な論理の大切さをいつも意識しましょう。

2．支持材料の配置

ここまでは、独立した文章の間の論理性を見てきました。実際のスピーチでは、文章間だけでなく、もっと狭い「同一文章の中」や、逆にもっと広い「段落間」においても、主張と根拠の関係を見ることができます。本項では、(1)同一文章内、(2)文章間、(3)段落間の各レベルにおける論理の構造をのぞいてみます。

(1)同一文章内のレベルでは、ひとつの文の中で、主張と根拠の関係が成立しています。becauseやin order toでつながれた英文がこの代表格だと言えます。たとえば、[SP 2]で登場する「販売を拡張するために、支社を設立する」のような文章は、その文の中だけで、主張と根拠（理由）の関係が成立しています。

(2)文章間のレベルでは、ある文章が別の文章を支持しています。これは、「主張を含む文章」とは別の文章が、その根拠を述べているようなケースです。たとえば、「主張を含む文章」(A)を、その前後にある「根拠を示す文章」(B)でサンドイッチ式に支えている「B→A←Bパターン」(→[SP 89])がその一例です。この他にも、「根拠を示す文章」(B)を先にいくつか述べた後で「主張を含む文章」(A)が現れる「B1, B2, B3...→Aパターン」(→[SP 27])などもあります。

(3)段落間のレベルでは、ある段落が、別の段落の主張を支持しています。これは、上の(1)(2)よりも、もっと広い視点で「主張と根拠」の関係を示すものです。たとえば、[SP 11]のように、「第2段落全体が第3段落の主張を支える構造」は、この一例だと言えます。

「主張」と「根拠」の位置関係は、同一文章内・文章間・段落間にかかわらず、根拠が主張を**(1)前から支持するか、(2)後ろから支持するか、(3)前後から支持するか**、のいずれかです。スピーチ全体を通してスムーズな話の流れを維持できるように、本書の*Model Speeches 100*を参考にしながら、「主張」と「根拠」の関係や、両者の配置パターンについて工夫をしてみてください。

Speakers' Tip 8
3点ルール ｜ 整理から演出まで
聞きやすさ、覚えやすさを演出する「3」のリズム

> スピーチをシンプルにまとめる「3」のリズムは、話者と聴衆の双方にメリットがあります。「3」から得られる構想のヒントを紹介します。

1．「3点ルール」の魅力

多くを話したい話者と、ほどほどを願う聴衆の妥協点が「3」です。「3点ルール」は、**話す内容を3つに整理するというだけの単純な方法**ですが、3つの話題なら、聴衆の聴く意欲も、話を記憶できる可能性もぐっと高まります。これがスピーチで3点ルールを用いる最大の魅力です。「ホップ・ステップ・ジャンプ」の3段階、「松・竹・梅」の3種類、「首位打者・最多本塁打・最多打点」の三冠王など、暮らしの中で培われてきた、分かりやすくて忘れにくい「3」の浸透力を、スピーチに応用してみましょう。

2．3つの「話題、分類、テーマ」

スピーチの「3」は、いたるところで登場しますが、まず**初めに現れるのが、スピーチの「3層構造」**（→[Tip 13]）です。その構成要素が、導入(introduction)、本論(body)、結び(conclusion)です。

この中で現れる「3」が、スピーチの主題となる「**3つの話題**」です。スピーチでは、冒頭で話の概略を予告しますが、その際、**本論の内容を「3つの話題」に絞って紹介すると良いでしょう**。これは、数ある話題の中からポイントを3点に絞ることで、聴衆と話者の意識をその3点に集中させる効果があります。

話題を3点に絞るには、「芋づるマップ」（→[Tip 6]）を活用しても良いですし、話すべき項目があらかじめ決まっている場合には、それらを3つに集約したものでも構いません。まずは「3」を意識した大見出しを設定し、それを聴衆に明示することが大切です。

商品特性を「3つの話題」で紹介しているスピーチは[SP 63, 69]にありますが、実際には、どうしても話題を3つに絞れない場合があります。たとえば「紹介すべき商品が6つある」というような場合です。そんな時には、次の(1)「3つの分類」か、(2)「3つのテーマ」のいずれかの手法が役に立ちます。

(1)「3つの分類」の手法とは、3点を超える話題を諦めるのではなく、**話すべき話題を任意の3つの基準で分類して整理する方法**です。紹介すべき新製品が6つある場合には、まずコンセプト、価格帯、ジャンル、見込客等の項目で3種類に分類します。そして、最終的に集約された「3つの分類」をスピーチ全体の「3

つの話題」に置き換えて冒頭で紹介するわけです。こうすれば、実際には6つの商品を紹介していても、聴衆の耳には「3点ルール」の心地良さが残ります。

(2)「3つのテーマ」の手法とは、(1)のように、話題を3種類に分類するのではなく、**スピーチそのものを任意の3つのテーマに分割してしまう方法**です。たとえば、紹介すべき商品が6つ存在する場合でも、スピーチの冒頭では"Today, we have three topics to share with you: 1. philosophy in engineering, 2. new line-ups, 3. visions and dreams."(本日は3点を話します。1.モノづくりの哲学、2.新製品群、3.夢と展望。)のように「3つのテーマ」を紹介します。その上で、2番目のテーマの中で、紹介すべき6つの新製品を披露すれば、スピーチ全体としては「3点ルール」の雰囲気を保つことができます。

3.「3つのリズム」を楽しむ

3点ルールから得られるヒントは、話題の構成方法だけにとどまりません。スピーチには、良く似たリズムを繰り返すことで、**強調箇所を際立たせる「反復」**(repetition)という技術(→[Tip 16])がありますが、「3点ルール」は、適度な反復のリズムを作り出すのに最適です。たとえば、[SP 21]では同じ頭文字を持つ都市名をリズム良く3つ紹介していますし、[SP 82]では3点ルールの反復のリズムを、2種類、連続して使用しています。

3点ルールと反復の応用としてお勧めなのは、**同じ品詞の単語を3つ並べて、反復のリズムを作ってみること**です。以下にその例を紹介します。

(1)「A-B-C型」：象徴的な特徴を3つに絞り、簡潔に表現します。
【形容詞】This is portable, user-friendly, and versatile.（これは持ち運びができ、使いやすく、多機能だ。）→[SP 69]
【動詞】It can cool, heat, and sterilize.（それは、冷やし、温め、消毒ができる。）
【副詞】We do it promptly, creatively, and effectively.（我々はそれを速やかに、創造的に、効率的に行う。）

(2)「A-A-A型」：意味や音が似た単語を3つ並べて、論点を強調します。
【形容詞】It was elegant, beautiful, and attractive.（それは上品で、美しく、魅力的だった。）
【形容詞の音(~ful)】That was meaning<u>ful</u>, fruit<u>ful</u>, and success<u>ful</u> in our history.（あれは我が社の歴史において、意味があり、実り多く、成功に満ちたものだった。）
【名詞の音(different ~lities)】You have <u>different</u> nationa<u>lities</u>, <u>different</u> persona<u>lities</u>, and <u>different</u> possibi<u>lities</u>.（皆さんは、異なる国籍、異なる性格、異なる可能性を持っている。）

いかがでしょうか？これらの「3点ルール」のコツを身に付けて、実際のスピーチで活用してみてください。

Seminar 2

Speakers' Tip 9
素材の具体性 ｜ 期待に応える
聞き手が期待する「具体性のレベル」を満たす

スピーチを構成する「話の素材」が聴衆の期待を満たした時、スピーチは充実感に包まれます。具体性を意識するとは、どういうことでしょうか。

1.「話の素材」に見る具体性

スピーチは、いくつかの「話の素材」から構成されています。それらは、アイデアの検討作業(→[Tip 6])によって出揃い、配列作業(→[Tip 10])で整頓され、続く「書く作業」(Seminar 3)で実際の配置が決まります。**話の素材を準備する際には、その具体性を確保する必要があります。**話者の頭の中で具体的な情報として整理されていなければ、それを言葉にすることも、相手にハッキリと理解してもらうことも不可能だからです。

スピーチが具体的に聞こえるのは、ひとつひとつの素材が、**漠然とした表現ではなく「具体的な例」を紹介している時**です。たとえば[SP 46]では、「多くの海外企業」と言う代わりに「18番目の海外企業」と具体的な数字を挙げていますし、[SP 10]では、「大阪弁を覚えてね」の言葉と共に、大阪弁の具体例をユーモラスに紹介しています。

「具体性」とひとことで言っても、その程度は様々です。ここでは、新しい上司に部署の仲間を紹介する[SP 31]を題材にして、「具体性のレベル」について考えてみることにしましょう。

2. 具体性のレベル

以下の文章は、[SP 31]での人物紹介の和訳原文を抜粋した(a1)(b1)と、それらを抽象的にした(a2)(b2)、原文をさらに具体的にした(a3)(b3)です。

> **スミスさんの紹介文**
> (a1) ニュージーランド出身（原文）
> (a2) 海外出身（抽象的）
> (a3) ニュージーランド・ウェリントン南東部出身（高い具体性）

> **池田さんの紹介文**
> (b1) 認定IT技術者（原文）
> (b2) パソコンに詳しい人（抽象的）
> (b3) 国際データベース技能試験A級ライセンス保持者（高い具体性）

原文の代わりに、**抽象的な(a2)(b2)で紹介すると、まるで話者はスミスさんと池田さんに誠実な関心がなさそうに聞こえます。**このような抽象的な表現では、当の二人も、紹介された上司も、話者に対して良い印象を抱かないでしょう。

一方、(a3)(b3)の紹介文はどうでしょうか。こちらはかなり具体性のレベルが高くなっています。とはいえ、果たしてここまで詳細な情報がこのスピーチに期待されているでしょうか？[SP 31]の状

Speakers' Tip 9　素材の具体性

況から考えれば、ニュージーランドのどの都市の出身であろうと、IT資格がどんな試験であろうと、**それらはあまり本質的な問題ではない**ようです。過剰に詳細な具体性は、「なぜそこまで公表するのだろう」という妙な疑念を聞き手に与えかねません。

では少し見方を変えて、もし彼らの職場が「IT系企業のニュージーランド本社」だったらどうなるでしょうか？その場合だと、(a3)(b3)のような詳細な具体性が聞き手の興味を引き、逆に原文(a1)(b1)では新鮮味のない「平凡な話」(→[Tip 2])で終わるでしょう。スピーチに適した具体性のレベルは、「聞き手の期待」を反映します。**聴衆が期待する具体性を満たさないスピーチは「退屈」**。反対に、**聴衆が求めてもいない過剰な具体性は「蛇足」**になります。

話の素材が具体的であることはスピーチの原則ですが、大切なのは、その「具体性のレベル」です。スピーチでは、どのようなレベルの情報を聴衆が求めているか、つまり「**聴衆にとって、何が既知の情報で、何が未知の情報なのか**」をよく考えて、話の素材を準備することが大切です。

English Speech Q&A　Q.2　声が細いと言われて

Q. 緊張とは関係なく声が小さい私は、一体どうすれば良い？

S(清水) 声帯は大切です。**K**(亀田) 唐突ですね。(笑) あ、そういえば先生は声帯を痛めてましたね。◆はい。1か月、声が出ない時期があって、気づいたんです。■何にですか？ ◆表情と姿勢の大切さです。声が出ない分、満面の笑顔で人と接するうちに、改めて「笑顔って大切だな」、と。■なるほど。◆だからこそ言えるんですけど、スピーチの声が小さくて悩む人は、発声練習(→[Tip 19])ももちろん大切ですが、まずは背筋をピンと伸ばして、最高の笑顔で聴衆と向き合ってはどうでしょうか。■スピーチの基本ですね！ ◆そうなんです。堂々とした姿勢で、声の弱点を補うんです。私はそうして1か月を乗り切りました。■前向きな考え方ですね。姿勢、目線、笑顔、確かにどれも声に勝るほどの力がありますからね。◆声以外の面で自信が持てれば、結果的に声にも張りが出てくるものだと思います。■まったく同感です。その1か月間で、他に何か発見はありましたか？ ◆あ、声が出ないと夫婦ゲンカは起きませんよ。■そりゃそうでしょ。(笑)

【著者ふたりの結論】
声を補う「姿勢・目線・笑顔」を徹底することを考えましょう。

2　「考える」構成と論理の構築

Seminar 2

peakers' Tip 10
話題の配列 ｜ 順序という配慮
話の流れを明確にする「時制・空間・類似」の3原則

> 話題の順番を決める際は、聴衆にとっての分かりやすさを重視します。聴き手の理解をスムーズに誘導する、配列のヒントを考えましょう。

1．「もぐらたたき」スピーチ？

物事には適切な順序があります。それはスピーチの組み立てにおいても同様です。あるテーマについて話す時、そのスピーチを構成する話の素材を、適切に配列するという考え方がとても重要になります。

話題の配列に対する気配りが足りないスピーチを聞いていると、「もぐらたたきゲーム」のような緊張感を覚えます。登場する話の順番がバラバラで、次に何の話が飛び出すか、いわばどの穴からどんなモグラが飛び出すか、まったく見当がつかない状況が続くからです。

話題の配列に気を遣うことは、聴き手に対する配慮です。話の素材を登場させる順序をよく考えて、「聴衆はその流れに乗りさえすればよい」という構成に仕上げておくことが必要です。特に、実際のビジネスシーンでのスピーチといえば、聴衆がそれほど好意的な態度ではないこともあるでしょう。それだけに、話者が、聴き手の立場で話の流れを考えられるかどうかは、スピーチの印象（ひいては話者の印象）を決める重要な要素になるのです。

2．配列の3原則

では、聴衆に優しい話題の配列方法の原則を3つ、見ていきましょう。

> (1) 時制の (chronological) 配列
> (2) 空間の (spatial) 配列
> (3) 類似の (relevant) 配列

このルールに従って「企業紹介のスピーチ」をする場合を考えてみます。まずは、スピーチで紹介したい話の素材を、思いつくままに列記します。

> ・1969年創業　　・平均年齢38歳
> ・大阪本社　　　・ハワイ保養所
> ・PC部品メーカー　・女性社長
> ・2010年株式上場　・おいしい社食
> ・東京＆福岡支店　・話題の新製品

ここで陥りやすい失敗は、この「思いつくまま」の一覧を、そのままの順番で話してしまうことです。スピーチをする際は、各話題を上記の「配列の3原則」に照らして整理し、事前に分かりやすい流れを作っておく必要があります。

(1) 時制の配列 (→[SP 16, 53]) は、その名の通り、**発生時刻順（時系列）に話題を並べる方法**です。「1969年創業→2010年株式上場」の順番は、その分か

りやすい例です。その他の項目は、一見すると時系列では整理しにくいように見えますが、少しの工夫で同様にまとめられます。たとえば、創業地が大阪なら、「大阪本社」に関する話題も「1969年創業」と一緒に語れそうです。また、「ハワイ保養所」や自慢の社員食堂ができたのはいつでしょうか？女性社長の就任はいつ？など、時制による配列のポイントは、常に「いつ」を基準にして問いかけて、話題を整理することです。

(2) 空間の配列 (→[SP 51]) は、目で見える**物理的な位置を基準にして、項目を並べる方法**です。たとえば、「社内→社外」、「本社→支社」、「国内→海外」のほか、上下、南北、左右などが空間の配列による順序になります。本項の例ですと、「創業地→大阪本社→おいしい社食」という話題の流れは、どれも同じ空間（本社社屋）に対象物がありますから、すっと理解できます。また、「大阪本社→東京＆福岡支店→ハワイ保養所」という拡大調子の空間の配列も、聴き手にとっては話の規模を順に広げて理解すれば良いので、これも分かりやすい展開例だと言えるでしょう。

(3) 類似の配列 (→[SP 100]) は、あるキーワードやテーマから**連想されるものをまとめる方法**です。企業紹介の中でも「事業」に焦点を当てるなら、「1969年創業、2010年株式上場、PC部品メーカー、話題の新製品」がひとつのグループに納まります。また、「人」をテーマに構成するなら、「女性社長、平均年齢38歳」はもちろんのこと、「人を大切にする社風」という切り口で考えれば、「ハワイ保養所」や「おいしい社食」も、「人」の話題に添えられそうです。

以下に、配列の3原則のイメージを図で整理しておきます。それぞれの特徴や違いを確認してください。

図1：時制の配列（時系列での推移）

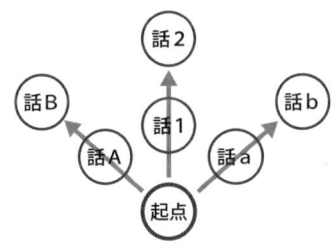

図2：空間の配列（物理的な視点の移動）

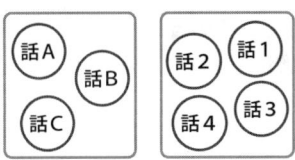

図3：類似の配列（類似項目ごとの整理）

スピーチをする時は、どうしても思いついたままの順番で話をしてしまいがちです。そんな時こそ「話題の配列」を見直すと、聞きやすい話に仕上がります。せっかくの英語スピーチが、もぐらたたきの緊張感を生む結果にならないようにしたいものです。

Seminar 3

peakers' Tip 11
構成の基本 ｜ 直線型の「起・証・結」
いつもの英語で、分かりやすいスピーチを書く

Short（短く仕上げる）、Simple（簡単な英語を使う）、Straight（まっすぐな骨格にする）。スピーチの構成で目指すべき、「3つのS」を紹介します。

1．Short － 短くまとめる

　話者が主賓クラスでない限り、**スピーチは短くすべき**です。簡単な挨拶であれば、Quick Speechの1分～1分半（150語程度）。少しフォーマルな場面でも、Short Speechの1分半～2分半（200語程度）で構いません。スピーチは論点を絞る作業ですから、英作文の分量を恐れる必要はありません。大切なのは、長さよりもあなたの気持ちです。気持ちの深さはストップウォッチでは測れません。

　短く印象的なスピーチにするためには、スピーチの目的（→[Tip 3]）**を明確に定めてから主題を決めることが大切**です。目的は、「社員を労う」よりも「営業部員の上半期の苦労を労う」の方が明確です。目的が明確になって初めて、「皆さんこそが当社の主役」というスピーチの「**主題**」が設定できます。だからこそ、主題を裏づける「新規開拓率の増加」や「営業事務の効率化」といった「話の素材」（→[Tip 6]）が登場できるのです。

2．Simple － 平易な英文で

　短く、鋭いものが優れているのは、スピーチを構成する「英文」も同様です。

伝わる主旨が同じなら、**より短く、より平易な文**が望まれます。短い文には独特のスピード感があります。内容も明解になり、理解も進みます。

　スピーチには、難解な英語は不要です。本書のModel Speeches 100 も、どれもやさしい英語で書かれています。それでも100通りの思いを不自由なく表現できるのです。「スピーチだから」といって特に構える必要はありません。普段通りの英語表現を活用すれば、十分に自分らしいスピーチが仕上がります。

　シンプルな英文を書くためには、**1文を20単語以下で構成**することを目指します。20語を超える英文はなるべく分割します。接続詞、関係代名詞、条件節、仮定文などで、文は長く複雑になりがちです。注意しましょう。

　英文をシンプルにするもう1つの工夫は、**平易な表現を使うこと**です。スピーチで使う単語が「難しいかな」と感じたら、まずは同義語辞典を調べて、他に平易な単語や熟語表現がないかを探す習慣をつけましょう。同様のコツとしては、難しい単語を英英辞典で調べて、その説明文をヒントにして表現を簡素に言い改

める、という方法もあります。ビジネス・スピーチですから、専門用語や、時に難解な言葉が登場するのは仕方ありません。そのような場合でも、適切に意味を補足して(→*[SP 59]*)、聴衆を不安にさせないようにしたいものです。

3．Straight ― 主題を貫く

スピーチは、「**導入・本論・結び**」の**3層構造**(→*[Tip 13]*) でできています。論旨の運びは、「起承転結」でも「起承結」でもなく、「**起・『証』・結**」です。「起」で話題を提示し、「**証**」**で聴衆を納得させ**、「結」で総括をします。この間、一貫して「目的と主題」にこだわり、関係の薄い話は持ち出しません。

スピーチの構成手順は、**(1)目的を絞って主題を決め、(2)「起・証・結」の役割を考え、(3)時間軸に話の素材を配置する**、というのが基本です。

「図1」は、社員の独立を報告する*[SP 35]* の構造図です。「起」で退職者の話を提示し、「証」で主題と具体的な展望を述べ、「結」で今後の活躍を祈っています。「論理関係」の矢印は、「起」の2つの話題がスピーチの主題につながり、主題の妥当性を論理的に支えています。その主題は、さらに後続の具体例にも支えられて確信につながり、「証」を成立させています。「結」でその確信が祈念と感謝につながり、一連の流れを経てスピーチの目的が達成されるわけです。

この他にも、*[SP 4]* では、「起」で3年を経て新工場が完成した旨を述べ、「証」

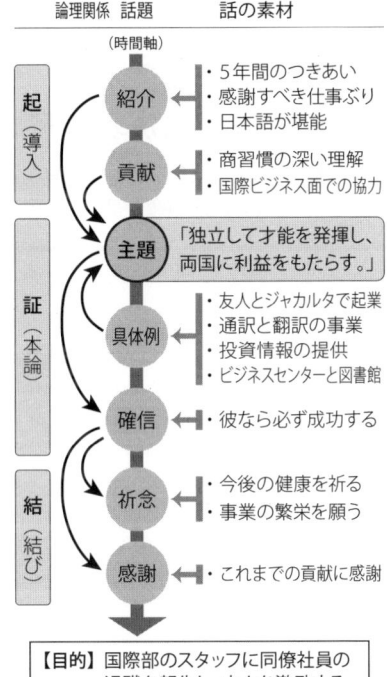

図1：Model Speech 35 の「起・証・結」

でそれを実現した列席者の貢献を讃えています。また、*[SP 68]* では、「証」で新事業の詳細を説明しておき、「結」でその決意を断言する形をとっています。

このように、「**スピーチの構成**」とは、**主題に関連する「話の素材」を、論理関係に基づいて時間軸上に配置する作業**です。図1のような「起・証・結」の構造図が描ければ、大まかなスピーチの全体像が完成します。次は、それぞれの「話の素材」を実際の言葉に置き換える作業へと進みます。

Seminar 3

Speakers' Tip 12
概念を伝える ｜ 比喩の強さと怖さ
言葉の印象を決める「概念の力」を味方につける

> 話者と聴衆の思いを通わせるのは、言葉の背後にある概念の力です。比喩表現の奥にある概念の役割を意識することで、言葉はもっと豊かになります。

1．ビジネスにおける比喩

物事を別のモノに喩えてその特徴を表現する比喩は、文学の世界だけでなく、ビジネス・スピーチにおいても、大いに役立ちます。

(a) We will become the bridge between America and Japan.（我が社はアメリカと日本を結ぶ架け橋になる。）

これは、何かをつなぐ、しかも「陸橋のようにガッシリ」とつなぐ、という決意(→[SP 88])を、bridgeという1語で明解に表現したものです。この比喩表現の背後には、2社の強固な関係をbridgeに喩えた「建造物の概念」があります。この概念によって、聴衆は、「建造物のように強固な関係」を頭の中に思い浮かべるわけです。**話者の頭の中にある概念を、比喩表現を介して、聴衆の頭の中に再現するのが比喩の力**です。（図1）

2．比喩と概念の力

それでは別の例を見てみましょう。

(b) Here are our marketing strategies.（こちらが我が社の経営戦略だ。）

この文には、一見すると比喩の存在を感じないかもしれません。でも実は、「経営戦略」(→[SP 55])という言葉が比喩の仲間なのです。「戦略」といっても経営の戦略ですから、実際に戦闘機を飛ばして「戦い」をするわけではありません。ゆえに比喩なのです。

(b)の特徴は、「戦略」という比喩表現によって、「実際の戦いのように」厳しい争いを制するための策である点が際立つことです。つまり、「戦略」という言葉の背後にある「戦いの概念」により、ビジネスは戦いのごとく真剣勝負だという「話者の価値観」が（良くも悪くも）聴衆に伝わるのです。（図2）

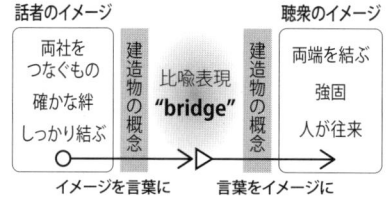

図1：建造物の概念 − bridge

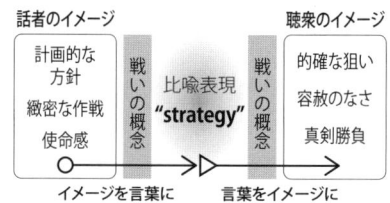

図2：戦いの概念 − strategy

Speakers' Tip 12　概念を伝える

3．ビジネスは戦い？

話者はこのような「言葉の概念」に十分な注意を払う必要があります。なぜなら、**言葉によって届けられる「概念」が、聴衆の頭の中で、話者の狙い通りに解釈されるとは限らないからです。**

(a)の建造物の概念は、常識的には「強固な」という前向きな印象を与えるでしょう。「橋だと10年で補修か」と噛みつく聴衆はいないと思われるからです。しかし、(b)のような「戦いの概念」を持つビジネスの比喩表現（以下囲み）が、スピーチの中で頻繁に登場したら聴衆はどう感じるでしょうか？

attack（攻撃）	barrier（障壁）
boundary（境界）	deploy（配備）
defend（保守）	mission（任務）
command（命令）	shoot（打つ）
target（目標）	territory（領地）

社員や株主には力強く響くかもしれません。しかし顧客や取引先には、「人間味に欠けた厳しい会社」という、**戦いの「悪い側面」が意図せず強調される**でしょう。これが比喩の怖さです。この誤解は、どの概念であっても起こりえます。

この失敗を避けるには、**スピーチ全体の「概念の構成状況」（種類や配分）が、自分の狙い通りになっているかを発表前に確認することです。**事前にチェックをすれば、仮に「戦いの概念」が強く出過ぎていたとしても、strategyの代わりに、approach（方略）や、philosophy（理念）、method（方法）などに置き換えることで、思わぬ誤解を回避できます。

4．概念から比喩表現を考える

比喩表現は概念を反映して生まれます。ですから、比喩表現を考える際は、先にいくつかの「概念」を仮定すると、それに連動する形で比喩表現が思いつきやすくなります。「新会社発足」の比喩なら、「発足」=「新しい出だし」ですから、いくつかの概念のもとで「新しい出だし」に相当するものを考えていきます。以下は、その「概念」→「比喩表現」の例です。

書籍 → the first page	演劇 → the first stage
旅行 → the departure	冒険 → the first step
建物 → a new door	人間 → a new baby

実際に、新会社設立のスピーチを「人間の概念」でまとめた例が *[SP 46]* です。そこでは baby という言葉で新会社の「誕生」を表現しています。**babyの1語で新会社の「無限の成長性」や「愛される魅力」が伝わるのは、「人間の概念」が引き出した比喩の力**によるものです。

また、ひとつの文や一連の動作で、「同じ概念」の比喩表現を用いると、スピーチが分かりやすくなります（→*[SP 45]*）。これは、聴衆が同じ概念を頭に保持したまま話を聞けるからです。たとえば *[SP 18]* では、新企画の「種」が新製品に「花開く」までの一連の過程を、同じ「植物の概念」で表現しています。

*Model Speeches 100*にある ***Concept*** 欄（p.62参照）では、言葉が持つ概念の面白さを解説しています。比喩を活用するヒントを探してみてください。

Seminar 3

Speakers' Tip 13
話の3層構造 ｜ 本論サンドイッチ型
「導入・本論・結び」で、話題を投げる、並べる、挟み込む

> 少しの心がけで、スピーチの構成は聴衆に優しくなります。3層構造を活用して、スピーチを印象深くするポイントを確認しましょう。

1．導入で「投げる」

スピーチの3層構造は「導入→本論→結び」です。この流れを活かすコツが、「**投げる**」「**並べる**」「**挟み込む**」です。

スピーチですから、まずは聴衆に話を投げかけないと始まりません。「導入」ではしっかり「本日の話題」を投げてください。基本の投げ方は、"Today, I'm going to talk about ~."（本日は、～について話をする。）です。これを最初に明言するだけで、投げた球を追うように、聴衆は、その「話題の球」が飛ぶ方向に気持ちを向けることができます（→[SP 60, 89]）。とても基本的なことですが、導入では、話す内容を明言しましょう。

映画やドラマでは、最初に「話題の球」は投げません。これは、わざわざ球を投げなくても、聴衆が聞く気満々だからです。ここがビジネス・スピーチとは大きく異なる点です。**スピーチでは、導入で意識的に聴衆を振り向かせ、話の方向性を印象づけなければなりません。**

これに続いて、スピーチの全体像（アウトライン）を紹介します。たとえば、"I have [three topics / an important topic] to share with you."（私は[3つの話／1つの大切な話]を皆さんと分かち合いたい。）などで始めて、スピーチの概要を簡潔に説明します。概要ですから、長々と話す必要はありません。[SP 62, 84]は、長いスピーチの冒頭部分を想定して作られたものです。基本的な概要紹介の実例として参考にしてください。

導入では、まず「話題の球」を投げて、話の方向性をハッキリと示しましょう。

2．本論で「並べる」

本論では、構想の段階で準備をした「話の素材」（→[Tip 6]）を論理的に並べて主題を支え、結論へと導きます。結論は主題が論証されたもので、多くの場合、（「結び」ではなく）本論に含まれます。

本論の目的は、主題を論証すること（→[Tip 11]）です。ゆえに、どの話がどの話を論証して（支えて）いるのかが「耳で聞いて」分かる原稿に仕上げる必要があります。そのためには、論証関係にある「話の素材」は、耳で聞いて理解できる距離に置くことが必要です。

結論を先に言うか後に言うかは、難しい問題です。ただ、この議論は、先か後のどちらで「言うか」という、いわば話

し手の論理です。これを、いつ「聞きたいか」という聞き手の論理で考えてみます。そうすれば、**「聴衆が不快感を感じない場所で結論を述べる」**という基本的なルールに気づきます。うれしい結論なら冒頭で聞きたいでしょうし、辛い結論なら、たとえ最後であっても聞きたくないでしょう。話の素材を並べながら、どこに結論を置けば、聴衆の気持ちが穏やかで、かつ論理的に話が進めやすいかを考えてみましょう。

このほか、話題の転換にも配慮が必要です。ある話題Aから別の話題Bに移る際は、その転換に聴衆が気づくように話します。4つの転換例を紹介します。

(1)【何も言わない】 話題Aの終了が誰にも明らかな場合は、何も言わずに話題Bに移っても構いません。少し長めの間(pause)を置いて、話を進めます。

(2)【順接・逆接でつなぐ】 therefore(ゆえに)や however(しかし)といった「つなぎの言葉」で話題を変えれば、話題Aと話題Bの関連性が明確になります。

(3)【切り替える】 "Let us move on to the next topic."(次の話題に入ろう。)など、話題の転換を明言することで、話題の切れ目をはっきりさせます。

(4)【質問をする】 "Now, let me ask you a question."(ひとつ質問をします。)のように、話題Aの終わりに「話題Bに関連する質問」を投げかけることで、聴衆の関心を話題Bに誘導します。

これらはすべて、スムーズに論を運ぶための、聴衆への欠かせない配慮です。

3．結びで「挟み込む」

「結び」では、大切な本論の内容を、導入と結びで挟み込みます。**「挟み込む」とは、結びのどこかで、導入での話に再度触れてからスピーチを締めくくること**です。"As I said in the beginning,"(最初に申した通り)と切り出して冒頭部分の話を振り返ることで、導入と結びが本論を挟み込む「サンドイッチ型」(→*[SP 20, 70, 72, 87]*)の構造に仕上げるわけです。この工夫は、スピーチ全体のまとまりが演出できるだけでなく、「大切な論点を繰り返す」という、結びの大切な役割も果たしてくれます。

「結び」は、結論を述べる場所というよりは、スピーチ全体を総括する場です。会場にスピーチの余韻を残すために、結びでは、スピーチ全体を簡潔に整理するのが効果的です。結びを印象的にする「まとめ」のコツが3つあります。

> (1) 話の流れをざっと振り返る。
> (2) 重要な論点を繰り返す。
> (3) 結論を別の言葉で言い換える。

3つをすべて入れる必要はありません。あくまでも、「こんな話をしましたね」や「でもやっぱりこうですよね」のように、**結びでは、スピーチの最終的な雰囲気を「微調整」するのが目的**です。冒頭で投げた「話題の球」が投げっぱなしで終わらないように、これまでの議論を総括しながら、導入と結びで本論を挟み込む感覚を身に付けましょう。

Seminar **3**

Speakers' Tip 14
言葉で絵を描く ｜ 描写の技術
客観的視点で状況を描き、「物語調」で伝える

> 聴衆の目に見えない物や状況を言葉で表現するのが「描写力」です。人の心に響く実感を伝えるために、スピーチに描写の効果を取り入れましょう。

1．描写の3段階

スピーチの話にリアルな実感を与えるには、話に登場する物事を的確に描写することが必要です。そもそも「描写する」とはどういうことでしょうか。ここでは、下図の「描写の3段階」を参考にしながら、描写のコツを考えてみます。

```
動作・感情の描写
        ↑      ┌─────────────┐
               │  (3) 実況     │
          ┌────┴─────────────┤
          │  (2) 新情報の描写  │
     ┌────┴──────────────────┤
     │   (1) 状況設定の描写    │
物体・光景の描写─────────────────┘
```

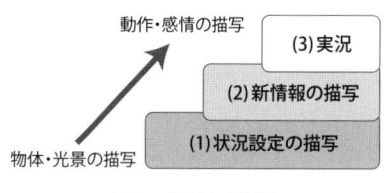

図1：描写の3段階

描写の技術は、図1にある(1)(2)(3)の各段階を、昔話の「桃太郎」に当てはめてみると良く理解できます。(1)「昔々あるところに、お爺さんとお婆さんがいました」（状況設定）。(2)「お婆さんは川へ洗濯に行きました」（新情報）。(3)「大きな桃がどんぶらこ、どんぶらこ、と流れてきました」（実況）。これが「桃太郎」における描写の3段階です。それぞれをもう少し詳しく見てみましょう。

(1)「状況設定の描写」は、後に続く話を理解する上で必要な、基本情報を提供する段階です。聴衆全員がこの「状況設定」をあらかじめ理解しているような場合には、省略しても構いません。しかし、「桃太郎」のように、聴衆が誰も知らない前提で話を始める場合には、必ず(1)から始める必要があります。(2)から始めれば、「どこのお婆さんか」が気になって話に集中できなくなります。

(2)「新情報の描写」は、(1)の状況をさらに詳しく描写することで、聴衆に何らかの「新情報」を提供する段階です。「桃太郎」で言えば、「お婆さんが洗濯に出かけた」という状況の変化が聴衆にとっての新情報になります。新情報を描写することで、聴衆は、その先の話に関心を寄せてくれます。

(3)「実況」は、目の前の出来事や話者の感情を、客観的・実写的に描写する段階です。ラジオの実況中継のように、そのシーンを印象的に描きます。「桃太郎」でも、単に桃が流れてきたのではなく、「<u>大きな桃が、どんぶらこ、どんぶらこ、と流れてきた</u>」のです。この実況の臨場感によって、聴衆の頭の中に、ひとつの鮮明な「絵」が描かれるわけです。こう説明すると(3)だけでも十分な描写

Speakers' Tip 14　言葉で絵を描く

のように感じられるかもしれません。しかし、この臨場感は、「臨場」という言葉が示すとおり、すでに(1)(2)によって「場の描写」が完了しているからこそ達成されるものです。いきなり(3)から始めれば、唐突な印象だけが残ります。

　それでは、「桃太郎」の要領で「30年前の開業の喜び（例）」を描写してみましょう。描写の3段階は、(1)「大阪市で開業」（状況設定）→(2)「当時の様子」（新情報）→(3)「初めてのお客様を迎えた瞬間やその時の気持ち」（実況）などが考えられます。この3段階からは、次のような表現が生まれてきます。

　「(1)開業の地は、30年前の大阪市本町。(2)御堂筋のいちょう並木沿い、一棟の古びたビルで営業を始めました。(3)よく晴れた朝、ドアがゆっくりと開く音が聞こえました。初めてのお客様でした。その瞬間の喜びは今も忘れられません。」

　このように、まず初めは3段階のステップで描写のイメージをつかむと良いでしょう。慣れてくれば、この形にとらわれることなく、次第に言葉で「絵を描く」コツがつかめてくるはずです。

2．スピーチを彩る「物語」

　こうして考えれば、**スピーチで物事を描写するコツは、物語調(storytelling)の構成にある**ことが分かります。たとえば、退職する社員の貢献を語る際に「採用時の秘話」を明かした*[SP 34]* は、まさに物語調の構成です。これも、先の「描写の3段階」にならったもので、その流れは「桃太郎」にそっくりです。

　「(1)バンコクに新会社を設立。(2)会長が昼食のためにレストランに立ち寄った。(3)そこで若くて博学な店員に出会い、直感的に価値を感じた。」

　この他にも、技術者としての職業観を語る際に「時計を壊した思い出話」をする*[SP 25]* は、完全な物語調ではないものの、個人的な「物語」を披露しています。また*[SP 1]* では、着任の決意を描写する逸話として、「出国前の上司とのやりとり」を紹介しています。これらの**物語や逸話は、聴衆に「へえ、そうなんだ」という好感を与えます**。スピーチで「物語を話そう」と意識することは、聴衆にとっての「聞き甲斐」を高める上でも、大切な工夫であると言えるでしょう。

3．何かと比べる描写の技術

　描写の技術は、**類似する具体例を示したり、何かと比較をすることで、さらに明確なイメージを伝えることができます**。その好例が*[SP 98]* です。そこでは、日本の面積と人口を、聴衆になじみの深い「南カロライナ州」と比較して説明をしています。他にも、大学名とラグビーの特徴が、共に「仕事の熱意」を描写する*[SP 60]* や、誰もが知る格言に思いを重ねる*[SP 94]* も、「類似」という観点から物事を比較・描写しています。

　効果的な描写方法について考えることは、「言葉で絵を描く」というスピーチの基礎力を高めてくれるはずです。

Speakers' Tip 15
注目を集める疑問文 | 質問の力
質問の種類と配置を工夫して、聴衆の注目を維持する

> 質問をされると、人はふと考えます。この「一瞬の気持ちの変化」をとらえる疑問文の技術を身に付けて、聴衆に強い印象を与えましょう。

1．疑問文の種類と効果

スピーチにおける疑問文は、その目的に応じて次の3つに分類できます。

> (1) 対話型の疑問文
> (2) 修辞型の疑問文
> (3) 自問自答型の疑問文

これらのタイプは違っても、**疑問文には、話者が質問をした瞬間に、聴衆の注目を引き寄せる力があります**。これが、スピーチにおける疑問文の効果です。そのため、ビジネス・スピーチで用いられる疑問文には、冒頭で用いて会場の一体感を高めたり、話題の転換(→[Tip 13])に用いたり、適宜、話の途中で用いて聴衆の関心を維持したりする用途があります。スピーチに欠かせない「3種類の疑問文」の特徴と、身近な活用のヒントを探ってみましょう。

2．返答を求める「対話型」

「対話型の疑問文」は、話者の質問に対する返答を、聴衆に期待するものです。たとえば、"What is the key to success in Japan?"（日本で成功する鍵は何か？）といった質問を話者が投げ掛けた際に、聴衆から "A revolutionary product!"（革新的な製品！）のような返答が返されるのが対話型の一例です。

これほど具体的な回答は不要でも、対話型の質問を投げかけることで、場を盛り上げるテクニックがあります。それを実践しているのが、[SP 98] の終盤で登場する "Do you want to see it?"（観たいかな？）や、[SP 95] の終盤にある "Are you ready to say, 'Wow'?"（驚く準備はいいかな？）です。この2つは、聴衆に尋ねる前から答えがYesであることは分かっています。それをあえて尋ねることで、聴衆からの "Yeah!"（はい！）という返答をきっかけに、会場の盛り上がりを演出しようとしているのです。

対話型の疑問文で実際に対話が成立すると、話者と聴衆の距離がとても近くに感じられます。まずは、親睦会などのカジュアルな場面で「対話型の疑問文」を実践してみてはどうでしょうか。

3．聴衆の心に呼びかける「修辞型」

「修辞型の疑問文」は、返答を期待せず、**聴衆の心の中で回答を考えさせるもの**です。聴衆に質問を投げかけても、会場は

静かなままです。それで良いのです。**修辞型の疑問文の狙いは、話者と聴衆との無言の対話にある**からです。

相手に返答を期待しないとは言っても、修辞型の疑問文が、聴衆との（心の）「対話」を求めることに変わりはありません。ですから、聴衆に質問をした後には、1~2秒程度の「考える間」を置く配慮を忘れないでください。

[SP 90] では、"are we ~?"、"Can we ~?" という２つの質問をして、聴衆に問題提起をしています。これも、特に返答を期待してはいません。聴衆との無言の対話によって、話者の思いが聴衆に伝われば、質問の目的は達成されているのです。

ここで気を付けるべきことがあります。それは、**質問が「対話型」か「修辞型」かが、ハッキリ分かるように聴衆に語りかけること**です。対話型の場合は、返答を求める気持ちを前面に出し、聴衆に呼びかけるように尋ねます。一方、修辞型の場合は、自信に満ちた口調を保ちつつも、自然な語り口で問いかけます。中途半端な聞き方をしてしまうと、聴衆は、その質問に返答すべきかどうかで戸惑ってしまいます。

ちなみに、[SP 99] の２か所の疑問文は、対話型にも、修辞型にもなるユニークな例です。カジュアルな場面でのスピーチなら聴衆に返答を求めても良いでしょうし、フォーマルな場面ならば修辞型で問いかけても構いません。どちらにしても、対話型か修辞型かは、ハッキリ区別して伝える習慣を付けましょう。

４．自分で答えを返す「自問自答型」

「**自問自答型の疑問文**」は、**質問をした後で、即座に話者自身が答えを示すもの**です。たとえば [SP 97] では、"What is the key to success in Japan?" と尋ねて、すぐに "I would answer, ~"（私なら）と答えています。何やら不必要な質問をしたようにも思えますが、そうではありません。主張をする前に (a) の質問を挿入することで、聴衆の注目を話者に振り向けることに成功しています。

「**聴衆の注目をグッとひきつけておいて、話者の主張をぶつける**」というのが**自問自答の話術**です。「修辞型の疑問文」のように見せかけて、聴衆が考え始めた瞬間に話者が答えを示すことで、話者の堂々たる自信を演出しているわけです。ゆえに、この「自問自答型」のテクニックは、聴衆に強い印象を与えることができます。ここぞ、という場所で活用してみてください。

スピーチで疑問文を用いた瞬間、聴衆の注目が話者に集まります。その**疑問文の演出効果をスピーチで活かすには、**スピーチを書く段階で話の流れをよく検討し、**聴衆の注目を得たい場所に、あらかじめ疑問文を入れておくことが大切**です。また、スピーチの発表中に、聴衆があまり関心を寄せてくれないような場合には、その場の機転で新たな質問を投げかけることで、聴衆の注目を維持することもできます。スピーチでは、疑問文を積極的に活用しましょう。

Seminar 3

Speakers' Tip 16
簡単レトリック ｜ メッセージの演出
メッセージの印象を際立たせる「反復」と「対比」

> スピーチの言葉を、さらにスピーチらしくする修辞の技術がレトリックです。数あるレトリック技法の中から、「反復」と「対比」の演出法を紹介します。

1.「反復」による論点の刷りこみ

　最初に紹介するレトリックは「反復」です。「反復」は、**大切な点を繰り返すことで、それを印象深く聴衆の記憶に刷り込む技術**です。誰しも一度言われるよりは、二度言われた方が記憶に残ります。その一方で、選挙カーのように、何度も同じ内容を連呼されたのでは、むしろ耳障りになってしまいます。ゆえに、品良く、印象良く、「反復」を実践するには、(1)「リズムの反復」と、(2)「内容を言い換える反復」が重要になります。

　まず、**(1)「リズムの反復」とは、似た音の響きを持つ表現を繰り返すことで、耳に心地良い反復効果を狙うもの**です。たとえば、創立記念日の喜びを伝える[SP 5] では、"I am pleased to see ~"（～をうれしく思う）という同じ表現で始まる文を、2回連続させています。これにより、スピーチに一定のリズムが生まれ、「うれしい」という話者の気持ちが、聴衆の耳にも、記憶にも、印象的に残るわけです。

　同様の「リズムの反復」は、[SP 33]でも見られます。ここでは、<u>I will never forget</u> them, and <u>I will never forget</u> you."（私は彼らを忘れない。私は皆さんを忘れない。）です。ここにも気持ちの良い「リズム」が感じられるでしょう。同じリズムの繰り返しで心地よさを生み出すコツは、**あるフレーズに手を加えて、類似の響きを持つ文（または節や句）を複数作り、それらを連続させること**です。

　この「リズムの反復」は、ひとつの文の中でも、何度か活用できます。たとえば[SP 88]では、"true greatness is"（本当の偉大さとは）に続いて、"to ~"（～すること）が、同じ文中で4回繰り返されています。このスピーチを発表する際には、4つの"to + 動詞"に適切な「強勢」（→[Tip 21]）を乗せることで、波が繰り返すような文章のリズムを表現できます。

　次に、**(2)「内容を言い換える反復」とは、リズムは意識せず、同じ内容を違う表現で繰り返すこと**です。たとえば[SP 22]のように、ある程度言いたいことを話した後で、"In other words"（言い換えれば）と言って、同様の内容を別の言葉で言い直すわけです。違う言葉で言い換えれば、たとえ同じ内容が繰り返されても、選挙カーのような圧迫感を感じることはありません。

２．「対比」による論点の強調

２つ目のレトリックは「対比」です。**「対比」は、別の何かと比較することで、その片方（あるいは両方）の特徴を際立たせる技法**です。目の前に一隻の小舟があるとします。それを、"a little ship"（小船）と表現しても、"a little ship on the large ocean"（大海に浮かぶ小船）と表現しても、実際にはどちらも同じ「小さな船」です。しかし後者の方が、より小さく感じられます。これは、いわば「言葉による錯覚」です。このように、対比のレトリックは、物事の特徴をさらに際立たせる効果があります。

この対比による錯覚の演出は、日常の暮らしにも深く根づいています。洗剤のCMで汚れたシャツを見せるのは、洗濯後の白さを際立って「見せる」ためです。精肉店で緑のマットの上に肉を並べるのは、緑（赤の反対色）との対比で新鮮さを際立って「見せる」ためです。これらは視覚による対比ですが、**スピーチは聴覚が頼りですから、それぞれの特徴を際立って「聞こえさせる」ように、意識的に文章を考え、そのコントラストを口頭で強調**（→[Tip 21]）**する必要があります**。

では、Model Speechesから実際の対比のレトリックを見てみましょう。「大海の小舟」のように、白黒がはっきりした対比表現には、次のような例があります。「小さな島から、大きな夢を持ってやって来た」（→[SP 20]）。「変化したもの、不変のもの」（→[SP 33]）。「薄まるのではなく、深まる」（→[SP 39]）。「第一印象は大嫌い、今は親友」（→[SP 76]）。

対比のレトリックは、「白か黒か」という正反対のものを対比するだけではありません。対照的と思われるものであれば、対比のレトリックを柔軟に活用できます。たとえば、「今日までは私たちの役目、これからは皆さんの役目」（→[SP 50]）や、「PCをつなぐ仕事から、人をつなぐ仕事への転向」（→[SP 26]）なども、対比のレトリックを応用しています。

対比のレトリックをスピーチで応用するには、まず「伝えたい内容と対照的なエピソード」を探すことです。「芋づるマップ」（→[Tip 6]）を用いて、意図的に対照的な例を思い描くのも、良いヒントに結びつくはずです。

対比のレトリックの基本が身に付けば、この「対比」を、前項の「反復」と併用することも可能です。たとえば、[SP 48]では、新社長の「慎重さと大胆さ」を際立たせる対比の文が、２つ連続して登場します。また、[SP 71]では、「未来と過去」の対比に続いて「革新的と保守的」の対比が登場します。こう説明すると複雑に聞こえますが、その基本は、どちらも「対比」を「繰り返す」という単純な構造から生まれているのです。

歴史上の有名なスピーチには、ほぼ例外なくこの「反復」や「対比」のレトリックが用いられています。その形を真似ることで、あなたのスピーチの言葉も、さらに「スピーチらしい」響きを持つようになることでしょう。

Seminar 3

Speakers' Tip 17
推敲のポイント ｜ 改善の手がかり
冷静になることから始める、スピーチのセルフ・チェック

> 原稿を見直す「推敲」は、スピーチを洗練するための大切な工程です。「セルフ・チェック」の6項目をもとに、スピーチの要件を再確認しましょう。

1．熱い思いを冷ます「推敲」

スピーチは、「自信作」だと感じる時ほど、冷静に見直す必要があります。話者の熱い思いが詰まったスピーチは、どうしても独りよがりな文面になりやすいからです。これは、熱烈な「愛の告白メール」を、送信後、数日経ってから読み返すと、かなり恥ずかしいのと同じです。

冷静にスピーチを見直すコツは、1週間後に推敲するか、他人に見せることです。 書き上げてから1週間も経てば、本人でさえ理解しづらい表現があることに気づきます。そして、他人に見せることで、極めて客観的な助言が得られます。残念ながら、恥ずかしさからか原稿を他人に見せない人がいます。しかし、**スピーチを聞くのは他人です。** 他人に見てもらい、あるいは実際に聞いてもらって、推敲のヒントを提供してもらうのが最善です。熱い思いを冷まして客観的になるのが、推敲を始める最初のステップです。

2．推敲のセルフ・チェック

それでは、自慢のスピーチを見直してみましょう。次の6項目を「声に出して」はっきりと回答してみてください。

【セルフ・チェック✔6項目】

☐ (1) スピーチの「目的」は何ですか？

☐ (2) 最も重要なメッセージ（主題）を、「ひとこと」で教えてください。

☐ (3) 主題を支える「話の素材」（論証材料）を、ひとつ以上挙げてください。

☐ (4) 聴衆に示した心配りを、ひとつ以上挙げてください。

☐ (5)「冒頭の導入」と「最後の結び」で工夫したことを教えてください。

☐ (6) ロゴス・パトス・エトスのバランスを意識しましたか？

これらの6項目は、すべて明確に答えられる必要があります。回答が曖昧な項目があれば、以下から該当する*Tip*を参照して原稿を推敲・改訂してください。

(1) 目的（→*[Tip 3]*）：目的が不明確なスピーチは、行き先もなく車を走らせるようなものです。スピーチをする際は、いつも明確な目的を持ってください。

(2) 主題（→*[Tip 11]*）：「10秒以内で言い切れる主題」を設定しましょう。主題は、鋭く、短く言い切れるほど、聴衆には伝わりやすくなります。大切な点を反

Speakers' Tip 17　推敲のポイント

復するのも効果的です (→*[SP 65]*)。

(3) 論証 (→*[Tip 7]*)：この問いにすぐに答えられない場合、話の論理関係が曖昧になっている可能性があります。*[Tip 11]* の「図1」も参考にしながら、「主題」と「支持材料」（論証材料）の論理関係をもう一度見直してください。

(4) 聴衆 (→*[Tip 4]*)：シンプルな英文で構成することや、「理解しづらい単語を補足する」(→*[SP 60]*) ことも、聴衆への配慮です。また、聴衆を敬う言葉づかい (→*[SP 5]*) のほか、話者と聴衆の「相互の利益の演出」(→*[SP 56]*) により、聴衆を味方につける工夫も大切です。

(5) 導入＆結び (→*[Tip 13]*)：導入では、聴衆の注目を獲得し、話の全体像を示します。結びでは要点を繰り返しつつ、「導入と結び」で本論を挟み込む「サンドイッチ型」の3層構造に仕上げます。

(6) 説得の3要素 (→*[Tip 5]*)：ロゴス・パトス・エトスが大きく偏らないように注意します。不足する要素があれば、それを補う「話の素材」を挿入しましょう。たとえば、「自分の感情を率直に表現する」(→*[SP 53]*) というちょっとした工夫も、パトスやエトスを高めてくれるはずです。

English Speech Q&A

Q.3 日本語が先か、英語が先か

Q. 英語スピーチの草稿を、「日本語で書く」コツは？

◆(清水)「草稿から英語で書こう！」という私たちの本心を見透かした質問です。(笑) K(亀田) 確かに。(笑) でも草稿の一歩手前までは日本語で考えても構わないですよ。◆スピーチの企画段階なら、「芋づるマップ」(→*[Tip 6]*) も日本語で大丈夫ですしね。■でも執筆段階に入ったら、やはり「日本語原稿を英語に全訳」というのは避けた方がいいでしょうね。◆日本語で書くと、「リズムの反復」(→*[Tip 16]*) も思いつきにくくなります。■初めから英語で書かれた文章には、その行間に話者の思いが感じられるものです。あ、これでは質問の答えになって

ませんね。(笑) ◆英語で草稿を書くのが大変なら、「話の素材」(→*[Tip 6]*) の段階で英訳しておいて、その英語の素材をつなぐように本文を構築していくのはどうでしょう？■いいですね。話題のパーツを英語で用意しておいて、それをつないだり話の流れを調えて草稿に仕上げるのですね。◆はい。で、その作業が面倒になってきたら、最初から英語で草稿を書いてもらう、と。■結局そこですか。(笑)

> 【著者ふたりの結論】
> 企画は日本語。草稿は、英訳した話の素材をつないで書きましょう。

Seminar 4

Speakers' Tip 18
デリバリー ｜ 思いを「届ける」
聴覚と視覚の連携で、メッセージに正しい解釈を与える

> スピーチを発表し、思いを伝えることを「デリバリー」(delivery)と言います。原稿に込めた思いを、120%伝え切るための心構えを見ておきましょう。

1．心を「デリバリー」する

スピーチの "delivery" とは、話者の思いを聴衆へ「届ける」ことです。しかし、準備した原稿を単に読むだけでは、聴衆の心には届きません。確かなデリバリーには、原稿を「読む」あるいは「話す」のではなく、聴衆に「語りかける」「訴える」という姿勢が求められます。

優れたデリバリーは、話者の「心」が生み出す「声」（聴覚）と「態度」（視覚）の連携によって実現します。

図1：「心」が生み出すデリバリー

優れたデリバリーを身に付けるには、まず「伝えたい気持ち」をしっかり持つことが大切です。伝えたい「話者の思い」があるからこそ、その熱意が声（聴覚）となり、態度（視覚）となって、優れたデリバリーを実現するのです。「仕方なく」スピーチをする状況では、どんなにデリバリーを練習しても、そのスピーチは「本物」(genuine)にはなりません。

2．文章に意味は無い？

デリバリーが「心」を伝える大切な技術である一例を紹介しましょう。

(a) What are you doing?
　　(あなたは何をしているのか？)

(a)を直訳するのは簡単です。しかし、この文を見ただけでは(a)の真意は誰にも分かりません。なぜなら以下のような複数の「解釈」が考えられるからです。

(1)同僚に現在の作業内容を尋ねる「何をしてるんですか？」(2)失敗した部下を叱る「お前何やってんだよ。」(3)パソコン操作が苦手な仲間をからかう「何してんのよー。」(4)ずぶ濡れで帰社した社員を心配する「一体どうしたの？」(5)不審者を問い詰める「何やってるんだ。」

(1)~(5)の例が示す通り、実は、(a)の意味は、「文の中」には無いのです。(a)の**本当の意味は、話者の「心の中」にあり**ます。話者がその「心」を、口調（聴覚）や表情（視覚）を通じて、スピーチで「どう伝達するか」によって、初めて聴衆に(a)の本当の意味が伝わるのです。もし、スピーチで(a)を棒読みすれば、それがどれだけ「誤解」のリスクを生み出すか、お分かりいただけるでしょうか。

Speakers' Tip 18　デリバリー

　デリバリーは、聴覚と視覚を通じて、**言葉の「正しい解釈を示す」作業**です。うれしい話は、歓喜に満ちた声と表情が、話者の喜びを伝えます。謝罪であれば、深みのある声と真摯な態度で臨まなければ、誤解を招きます（→[SP 67]）。また、ユーモアを話す際には、おどけた表情やジェスチャーが伴って初めて、それが「ユーモア」であることが聴衆に伝わるものです（→[SP 22, 93]）。

　これらは、誰しも頭では理解していることでしょう。でも実際には、緊張のために棒読みや無表情になることがあるのが現実です。これでは話者の真意が伝わらないばかりか、デリバリーが原因で誤解を生む危険さえあります。スピーチの原稿は、単なる「文字」の集まりです。その文字に確かな解釈を与えるのが、話者の心が生み出す「デリバリー」（聴覚と視覚による伝達）なのです。

3．「ハート2割増し」の心得

　聴覚（→[Tip 19~21]）や視覚（→[Tip 22]）の説明に先立ち、本項では、「話者の気持ち」をデリバリーで伝える基本的なコツを考えましょう。

　声もジェスチャーも目立つけれど、どこか白々しく感じられるスピーチを聞いたことはありませんか。これは、「話者の伝えたい気持ち」がデリバリーの強さに負けていることが原因で、「技巧的」な印象を与えているのです。

　こうした失敗を防ぐためにも、デリバリーを練習する前には、まず「**伝えたい気持ち」を2割増しにする**ことをお勧めします。「うれしい」を「とてもうれしい」、「寂しい」を「本当に寂しい」という具合に、意識的に感情のレベルを高めるのです。そうするだけで、わざと大げさなデリバリーをしなくても、話者の気持ちの強さに応じた声や表情が「自然に」出てきます。この**「自然に」という雰囲気こそ、優れたデリバリーの理想**です。本当にうれしければ、機械音声のように「トテモウレシイ」という棒読みにはならないはずです。**デリバリーを強化する前に気持ちを強化するのが、優れたデリバリーを身に付ける近道**です。

　「ハート2割増し」の心得は、開口一番から効果を発揮してくれます。たとえば、スピーチ冒頭で "I'm honored to be here with you."（皆様とご一緒できて光栄だ。）と言うとしましょう。この文には、「光栄」の程度を強調する "truly"（まさに）や "greatly"（とても）などの副詞はありません。しかし、「光栄な気持ち」を2割増しにすれば、意味を強める副詞が無くても、原文を上回る「喜びの声」や、「光栄な表情」が現れてきます。このように**言葉に頼らず、言葉以上の気持ちを伝えるのが、デリバリーのあるべき姿**です。

　原稿を棒読みしただけでは、話者の真意は伝わりません。話者の真意は、話者の心の中だけにあります。スピーチのデリバリーでは、話者の気持ちを2割増しにすることが、メッセージの伝達力を高める秘訣です。

Speakers' Tip 19
ボイス・トレーニング ｜ 発声の練習
聞こえる声から響く声へ、スピーチのための声づくり

> 話者の声が聴衆に届かなければ、スピーチは始まりません。3つの練習ステップを通じて、スピーチに適した呼吸法や発声法を身に付けましょう。

1．声が届いてこその「スピーチ」

スピーチで良い印象を与えるには、何よりも聴衆にハッキリ聞こえる声で話すことが大切です。美声である必要はありません。**聴衆全員に明瞭に聞こえれば、まずは合格**です。キンキンと響く高い声よりも、少し低めの落ち着いた声であれば、なお理想的です。

「声が小さくても、耳を澄ませて聞いてくれるはず」というのは話者の幻想で、少しでも聞きにくければ、聴衆は眠りにつくか、勝手な雑談を始めるだけです。特に、「声が小さい→聞きにくいから聴衆が顔をしかめる→その顔を見て話者が緊張する→さらに声が小さくなる」という悪循環は、何としても避けなければなりません。**優れたスピーチは、耳に心地よいスピーチ**です。まずは、基本的な発声練習をすることが大切です。

スピーチの発表に役立つ、簡単なボイス・トレーニングの方法を、次の3ステップで順に紹介します。

　(1) 腹式呼吸の練習
　(2) 発声法の練習
　(3) 音程調節の練習

2．腹式呼吸の練習

英語は、日本語よりも音の強弱が明確なため、リズミカルに勢いよく息を出す必要があります。そのため、**腹式呼吸で自在に息を調節できることが、英語らしい発声や発音の基礎**となります。

運動して息切れした状態を、よく「肩で息をする」と言いますが、腹式呼吸は「お腹で」息をします。とはいえ、実際には肺で呼吸をしますから、正しくは「お腹で呼吸をするように意識する」のが腹式呼吸です。まず軽くお腹に手を当てて、お腹に少し力を入れます。**息を吸ってお腹が膨らみ、吐けばへこむ感覚**を何度も確かめるのが腹式呼吸の練習法です。

この練習をしていると、「図1」にあるように、「普段の呼吸幅」を超えて、さらに息を吸ったり、吐いたりできることに気づきます。腹式呼吸で深呼吸の練習を続けることで、次第に、図1の「プラス領域」と「マイナス領域」を活かした呼吸と発声ができるようになります。

3．発声法の練習

発声練習では、腹式呼吸で「プラス領域」まで息を吸ったあと、腹筋を使って

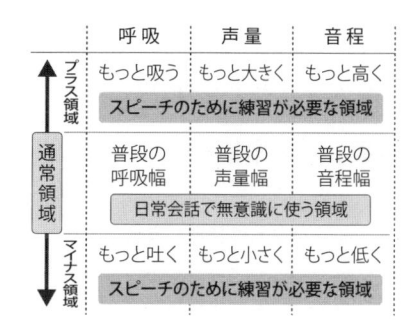

	呼吸	声量	音程
プラス領域 ↑	もっと吸う	もっと大きく	もっと高く
	スピーチのために練習が必要な領域		
通常領域	普段の呼吸幅	普段の声量幅	普段の音程幅
	日常会話で無意識に使う領域		
↓ マイナス領域	もっと吐く	もっと小さく	もっと低く
	スピーチのために練習が必要な領域		

図1：スピーチに必要な「拡張領域」

お腹から声を出します。テノール歌手のように、普段より**少し低く大きめの声で「アー」と10秒程度、均一に音を伸ば**します。この際、お腹に手を当てて、腹筋に力が入っていることを確かめます。お腹に力を入れずに大きな声を出すと、かん高い声が出て聞きづらいだけでなく、声帯を痛める原因にもなります。

息の残量に左右されず、安定した声が出せるようになったら、（怒鳴り声にならない程度の）最大の声と、（ささやき声にならない程度の）最小の声で、同じように発声練習をしましょう。これは、図1にある「**普段の声量幅**」（通常領域）**を意識的に越える練習**です。「プラス領域」と「マイナス領域」を意識的に使うことで、声量の幅が広がり、スピーチに適した豊かな声が出せるようになります。また、マイクのない会場や、にぎやかな聴衆（→[SP 91]）が相手でも、堂々としたスピーチができるでしょう。

「アー」の次は、短音の発声練習です。ここでは、手をたたいて拍子を取りながら、「ハ、ハ、ハ…」と繰り返し発声します。

「ハ」を発声する際、お腹から空気の玉を吐き出すように、**短く強い音を出す練**習をします。この「空気の玉を出す感覚」が、英語のリズムや強勢（→[Tip 21]）の素になります。短音の練習に慣れてきたら、「強弱・強弱」や「強弱弱・強弱弱」のリズムを付けて、「ハ、ハ、ハ…」を繰り返すと、良い練習になります。

4．音程調節の練習

豊かな声が出るようになったら、続いて音程調節の練習をします。(1) 普通に「アー」と発声しながら、5秒間で、その音程から「マイナス領域」（図1）まで滑らかに音程を下げます。(2) 一旦呼吸を整えて、その低い音程から通常の音程へ、5秒間で戻します。(3) 再び呼吸を整え、今度は通常の音程から「プラス領域」へ、5秒間で滑らかに音程を上げます。(4) 呼吸を整えて、その高い音程から通常の音程へ5秒間で戻します。

この練習も、**通常の会話で使っている「普段の音程幅」（通常領域）を意識的に広げるのが目的**です。また、英語の抑揚（→[Tip 21]）は滑らかに音程が推移しますので、このように「切れ目なく音程を動かす練習」は、抑揚の感覚を身に付ける上でも効果的です。音程や抑揚で「声の表情」を変える話し方（→[SP 88]）は、デリバリーに必須のテクニックです。腹式呼吸や発声法の練習と併せて、喉に負担を掛けない程度に、日頃から練習を続けてください。

Seminar 4

Speakers' Tip 20
発音記号の読み方 | 誤解のない発音
「美しさ」より大切な、「伝わる発音」の基本情報

スピーチの発音で大切なのは、聴衆に誤解を与えないことです。紛らわしい発音を区別するために、発音記号の読み方をコンパクトに整理しましょう。

1．英語の「母音」の一例

長音記号 /ː/ の付いた母音は、**音が長くなるだけではなく、発音も変化します。**

(1)【ア】の仲間　音声 CD2 トラック 51

◆ /ɑ/　日本語のアよりも口を大きく開け、喉の奥から発音します。
 → art /ɑ́ɚt/　lock /lɑ́k/

◆ /æ/　日本語のアよりも、口を横に広げて、エが混じったアの音を出します。
 → app /ǽp/　lack /lǽk/

◆ /ʌ/　日本語のアに近く、あまり大きく口を開けないように軽く発音します。
 → up /ʌ́p/　luck /lʌ́k/

◆ /ə/　唇をリラックスさせ、アとウの中間のような、弱く曖昧な音を出します。
 → apply /əpláɪ/　extra /ékstrə/

◆ /ɚː/　/ə/ より少し舌先を持ち上げ、曖昧な音ながら、強めに発音します。
 → early /ɚ́ːli/　search /sɚ́ːtʃ/

(2)【イ】の仲間　音声 CD2 トラック 52

◆ /i/　日本語のイに近い音を、軽く発音します。
 → party /pɑ́ɚti/　happy /hǽpi/

◆ /iː/　上の /i/ とは異なり、唇を横に強く引いて、長くハッキリ発音します。
 → east /íːst/　week (weak) /wíːk/

◆ /ɪ/※　日本語のイの音を弱めて、イとエの中間のような音を軽く出します。
（※ 辞書によっては、/i/ と表記される場合があります。）
 → ear /íɚ/　play /pléɪ/

(3)【ウ】の仲間　音声 CD2 トラック 53

◆ /ʊ/※　日本語のウに近く、少し唇を丸めて、喉の奥から軽く発音します。
（※ 辞書によっては、/u/ と表記される場合があります。）
 → full /fúl/　look /lúk/

◆ /uː/　上の /ʊ/ とは異なり、唇を強くすぼめて突き出し、ハッキリ発音します。
 → cool /kúːl/　root (route) /rúːt/

(4)【エ】の仲間　音声 CD2 トラック 54

◆ /e/　日本語のエよりも少し唇を横に広げて発音します。
 → eight (ate) /éɪt/　friend /frénd/

(5)【オ】の仲間　音声 CD2 トラック 55

◆ /ɔ/　日本語のオとほぼ同様です。丸い唇の形で、口を開きぎみに発音します。
 → toy /tɔ́ɪ/　port /pɔ́ɚt/

◆ /ɔː/　上の /ɔ/ よりも、やや縦長に口を開き、アが混じったオの音を出します。
 → tall /tɔ́ːl/　caught /kɔ́ːt/

◆ /oʊ/　日本語のオよりも少し唇を閉じて始め、ウの音に続けます。
 → toll /tóʊl/　coat /kóʊt/

Speakers' Tip 20　発音記号の読み方

2．英語の「子音」の一例
(1)【破裂音】　音声 CD2 トラック 56
腹式呼吸でぐっと溜めた息を、口から勢いよく破裂させます。
◆/p/ & /b/　閉じた唇で息を閉鎖し、それを一気に解放して発音します。
　→　peep /píːp/　beep /bíːp/
◆/t/ & /d/　舌を上歯茎に強く当てて息を閉鎖し、舌を離して一気に解放します。
　→　tent /tént/　dent /dént/
◆/k/ & /g/　日本語のカ・ガと同様、舌の奥で息を閉鎖して、一気に解放します。
　→　cap /kǽp/　gap /gǽp/

(2)【摩擦音】　音声 CD2 トラック 57
摩擦音は、母音を出す前の**子音をしっかり（少し長めに）発音**すると、英語らしく聞こえます。
◆/f/ & /v/　上の前歯を下唇に軽く当てて、その隙間から音を出します。
　→　fan /fǽn/　van /vǽn/
◆/θ/ & /ð/　舌先を上前歯の裏に当て、その隙間から音を出します。
　→　theses /θíːsiːz/　these /ðíːz/
◆/s/ & /z/　日本語のサ・ザのように、舌先を上の前歯の裏に近づけます。
　→　sea(s) /síː(z)/　Zeus /zúːs/
◆/ʃ/ & /ʒ/　日本語のシュ・ジュよりも、唇をすぼめて息を出します。
　→　shoe(s) /ʃúː(z)/　usual /júːʒuəl/

(3)【破擦音】　音声 CD2 トラック 58
破擦音は、**破裂音と摩擦音の両方の特徴**を意識して発音しましょう。
◆/ts/ & /dz/　日本語のツ・ヅに相当し、しっかり息を溜めてから解放します。

　→　seats /síːts/　seeds /síːdz/
◆/tʃ/ & /dʒ/　日本語のチュ・ヂュよりもしっかり息を溜め、一気に解放します。
　→　choose /tʃúːz/　juice /dʒúːs/

(4)【鼻音】　音声 CD2 トラック 59
鼻音は、**鼻に抜く音**を出します。
◆/m/　しっかり上下の唇を閉じ、息を鼻へ抜いて発音します。
　→　mean /míːn/　mime /máim/
◆/n/　舌先を上歯茎の裏側に付け、息を鼻へ抜いて発音します。
　→　neat /níːt/　nine /náin/
◆/ŋ/　口の天井の奥を舌の後部で閉鎖し、鼻にかけて「ンｸﾞ」と発音します。
　→　sing /síŋ/　something /sʌ́mθiŋ/

(5)【その他】　音声 CD2 トラック 60
◆/l/　舌先を上歯茎に付けたまま、舌の両脇からウのような音を出します。（語尾の /l/ は、弱いウのように聞こえます。）
　→　law /lɔ́ː/　small /smɔ́ːl/
◆/r/　唇をすぼめて、舌が口内上部のどこにも当たらないように発音します。
　→　raw /rɔ́ː/　library /láibreri/
◆/w/　日本語のワよりも、唇をすぼめて、「ゥワ」という感覚で発音します。
　→　wood /wúd/　quality /kwɑ́ləti/
◆/h/　腹式呼吸で「空気の玉」（→[Tip 19]）を喉の奥から飛び出させます。
　→　hot /hɑ́t/　heal (heel) /híːl/
◆/j/　日本語の「ヤ行の子音」のように、舌先は下ろしたまま、舌の「前部」を口の天井に向かって持ち上げて発音します。
　→　yeast /jíːst/　year /jíɚ/
　　※ east、ear との音の違いに注意。

4 「鍛える」　思いを届ける発表技法

41

Seminar 4

Speakers' Tip 21
3つの強調技法 | 強勢・抑揚・間
大切なことを示し、伝える、口頭の伝達技術

何が大切なポイントなのかを、音で分かるように伝えるのが強調技法です。「強調・抑揚・間」の3つの基本を押さえて、要点を忠実に伝えましょう。

1. 音の流れを操作する強調技法

英語は、音の強弱が波のように心地よく繰り返される言語です。通常であれば、以下のような「強・弱」がみられます。

(a) They had a meeting in Tokyo.
（彼らは東京で会合を持った。）

この「強弱」（強勢）に加わるのが、「高低」（抑揚）という要素です。抑揚の分かりやすい例は語尾に向かう音の高低の変化です。(a)は、語尾の抑揚が下がれば「会合を持った」という断定調になります。一方、語尾を上げれば、疑問文ではなくても「会合を持ったの？」という疑問調に変化します（→[SP 66]）。

これらの「強勢や抑揚の流れ」を意図的に操作することで、論点を強調するのが「強調技法」です。ここでは、以下の3種類を紹介します。

(1) 強勢 (stress)
(2) 抑揚 (intonation)
(3) 間 (pause)

2. 強勢 (stress)

強勢による強調技法とは、**強調したい部分を、大きく力強い声で語ること**です。たとえば前項の(a)の例では、強勢箇所と意味の関係は次のようになります。

音声 CD2 トラック61

(a1) They had a meeting in Tokyo.
→（他の人でなく）彼らが持った。

(a2) They had a meeting in Tokyo.
→ 会合を（確かに）持った。

(a3) They had a meeting in Tokyo.
→（他の物でなく）会合を持った。

(a4) They had a meeting in Tokyo.
→（他の場所でなく）東京で持った。

実際のスピーチでは、強勢と抑揚が連携し合うことで強調の気持ちが伝わります。ですから、「大きな声」＝「強調」というのは必ずしも十分な説明ではありません。しかし、スピーチの重要な言葉をしっかりと聴衆に届けるためには、強勢は大切な要素になります。

話者自身は「強勢」を付けているつもりなのに、聴衆にはそう聞こえない、ということがあります。その原因として考えられるのは、(1)強勢が弱いか、(2)他の単語の読み方が強すぎるかです。(1)の解決策は、**強勢を付ける単語のアクセント部分を少し長めに発音すること**です。つまり、「トウキョウ」と読むのではなく「トーウキョウ」と発音するので

42

す。これにより、強勢が乗る物理的時間が長くなって、さらに強勢らしい響きになります。一方、(2)で悩む人は、すべての単語を精一杯発音し過ぎているようです。しっかり聴衆の耳に届けることは大切ですが、冒頭の(a)の例にあるように、英語には強弱のリズムが必要です。すべてが「強」では、マシンガンのように聞こえて、聴衆も疲れます。「強調のための強勢」を埋もれさせないためにも、強弱のリズムを意識し、リラックスして原稿を読む練習をしてみましょう。

3．抑揚 (intonation)

人は感情が高まると、**声のピッチが自然に上下します。その変化を意識的に応用するのが抑揚による強調技法**です。

(b1) そうなんですか？
(b2) そうなんですか？

(b1)では話し手の「興味や関心」が伝わりますが、抑揚が乏しいと、(b2)のように「遭難ですか」という別の意味に聞こえます。抑揚は、正確で、自然な感情を伝える上でとても重要なのです。

では、「そうなんですか」の英語版で実際の抑揚を確認してみましょう。矢印に合わせて声の音程を変化させ、抑揚の練習をしてみてください。

音声 CD2 トラック 62

(c1) Is that really true? （興味や関心）
(c2) Is that really true? （社交的な共感）
(c3) Is that really true? （やや無関心）

抑揚とともに、ふさわしい表情を連動させると、なお一層、デリバリーの良い練習になります。前項で、強調したい単語に「強勢」を乗せたように、**抑揚の強調表現をスピーチで使う際は、強調したい言葉がある場所で、意識的に音を高低に動かす練習をすると良いでしょう**。

特に、ユーモア(→[SP 35, 41])や感嘆文(→[SP 92])では、少々大げさなくらいの抑揚がないと、本来の意味が伝わらずに誤解を招きます。逆に、真剣な話をしている時に抑揚が動きすぎると、落ち着きがなく、信ぴょう性が失われることもあります(→[SP 24])。

英語スピーチに慣れない人ほど、常に不必要な抑揚が続いて、音が安定しない傾向があります。時折、友人にスピーチを聞いてもらって、抑揚の自然さを確認してもらうことをお勧めします。

4．間 (pause)

受賞者を発表する際、「優勝は…」と言ってしばらく間を置くと、聴衆は耳を澄ませてその続きに注目します。これが間 (pause) の力です。**「間」の強調技法をスピーチで応用するには、大切な言葉の前で1秒程度の間を置くことです**。

音声 CD2 トラック 63

(d) You can get it for only / $50.
　　（わずか50ドルで入手可能。）

この例文に限らず、氏名や社名、商品名の前、さらには開業日や発売予定日の前に、少しの間を置くだけで、後に続く言葉が際立って響きます(→[SP 7, 42])。ぜひ試してみてください。

Seminar 4

Speakers' Tip 22
ボディー・ランゲージ｜視覚に訴える
視覚で伝わる話者の情報を、スピーチの説得力に変える

> 聴衆が受け取る視覚情報のうち、多くを占めるのが、話者の「ボディー・ランゲージ」です。視覚の力を借りて、伝えたい気持ちを「見せて」みましょう。

1．体の姿勢 (posture)

スピーチにおける主要なボディー・ランゲージには、次の4つがあります。

> (1) 体の姿勢 (posture)
> (2) 顔の表情 (facial expression)
> (3) 目線 (eye contact)
> (4) 手の動作 (gesture)

初めに、「体の姿勢」から考えましょう。スピーチをする際は、まず**肩幅くらいに足を開いて体を安定させ、背筋をまっすぐ伸ばします**。この姿勢で胸を張ることで、堂々とした印象を与えられます。人前に立つ時には、「頭頂部・腰・かかと」を結ぶ線が、地面に直角に降りる感覚を確かめます。一度、自分が話す姿勢を写真やビデオで撮影し、猫背になっていないかどうかを確認すると良いでしょう。

誰かからの紹介や指名を受ける際には、**紹介が始まった瞬間から、自分のスピーチが始まっていると思うことが重要**です。紹介者の言葉が始まった時には、すでに聴衆の注目は話者（被紹介者）に向けられています。登壇の際には、「聴衆に見られている」という意識を持って、姿勢を正して歩きましょう。

2．顔の表情 (facial expression)

デリバリーでは、**言葉と表情が連動することが大切**です。happyな話は笑顔で、sadな話は悲しい表情で話さなければ、聴衆は「何だか信頼できない人だな」と感じてしまいます。自分では感情がこもった表情をしているつもりでも、他人の目にはそう映らないことがよくあります。聴衆は、至近距離で話者の顔を見ることができません。ですから、少しだけオーバーな表情を心がけるくらいが、ちょうど良い「表情」になります。

表情で**特に大切なのは、スピーチの最初と最後**です。笑顔が適した話であれば、初めと終わりは、ぜひとも親しみのある最高の笑顔を見せましょう。

3．目線 (eye contact)

スピーチでは、目線をどこに送るかで、誰に語り掛けているのかを伝えます。スピーチ中にずっと原稿に目を落としていたのでは、誰に話しているのかが分かりません（→[Tip 23]）。他にも、緊張して床を見たり、次の言葉を思い出す際に天井を見るクセがある人もいます。目の前の聴衆を見るのはスピーチの基本ですし、

聞き手に対するマナーでもあります。聴衆全体にゆっくり目配せをする要領で、均等に目線を送りましょう。**聴衆の顔を見れば、聞き手が話を理解しているかどうかも分かります。**

どうしても聴衆の目を見るのが怖い時には、聴衆の「人と人の間を見る」という奥の手があります。聴衆の方向に視線を向けている限り、聞き手は「話者は他の誰かと目線を合わせている」と感じます。ですから、**実際に人を見なくても、「誰かを見ているフリ」をして話せば緊張も少しは和らぐでしょう。**でもこの方法は「奥の手」ですから、お勧めはできません。しかし、原稿や床、天井を見て話すよりは、はるかに優れたデリバリーです。

4．手の動作 (gesture)

優れたジェスチャーとは、話者も聴衆も「後から思い出せないほど自然なもの」です。スピーチだからといって、必ずしもジェスチャーを付ける必要はありません。さすがに終始、直立不動では不自然ですが、かといって無理に「振り付けたジェスチャー」では違和感があり、聴衆の集中力を散らしてしまって逆効果です。以下に、参考になる4つのジェスチャーのポイントを紹介します。

(1)【指定のジェスチャー】 話題の対象を指し示すジェスチャーです。人物紹介で、相手を手のひらで指すのがその代表例です(→[SP 28])。また、「この端子をご覧ください」と話すタイミングでその場所を指す[SP 69]も同様です。この動作を応用すれば、イベントの司会などにおいて、片方や両方の手のひらで対象者全員を指しながら呼びかけることもできるでしょう(→[SP 85])。

(2)【自信のジェスチャー】 話者の自信を表現する際に、軽く握った拳や、自然に広げた手のひらを、手刀を切るように「小さく」振り下ろします(→[SP 20, 79])。自信の表現ですから、胸を張って話します。言葉とジェスチャーのタイミングがずれると滑稽ですので、大げさな動作にならないように、「気持ちの盛り上がりに伴って自然に手が動く」という控えめなイメージで練習しましょう。

(3)【強調のジェスチャー】 話の大切な場所や、「リズムの反復」(→[Tip 16])を視覚的に示すためのジェスチャーです。ジェスチャー自体は、上の(2)と同じですが、強調点を聴衆に示すために、軽く前傾姿勢になるのも良いでしょう。たとえば[SP 33]では、"you"が反復される場所で手のひらを動かして呼びかけると効果的です。また[SP 55]では、重要な語句(the right local partners)に連動するように手を動かします。

(4)【不安のジェスチャー】 スピーチ中に自己接触(self-touch)をするのは、**望ましくない**ジェスチャーです。無意識に自分の手、指、顔、髪、服を触ってはいけません。自己接触は、話者の緊張や不安(さらには嘘や隠し事があるような印象)を聴衆に露呈します。思わぬ誤解を与えないように注意しましょう。

Seminar **4**

Speakers' Tip 23
もれなく伝える ｜ 参照物の準備
落ち着いて話すための参照用資料を工夫する

> 原稿の暗唱に不安が残る場合には、何かを参照しながらスピーチをするのがスマートです。参照用の原稿やカードを準備して、発表に備えましょう。

1．暗唱型と参照型

本書の Model Speeches（各 1~3 分程度）の分量であれば、できれば**原稿を覚える「暗唱型」でスピーチをするのが理想的**です。暗唱をすれば、原稿を見るために聴衆とのアイ・コンタクト（→[Tip 22]）が途切れないからです。しかし、無理に暗唱型で発表をすると、最初は調子が良くても、どこかで言葉に詰まった瞬間から、原稿を思い出すことで頭が一杯になります。これでは、デリバリーに気を配ることができません。

そこでビジネスパーソンにお勧めするのは、**時折、原稿やメモをチラリと見ながらスピーチをする「参照型」**です。原稿やメモが手元にあるという安心感は、自然な表情にもつながります。参照型とは言っても、原稿は「チラリと見る」ものであって、「読む」ものではありません。まずは原稿をすべて暗唱することを目指して、何度も繰り返し練習をします。その上で、必要に応じて原稿やメモを参照しながら発表するわけです。発表時に手にする参照物は、あくまでもスピーチがうまくいくための「成功のお守り」という程度に考えておきましょう。

2．「参照用原稿」の作り方

参照用の原稿（完全原稿）を作るための、いくつかのコツを紹介します。

(1)「**12ポイント以上の大きな書体を使う**」 原稿を手に持つ場合も、演台に置く場合も、自分自身の目から原稿までは50cmほどの距離があります。文字が小さいと、原稿をのぞき込んで顔をしかめたり、猫背になったりして、結果的にデリバリーの妨げになります。

(2)「**用紙の下は8cmの余白をとる**」 その余白を握れば、手で文字が隠れることがありませんし、物理的に文字の位置が高くなって、原稿が見やすくなります。同時に、文字を見るために顔や目線を下げる角度も少なくて済みます。

(3)「**行間や段落の間を広めに空ける**」 文字がぎっしり詰まった原稿では、チラリと見た瞬間に情報を読み取れません。

(4)「**練習から本番まで、いつも同じ『参照用原稿』を使う**」 繰り返し練習をするうちに、目は、原稿にある文の位置を自然に覚えていきます。練習から本番まで、同じレイアウトの原稿を使うことで、もし本番中に言葉に詰まっても、瞬時に原稿上の該当箇所に目が行きます。

3．「参照用カード」の作り方

スピーチに慣れてくれば、完全原稿を参照するよりも、要点を箇条書きに記した「参照用カード」を使う方が、伸び伸びとスピーチができるようになります。

カードは、オフィスにあるB5やA4のコピー用紙を二つ折りにしたもので構いません。二つ折りにすれば紙にコシが出て、文字も透けません。また、折り目の反対側を持てば、紙の形も乱れません。

参照用カードに記すのは、以下で紹介する(1)「スピーチのアウトライン」と、(2)「特別な伝達情報」です。

(1)「スピーチのアウトライン」とは、[Tip 11]の「図1」のことです。スピーチをしながら日本語のメモを英語に翻訳できる人は、同図と同じ要領で日本語のメモを作成します。もちろん、アウトラインの各項目を、事前に英訳しておいても構いません。ただ、「チラリと一瞬で内容を把握する」という参照用カードの特性を考えれば、多くの日本人にとっては、英語のメモよりも日本語のメモの方が、瞬時に内容を把握できるでしょう。ほぼ原稿を覚えている状態であれば、話の流れを思い出すのがカードの目的になりますから、メモが日本語であっても大きな問題にはならないはずです。

(2)「特別な伝達情報」とは、**人物・商品・会社情報や、話の引用など、間違ってはならない情報のこと**です。たとえば[SP 13]のように、ゲストの略歴を紹介する大事な場面で誤った情報を提供すると、聴衆の誤解を招くだけでなく、ゲスト本人が紹介文を訂正するという恥ずかしい事態を招きかねません。また、[SP 92]では、故事の逸話を紹介していますが、「長い引用」を紹介する際にも、筋書きを参照用カードに記しておけば安心です。「特別な伝達情報」のメモは、内容を間違えずに伝えるのが目的ですから、メモは英語で書いておくと便利です。なお、やや例外的ですが、「特別な伝達情報」については、必要に応じてカードを読みながらスピーチをしても構いません。なぜなら、特別な情報を正確に伝えている姿勢が伝わるからです。ただし、その場合でも、時折、聴衆とアイ・コンタクトをとるように心がけましょう。

4．冒頭30秒の暗唱

著名なスピーカーもそうであるように、何かを参照しながらスピーチをすることは決して恥ずかしいことではありません。しかし、心からの感謝を聴衆に伝えるスピーチをする際に、メモを見ないと「ありがとう」のひとことも言えないようでは困ります。**話者の真心を伝えるためにも、まずは「冒頭30秒の暗唱」を実践してはいかが**でしょうか？

30秒といえば、司会者や来賓への謝辞を含むスピーチの「導入」部分にあたります。スピーチの印象を決める大切な30秒だけは完全に暗唱をして、堂々と発表を始めるのです。この努力は、話者のエトス(→[Tip 5])を高めるだけでなく、話者本人の自信にもつながります。

Seminar 4

Speakers' Tip 24
ステージ・フライト ｜ 緊張感の克服
聴衆全員が自分の味方だと信じる勇気を持つ

スピーチをする際に緊張することを「ステージ・フライト」(stage fright) と言います。発表時の緊張を解くには、多少の「うぬぼれ」も必要です。

１．スピーチの原点

緊張を感じたら、スピーチの目的(→ [Tip 3])を自分に問いかけてみましょう。「上手なスピーチをすること」ではなかったはずです。ビジネスパーソンはビジネスのプロではあっても、話のプロではありません。**多少ぎこちなくても、自分のスタイルで、最後まで心のこもったスピーチを届けることが大切**です。

話のプロでなければ、言い間違いはあって当然です。間違えたら、すぐに言い直せば良いのです。聴衆は原稿を持っていませんから、話者が話を間違えても誰も気づきません。**聴衆に間違いがバレるのは、間違えた瞬間に話者が動揺するからです。**多少の間違いは話の大勢に影響しません。堂々と構えましょう。

心を届けるデリバリーの基本は、やはり「大きな声と笑顔」です。悲哀のスピーチでない限り、大きな声と笑顔が、話者と聴衆の距離を近づけてくれます。このお陰でスピーチがしやすくなり、話者の緊張も和らぎます。その結果、「上手なスピーチ」になっていくのです。話者の自信は、「声と笑顔」に連動します。冒頭の第一声から、気を付けましょう。

２．緊張を和らげるヒント

発表の緊張を和らげるコツを、以下の5項目に分けて紹介します。

(1)【聴衆を味方につける】 聴衆全員が「自分の登場を楽しみにしている」と自分に言い聞かせて緊張を和らげます (→[SP 95])。実際には、これは話者の「うぬぼれ」かもしれません。しかし、そのうぬぼれが、緊張感を克服するきっかけになります。この他にも、聴衆を代表してスピーチする際 (→[SP 78]) には、「代表だから緊張する」と考えるのではなく、「聴衆全員が自分の背中を押してくれている」と前向きに考えて、スピーチに臨む心構えが大切です。

(2)【個人的な対話を演出する】 スピーチの中で「特定人物へのメッセージ」を演出することで、緊張をほぐす方法です。たとえば[SP 76]のように、特定の人物に呼びかける場面を設定しておくと、実際には「一対多数」のスピーチをしていても、その瞬間だけは、個人的な会話をしているような安心感が得られます。

(3)【決め台詞を練習する】 練習の段階で、「これだけは完璧に言い切る」という文を決めます。その文をしっかり練

習すれば、それを言い終えた瞬間の満足感が、気持ちを落ち着かせてくれます。たとえば、それがスピーチの「導入」での最後のひとこと(→[SP 13])であれば、次の「本論」への気持ちの切り替えにもなり、一石二鳥の効果が得られます。

(4)【身だしなみを磨く】 簡単で効果的なのが、見かけを整える方法です。華美なおしゃれは必要ありません。お気に入りの服装や自慢の髪型、あるいはとっておきのネクタイなどを身に着けることで、自信を「身にまとって」緊張を和らげるのです。いよいよ本番という時に、上着の汚れや髪の寝ぐせに気づいてしまうと、気になってスピーチに集中できなくなります。自分の「見かけ」を満足のいく状態に整えるのは、余計な不安や緊張を排除するための心がけです。

(5)【自己暗示をかける】 重要なスピーチの発表前には、自分に成功の暗示をかけましょう。鏡の前に立ち、自分を見つめて拳を握ります。そして、「自信のジェスチャー」(→[Tip 22])とともに、"You can do it!" と5回、声を出して鏡の中の自分に呼びかけます。自分の内面から生まれる自信が緊張を解き、スピーチを成功へと導いてくれるでしょう。

English Speech Q&A Q. 4 娘のスピーチ・コンテスト

Q. 長女が英語弁論大会に出場します。親に手伝えることは？

❺(清水) 熱心なお嬢様です。🄺(亀田) 弁論大会に出場するくらいですから、英語がお上手なのでしょうね。さて、ご家族にできることを。◆弁論大会のスピーチは、社会問題の解決を訴える説得型(→[Tip 3])が主流ですから、主張と解決策の、独自性と論理性を客観的に判断してあげてはどうでしょうか？ ■確かに、話者の視点が平凡だと新鮮味がありません。◆私が弁論大会の審査員を担当する時も、独自性と論理性は重視します。■その両立がなかなか難しいですよね。あと、学生さんの文章は長くなる傾向がありますから、ご両親のビジネス英語の経験を活かして、短くカットしてあげてください。◆短くカットと言えば、前髪ですよ。(笑)長いと目が隠れて表情が見えなくなります。それと、毎日の「姿勢」も要チェックです。猫背ぎみの出場者が結構多いんです。■私としては、しっかり意見を主張できるお嬢様を褒めてあげて欲しいですね。◆でも、家での主張はほどほどに。■と言うと？ ◆あ、これはうちの娘のことです…。■大変ですね。(笑)

【著者ふたりの結論】
独自性のある主張と解決策、英文の簡潔さを見てあげましょう。

Seminar 5

Speakers' Tip 25
発表イメージの確認 ｜ 想定と活用
発表場所や状況をイメージし、スピーチに活かす

発表の場にふさわしいスピーチをするためには、どのような状況で話すのかを事前に把握する必要があります。そのための「2つの視点」を紹介します。

1．話者側と聴衆側の視点

発表前には、具体的な「発表のイメージ」を描いて、スピーチの最終確認をします。発表場面を細かくイメージしながらデリバリーを見直し、さらに必要であれば本文に手を加えて修正します。

発表する姿をイメージする際には、「話者側からの視点」に加え、「聴衆側からの視点」を取り入れることが大切です。それは、双方の視点がひとつになって、初めて一体感のあるスピーチが実現するからです。それでは、この2つの視点から発表イメージを考えてみましょう。

2．話者側から見る発表のヒント

まず検討するのは「話者からの視点」です。以下の(1)~(3)の例を順に確認し、そこから発表のヒントを考えてみます。

> **話者側からの視点**
> (1) 状況（目的、日時、発表順 など）
> (2) 会場（場所、広さ、設備 など）
> (3) 聴衆（人数、構成、特徴 など）

(1)【状況】 いつ、どのような場面でスピーチをするか、という基本的な状況を考えます。これは、「スピーチの目的」(→[Tip 3])と深い関係があります。喜びのスピーチなのか、悲しみのスピーチなのか、それによって口調や表情は大きく変わります。喜びを喜びらしく伝えることは当然ですが、悲しみのスピーチ(→[SP 83])であっても、ボソボソと小声で話すのではなく、聴衆全員を包み込むように、堂々と話すことが大切です。

聴衆の気分に影響を与える「日時や発表順」も、考慮したい要素です。日曜朝の一人目の話者なら聴衆にも集中力がありますが、平日夜の5人目ともなれば聴衆も疲れてきます。つまり、話者はその分だけ、覇気のある声と態度で聴衆に語り掛ける必要があるわけです。

(2)【会場】 物理的な条件を想定しておくのは重要です。発表場所が、静かな職場の一角と、にぎやかなパーティー会場とでは、当然ながら声の大きさを変える必要があります。同様に、電車の線路や幹線道路沿いの会場では、通常の騒音に加えて、救急車やパトカーのサイレンがスピーチを邪魔することがあります。そのような事態が起きたら、あわてずスピーチを休止し、静かになったら休止した文の頭からスピーチを再開します。

Speakers' Tip 25　発表イメージの確認

　会場が広い場合には、大きな声で話すだけでなく、遠くの聴衆を意識して表情をさらに豊かに見せ、話す速度も少し落とします。なお、この場合でも、ジェスチャー (→[Tip 22]) を大げさにする必要はありません。

　マイクがあるかどうかが曖昧な中規模（30~60人収容）の会場では、マイクの有無を事前に確認しておきましょう。マイクのある場所では、会場の規模を問わず、マイクを使用することをお勧めします。それにより、「全員に声が届くだろうか」という不安から解放され、落ち着いてスピーチができるからです。ただし、設備にはトラブルがつきもの (→[Tip 28]) ですから、マイクがあっても、ボイス・トレーニング (→[Tip 19]) をおろそかにしないようにしましょう。

　(3)【聴衆】　会場の規模と同様に、聴衆の「人数」はデリバリーに影響を与えます。一方、年齢・性別・出身などの「構成や特徴」はスピーチの内容に影響を与えます。いずれもスピーチ作成前の「聴衆分析」(→[Tip 4]) であらかじめ想定されるべきことですが、発表前には、改めて、聴衆に適した発表（内容およびデリバリー）の準備が整っているかを確かめておきましょう。

3．聴衆側から見る発表のヒント

　話者が聴衆を見るように、聴衆も話者を見ています。意外に忘れやすい「聴衆側からの視点」をふまえて、以下の2点を確認しましょう。

> 聴衆側からの視点
> (1) 外的要因（環境、景色、天候 など）
> (2) 内的要因（期待、関心、気分 など）

　(1)【外的要因】　会場の雰囲気や当日の天気、窓から見える景色など、聴衆を包む外的要因は、スピーチを聞く聴衆の態度に影響を与えます。外的要因をスピーチの味方につけるには、聴衆との「同一化」(→[Tip 4]) が効果を発揮します。たとえば、真冬の朝の会合なら、"Thank you for coming on this freezing morning."（この凍てつくような寒い朝にご参集ありがとう。）と言って同じ寒さを言葉で共有し、聴衆を労うのです。同様に、窓からの絶景が有名な会場なら、その景色の美しさに言及するのも、外的要因から会場の一体感を演出するコツです。

　(2)【内的要因】　発表当日の聴衆の気分は正確に予測できません。しかし、スピーチの目的や、場所、時間帯などから、ある程度は推測できます。たとえば、表彰式の授賞式であれば、聴衆は「受賞者はどんな人かな」と期待していることでしょう。[SP 79] は名誉市民号の受賞挨拶ですが、ここでは、話者が謙遜の言葉を丁寧に連ねています。これは、受賞者に対する聴衆の期待に応えて、受賞者にふさわしい謙虚な人柄を、言葉と態度で示しているのです。このように、聴衆の内的要因に関心を寄せることで、聞き手の気持ちに沿ったメッセージやデリバリーのヒントが得られます。

Seminar **5**

Speakers' Tip 26
リアリティを高める ｜ 発表での機転
「まさに今」の話題に触れることで、リアルに話す

> 会場に到着後は、発表する状況を観察し、原稿内容にズレがないかを確かめます。発表現場には、スピーチをさらにリアルにするヒントが隠されています。

1．「この瞬間」のリアリティ

　会場には、その会場にいる人だけが共有できる空気があります。「今この場の空気」をスピーチで表現することで、事前に準備した原稿が、さらに自然に、さらにリアルな雰囲気に変わります。これは、言い換えれば、事前に準備してきたスピーチが「作り物」のように響くのを防ぐためのヒントでもあります。

　場の空気をスピーチに織り込むには、次の2通りの方法があります。**1つ目は、「会場の空気」を事前に原稿に入れておく方法。2つ目は、その場の状況に応じて、リアルタイムに文言を調整する方法**です。以下にその概要を紹介します。

2．会場の空気を原稿に「織り込む」

　1つ目の方法は、当日の会場の様子や雰囲気から推測されるイメージを、事前に原稿上で文章にしておくことです。厳密に言えば、この方法は「会場のリアリティ」を即座に言葉にするわけではありません。その分だけ、その文章を即興で語っているように「演じる」デリバリーが求められます。

　会場のリアリティを事前に原稿に織り込んだ例が [SP 47] です。そこでは、「シカゴ支社」という会場の地理的特性を反映し、シカゴの愛称である "Windy City"（風の街）という表現を使っています。この工夫によって、この時のために特別にあつらえたスピーチ、すなわち、**既製品ではない「オーダーメードのスピーチ」という印象**を与えています。

　同様の例は、工場見学の訪問客を歓迎する [SP 51] にも見られます。ここでは、"as you see"（ご覧の通り）という言葉を、チョコレート工場らしく、即座に "as you smell"（香りの通り）と言い直しています。これは、毎日の工場見学で繰り返される「お決まりの言い直し」です。しかしこれを、まるで即興で思いついたかのように「言い直すフリ」をすることで、そのスピーチに、会場特有の臨場感を演出しているわけです。

　会場のリアリティを事前に織り込んだスピーチでは、デリバリーが「わざとらしく」なってしまうと、スピーチの雰囲気が台無しになるので注意が必要です。新商品を披露する瞬間の緊張感を伝える [SP 64] や、商品のUSB端子に聴衆の注目を集める [SP 69] などの場合では、す

52

でに原稿上で文字になっている「驚き」や「感動」を、話者が感情のこもったデリバリーで再現し、「リアルタイムな感動」として演じ切る必要があります。

3．その場の空気を言葉にする

2つ目の方法は、その場の状況を、リアルタイムでスピーチに反映することです。これは、その目的によって、(1)「必須の環境」と、(2)「任意の環境」の2つに分類できます。

(1)「必須の環境」とは、現場の状況を反映して本文を修正しないと問題が生じる環境のことです。たとえば、役員クラスの聴衆を想定して原稿を書いたのに、実際の聴衆に若手社員が含まれていたような場合です。*[SP 54]* がまさにこれに該当します。そこでは、"as you know"（皆さんがご存知の通り）と言うところを、聴衆の構成を反映して "as some of your older members know"（何人かの古株の方々はご存知のように）と言い換える機転を利かせています。スピーチが始まってから臨機応変に内容を変更するのは大変です。ゆえに、発表会場に到着次第、原稿で想定していた状況と、実際の発表状況の間にズレがないかを確認する習慣を付けましょう。

(2)「任意の環境」とは、場の空気に言及することでプラス・アルファの効果を狙う環境です。つまり、リアルタイムな言葉は必須ではないけれど、それによってスピーチの臨場感がさらに高まるような場合です。その好例を3つ、紹介します。まず、予想以上の立派な紹介を受けて「誰か別の人の紹介かと思ったよ」と謙遜する*[SP 41]*、ジャズ同好会での即興の挨拶でジャズにちなんだ比喩を用いる*[SP 96]*、そして、突然のサンタ帽のプレゼントを受けておどけてみせる*[SP 91]*です。これらはどれも、その場のリアルタイムな反応が言葉になったものです。これらの言葉のお陰で、話者と聴衆の距離が随分近づくことでしょう。

こう説明をすると、「任意の環境」をスピーチで活かすには、相当な「慣れ」が必要だと思われるかもしれません。しかし、「素晴らしい紹介への謙遜」、「テーマに応じた概念の比喩」、「プレゼントへの喜び」などは、いずれも**ある程度、事前に「表現のストック」ができるものばかり**です。いつかの本番に備えて、本書の *Model Speeches* から、使えそうな表現を、自分自身の英語表現の引き出しに蓄えておくことをお勧めします。

この他にも、当日の臨場感をスピーチに織り込むコツがあります。それは、**会場までの道中や、会場でスピーチが始まるまでに「見たもの」、「聞いたもの」に言及すること**です。当日に関係者と交わした会話や、会場の印象に軽く触れるのも良いですし、壁に掛かっている絵や社訓、あるいは最寄り駅での出来事について話すのも、リアリティを生み出すのに効果的です。いずれの場合も、その話題が、スピーチの主題と何らかの関連性があるように伝えましょう。

Seminar 5

Speakers' Tip 27
プレゼン・ソフトに注意 │ スライドの功罪
文字と発言のバランスに配慮し、注目を維持する

> スピーチも、スライドを使ったプレゼンも、注目されるべきは「話者本人」であり「話の中身」です。スライドや配布資料に邪魔されないようにしましょう。

1．スライドを使う3つのリスク

プレゼンテーション・ソフトウェアは、とても便利なツールです。しかし、写真や映像、グラフなど、必須の視覚資料を見せる場合を除き、スライドには、スピーチ本来の伝達力を弱めるリスクがあることも、併せて理解しておいた方が良いでしょう。プレゼンテーション・ソフトウェアが「スピーチの力」を弱めるのは、次の3つの要因が考えられます。

(1) 難解なスライド（理解の混乱）
(2) 余計なデザイン（注目の錯乱）
(3) 全情報の先出し（興味の減衰）

以下にその要点を整理し、これらのリスクを回避する方法を考えましょう。

2．複雑なスライドにしない

第1の問題は、**1枚のスライドに多くの情報を詰め込み過ぎること**です。「経緯や提案、概念図などを巧みに1枚のスライドに凝縮したもの」は、一見すると立派ですが、ひとことで言えば「難解」です。多くの文字や図形が混在すれば、その分だけ、聴衆にはそれを理解する労力が必要になります。その結果、聴衆は、話者を見て話を聞くどころか、スライドから目を離すことすらできません。

スライドは、**1枚あたり10秒以内でパッと理解できる内容に整理**します。10秒で理解できない場合には、そのスライドを、10秒で理解できる単位の複数のスライドに分割しましょう。

スライドに使う書体は、「30ポイント以上」をひとつの目安にします。文字が大きければ、物理的に多くの情報を詰め込めませんから、必然的に「簡潔な」スライドに仕上がります。また、30ポイント以上の文字を使えば、会議室の大型テレビでプレゼンをする状況でも、文字が判読しやすくなります。

発表会場の最後尾からでも見やすく、分かりやすいスライドに仕上げることは、すべての聴衆に余計なストレスを感じさせないための大切な配慮です。

3．過剰なデザイン要素を削る

第2の問題は、**スライドの装飾機能が聴衆の集中を邪魔すること**です。スピーチの主題がシンプルなほど聴衆に伝わるように、スライドも余計な装飾が無い方が、要点のみに聴衆の注目が集まります。

まず、**使用する書体と色**（最大でも5色程度）**を限定し、アニメーション効果を極力使わず、必須ではない画像やイラストの使用を控え**ます。これだけで、かなりシンプルなスライドになります。

この心がけは、スピーチのジェスチャーに似ています。スライドの装飾要素は、主役の文字やグラフを引き立てる「脇役」にすぎません。大げさなジェスチャーが目障りなように、脇役に聴衆の注目が奪われるようでは問題です。アニメーション効果などを活用する際には、控えめなものを使いましょう。

4．概略は見せても全容は隠す

第3の問題は、プレゼンの冒頭で、全スライドの印刷資料を配ってしまうことです。聴衆に全スライドを先に見せるのは、これから推理小説を読む人に話の結末を教えるようなものです。確かに、冒頭で「全体像」を示すのは大切です（→ [Tip 13]）。しかし、資料を配って「全容」を明かす必要はありません。最初に全資料を配れば、聴衆は、話者の話をよそに資料を先読みします。これでは話者が注目されないのは当然です。

資料を配る必要がある場合は、**スライドとは別の資料を準備するか、必要なスライドだけを抜き出して、スライドの進行に合わせて配布**します。全スライドの資料を渡す必要があれば、プレゼン終了後（質疑応答の前）に配布しましょう。

すべての情報を見せないのは、個別のスライドにおいても同様です。スライドには、箇条書きかキーワードの「要点」のみを記し、口頭で説明する文章（原稿）をすべて記すのはやめましょう。

時折、口頭の説明文のほとんどをスライドに書き込み、それを音読するだけのプレゼンを見かけますが、これでは話者の注目は得られません。**プレゼンでは、スライドに書いてあること以上の情報を話すからこそ、話者に注目が集まる**のです。スライドは、いわばスピーチにおける「参照用カード」（→[Tip 23]）のような役割と考えて、記載する情報を厳選して簡潔にまとめると良いでしょう。

聴衆の目線と関心を、スライドに向けたり話者に向けたりと、必要に応じてコントロールできるのがプレゼンの魅力です。たとえば[SP 69]のように、商品仕様を説明する場合には、どこまでをスライドに書き、どこからを口頭で説明するかを考え、プレゼンでのスライドと口頭説明のバランスを工夫しましょう。

複雑な商品仕様の説明でも、**スライドには概要のみを記載し、特筆すべき詳細情報は口頭で補足する**という基本的なプレゼンのスタイルを維持することをお勧めします。全詳細情報の伝達は、別紙で資料を配布すれば対応できますので、必ずしも**すべての詳細情報をスライドに埋め込む必要はありません**。遠くから見えないような細かな文字をスライドに書き込むより、セールス・ポイントが大きな文字で画面に出ていた方が、最終的には聴衆の記憶に残ります。

Seminar 5

Speakers' Tip 28
トラブルが起きたら ｜ 対処と回避
突然の事態を想定し、切り抜ける対処法を考える

> 周到な準備をしていても、突然のトラブルは起こるものです。その時にあわてないよう、事前に想定されるトラブルとその回避策を確認しておきましょう。

1．「伝達」(英語) のトラブル

スピーチに起こりうるトラブルを以下の4つに分類し、それぞれの事例と対策について検討してみましょう。

> (1)「伝達」のトラブル
> (2)「機材」のトラブル
> (3)「環境」のトラブル
> (4)「うっかり」のトラブル

まずは、「伝達のトラブル」からです。伝達のトラブルには、(1)「物理的な要因」と(2)「内容的な要因」があります。

(1)「物理的な要因」は、声の大きさや発音が原因で、意図した内容が伝わらないトラブルです。スピーチがスムーズに聞き取れないと、聴衆は次第に表情が険しくなるか、声を聞くために前傾姿勢になるか、あるいは眠り始めるでしょう。聴衆とのアイ・コンタクトの中で、そのような傾向に気づいた時は、すぐに**声を大きくして、ひときわハッキリ発音する**ように心がけてください。

英語の伝わりやすさを構成するのは、pronunciation (発音) のほかに、enunciation (発声) やarticulation (明瞭さ) などの要素もあります。伝達のトラブルを防止するためにも、スピーチでは堂々とした声で明瞭に話すことが大切です。

(2)「内容的な要因」は、英語の文章や使い方によって、聴衆との誤解が生じるトラブルです。笑顔で語り掛けているのに、急に聴衆の顔が曇るような場合には、言葉の行き違いが生じている可能性があります。たとえば、[SP 29] の最後にある "Thank you for your support." (皆さんの協力に感謝する。) という言葉が、意図せず高圧的に響いてしまったような場合がこれにあたります。

このような時には、**誤解を生じたと感じる文章を、別の言葉で言い換えることで誤解を解消できます**。上の例であれば、元の文に続けて、"I will always appreciate your kind help. Thank you once again." (皆さんの優しい援助にいつも感謝する。改めてありがとう。) という言葉を付け足すだけで、印象はかなり柔らかいものに改善されるでしょう。

2．「機材」(マイク) のトラブル

実際によく発生するのが、マイクのトラブルです。これに備えるには、まず「マイクは壊れるもの」という前提でスピー

大規模な会場でスピーチ中にマイクが故障した場合には、演台まわりの係員に"This seems to be out of order."（故障のようだ。）と告げてスピーチを中断します。代替マイクが届いたら、中断した文章の冒頭からスピーチを再開します。必要に応じて、"Can you hear me?"（聞こえますか？）と呼びかけてから始めても良いでしょう。一方、中・小規模の会場でマイクが故障した時には、予備のマイクを期待せず、そのまま大きな声でスピーチを続行する方が自然です。

いずれの場合も、マイクのトラブルは「想定内」ですから、必要以上に動揺するのはみっともなく映ります。特に、感情を込めて話している最中にマイクが切れた途端、急に「素」に戻ってしまえば、今までのスピーチが演技だったという印象を与えてしまいます。

マイクには「指向性」という性質があり、自分の口にしっかり向けないと、自分が思っているほど拡声されない場合があります。据置型の高感度マイクでない限りは、**マイクはしっかり自分の口に向け、10センチ程度離して、普通か、やや大きめの声で自然に話しましょう**。マイクを頼って小声で話すと、想像以上に聞きづらい声に拡声されます。

3．「環境」（事故）のトラブル

外の騒音（ヘリコプターや街宣車）、物品（展示物やグラス）の破損、観客の急病なども想定されるトラブルです。騒音については、スピーチを休止すれば問題ありません。乾杯のグラスが落下する程度であればスピーチを続行しても構いません。ただ、目の前の聴衆が貧血などで倒れた時には一旦スピーチを中止し、会場の誰かが病人の対処をしてくれるのを待ちます。**目の前で倒れた聴衆を無視してスピーチを続けては、話者のエトス（→[Tip 5]）を下げかねません**。緊急事態だからこそ、「大切な聴衆」を一番に思いやる姿勢を示すと良いでしょう。

4．「うっかり」（忘れ物）のトラブル

スピーチで見せる予定だった小物や、スピーチの原稿を自宅に置き忘れるというのは、考えるだけでも憂鬱なトラブルです。重要なスピーチならば、参照用の原稿やカードは、**発表用の正本、胸ポケット用、カバン用の計3部を用意して**おけば、本番直前に原稿をどこかに置き忘れても、胸ポケット用で対処できます。

スピーチで見せる予定の小物は、それが話に不可欠な品物ならば、あらかじめデジタル・カメラで撮影し、そのデータを、原稿とともにオンライン・ストレージやUSBメモリーに保存しておくことをお勧めします。そうすれば、万一会場に現物を持参し忘れても、近くのコンビニに立ち寄って、マルチ・プリンターで写真を大きく印刷すれば、何とかスピーチができるはずです。事前に様々な事態を想定しておけば、その分だけ、安心して発表の日を迎えられます。

Seminar 5

Speakers' Tip 29
質疑応答を活かす ｜ スピーチを補う
質問に答えながら、スピーチの印象を強化する

> 質疑応答は、スピーチで伝えきれなかった点を聴衆に理解してもらう機会です。しっかり聞いて、しっかり答えるためのポイントを整理しましょう。

1．聞き取る ― 質疑応答の基本

スピーチの後に質疑応答の時間が設けられる場合があります。その際の注意点を、次の3つの段階ごとに紹介します。

> (1) 聞き取る段階
> (2) 答える段階
> (3) 発展させる段階

まず、「聞き取る段階」では、質問が理解できるまで、きちんと聞き直すことが大切です。質問の理解が曖昧なまま、何となく「分かったフリ」をして回答を始めるのはやめましょう。

聴衆が理解できるように話すのが話者の役目であったように、質問者には話者が理解できるように質問をする配慮があってしかるべきです。ですから、仮に**質問が理解できなくても、すべてを自分のせいだと思い込む必要はありません。**率直に「質問を理解したい」という気持ちで、質問者に聞き返しましょう。

【参考表現】　　　　音声 CD2 トラック 64

◆ 単に聞きとれない場合
I'm sorry, but I couldn't hear your question.（恐縮ながら、質問が聞こえませんでした。）

◆ 質問が長くて理解できない場合
Will you summarize your question?（質問を整理してくれますか。）

◆ 質問が難しくて理解できない場合
Will you paraphrase your question?（質問を言い換えてくれますか。）

◆ それでもなお質問が難解な場合
I'm very sorry, but I do not understand your question.（大変恐縮ながら、質問が理解できません。）

2．答える ― 適切なやりとり

次の「答える段階」では、質問に対して、的確かつ簡潔に答えることが大切です。個人差はありますが、**「少し短いかな」と思うくらいの回答を心がけると良いでしょう。**もし回答が短かすぎても、聴衆が興味を持ってくれていれば、会場から追加の質問が出てくるはずです。

質問がいまひとつ理解できなかった時は、"Are you asking why I conducted the survey?"（なぜ私が調査をしたかという質問ですか？）のように、話者から「質問の要点」を確認します。実際の回答に入る前に「確認の質問」をすれば、的外れな回答をせずに済みます。

Speakers' Tip 29　質疑応答を活かす

　実際の質疑応答では、様々な事情で、質問に答えられない状況もありえます。その場合には、答えられない理由を簡単に添えて伝えるのが良いでしょう。

【参考表現】　音声 CD2 トラック65

◆ 即座に回答ができない場合
I'm sorry, but I don't think I can answer your question right now.（恐縮ながら、今すぐにはお答えできません。）

◆ 回答に必要な資料が手元に無い場合
Unfortunately, I do not have the necessary references with me right now to answer your question.（残念ながら、ただいま回答に必要な資料を持ち合わせていません。）

◆ 追加の調査が必要な場合
I'm afraid that I need further research to answer your question.（残念ながら、回答にはさらに研究が必要です。）

◆ 回答が複雑になりそうな場合
Can I personally talk to you later to discuss details about the issue?（本件の詳細について、後ほど個人的にお話しできますか?）

◆ 質問自体が場に不適切な場合
Excuse me, but I do not think it is appropriate to answer your question here.（恐縮ですが、この場で回答するのは控えたいと思います。）

　各質問への回答終了時に、質問者に対し、"Did I answer your question?"（あなたの質問の答えになりましたか?）と尋ねるのは、質問者への良い配慮です。時に "No." と冷たく言い返されることがあるかもしれませんが、これは質問者が話者に対して誠実な関心を寄せていることの裏返しです。気を悪くせず、改めて返される質問に丁寧に答えましょう。

3．発展させる ── スピーチの補足

　基本的な質疑応答ができるようになれば、「質疑応答」の応用として、**質疑応答の時間に、自分から話題を切り出してみましょう**。スピーチで言い残したことや、時間的な制約で言い切れなかった話題を紹介することができます。

　話題を切り出す最適なタイミングは、「会場からの質問が出ない時」です。聴衆に質問を求めた時に、数秒間、質問が出なければ、"While you're thinking about the question, let me add one more thing."（質問をお考えの間に、もう1点補足します。）と言って、スピーチを補足します。この他にも、スピーチで言い足りなかった話題に関連する質問が出た時に、その「回答の一部」として、少しだけ、スピーチを補うための話題に触れても良いでしょう。

　質疑応答の時間にスピーチを補足する方法は、**聴衆の関心や質問を、話者が意図する話題へと誘導する技術です**。これは、「特定の話題を避けたい時」にも応用できます。聴衆から「望まない質問」が出た時には、それに簡潔に答えた後、関連する別の話題を意図的に持ち出します。これにより、聴衆の関心を、話者が意図する話題へと誘導できます。

Seminar 5

Speakers' Tip 30
スピーカーとしての飛躍 ｜ 基本の力
聴衆と話者をひとつにする、「温度と鋭さ」の意識

> ビジネス・スピーカーの飛躍を支えるのは、聴衆と向き合う姿勢、そして話の鋭さを磨く意識です。未来への飛躍のために、基本を振り返りましょう。

1．温度を合わせる

聴衆との「心の温度を合わせる」という考え方は、スピーカーがさらに飛躍するための、大切なヒントになります。

温かい手と冷たい手で握手をした瞬間を思い出してみます。温かい手の人は「冷たい」と感じ、冷たい手の人は「温かい」と感じます。話者と聴衆の心の間にも、初めはこれと同様の温度差があります。

この温度差を意識せずにスピーチを始めてしまうと、話者が熱く語るほど聴衆は「やけに熱い話者だな」と感じ、一方、話者はそれに反比例するように「何だか冷めた聴衆だな」と感じてしまいます。このままでは話者と聴衆の間の温度差はなくなりません。

話者と聴衆の温度差を縮めるヒントは、先ほどの「握手」にあります。温かい手と冷たい手も、数分つないでいれば、同じ温かさになります。この時、どちらかの手だけが、もう片方の手の温度に合わせたわけではありません。双方の温度が歩み寄った結果です。

実は、**スピーチにおいても、話者と聴衆の心の温度差を縮めるのは、双方の歩み寄り**です。聴衆だけが話者の温度に「引っ張られる」わけではなく、かといって、話者が聴衆の温度に合わせるだけでもありません。双方が歩み寄りながら同じ温度になっていくのです。

話者は、時に熱く、時に穏やかに話しかける柔軟さを持つことで、相手との温度差をコントロールすることができます。スピーチの世界では、この柔軟さを「緩急のある話し方」と表現します。初めは穏やかに聴衆の心を温め、時に熱く盛り上げたと思えば、また穏やかに話します。**この変化によって聴衆の気持ちを引きつけながら、最終的に両者の温度差をすり合わせていくのです。**こう言われてみれば、そんな話し方をする著名な話者が、何人か思い浮かぶことでしょう。

聴衆との温度差が無い真の一体感は、スピーカーの憧れです。それを実現する近道は、**聴衆とのアイ・コンタクトを保ち、聞き手の表情を確かめ、緩急をつけたスピーチを展開することです。**

次回のスピーチでは、聴衆と握手をするように、お互いの心の温度差をどれだけ縮められるかを意識してみてください。握手の温度差は歩み寄りによって縮まります。スピーチもまた同じです。

２．話の鋭さを磨く

スピーカーとしての飛躍を考えるなら、「話の鋭さ」に対する意識を常に磨いておかなければなりません。

指先で体をつつかれても痛くありませんが、シャープ・ペンシルの先でつつかれればかなりの痛みを感じます。その理由は「鋭いから」です。スピーチも同じです。**話のポイントを絞り、論点を鋭くすることで、話の「貫通力」が増します。** スピーチには、この「貫通力」が必要です。

この貫通力に「驚き」が加わると、いわゆる「インパクト」になります。昨日の幕の内弁当のおかずを全種類思い出すのは困難です。なぜなら「品数が多すぎるから」です。ところが、幕の内弁当のフタを開けたら、おかずが「エビフライ１本だけ」だったらどうでしょうか？ 恐らく一生忘れません。おまけに、誰かにその話をしたくなるでしょう。**この貫通力と驚きこそ、インパクトや話題性の正体なのです。**

貫通力もインパクトも、「絞り」と「驚き」から生まれます。「絞り」と「驚き」は、どちらも [Tip 2] で学んだ基本事項です。未来への飛躍は基本からです。皆さんの大いなる活躍を祈っています。

English Speech Q&A

Q.5 スピーチ上達の近道

Q. スピーチがぐんぐん上達する「裏ワザ」はありますか？

❺(清水) ありません。(笑) Ⓚ(亀田) せっかくなんですから、もう少し丁寧に。(笑) でも「裏ワザ」は無いですね。◆でしょう？(笑) ■いや、地道なんですよ、練習はね。◆練習なら、寝る前に一日の出来事を1分間でスピーチすると、描写(→[Tip 14])の練習になりますよ。■じゃあ私は発音、特に子音の練習をお勧めします。母音が入らないように注意して、[Tip 20] にある /p/ から /j/ までの子音を、順番にハッキリ発音します。これを毎朝1分。どうですか？ ◆朝と夜の1分間練習ですね。■結局は基礎と応用の積み重ねなんですよね。◆応用と言えば、先ほどの1分間スピーチですけど、「"I"(アイ)という言葉」を使わずにスピーチをすると、「無生物主語」に慣れる練習にもなりますよ。■「愛という言葉を使わずに」とは哲学的ですね。◆いえ、「愛」はあって、「I」は無い練習です。■また面倒な言い方を。(笑) ◆スピーチに愛は必要ですよ。聴衆を愛さなければ、相手が聞きやすいデリバリーにはなりませんし。■いいこと言いますね。◆ええ、たまには。(笑)

【著者ふたりの結論】
朝と夜の1分間練習をしつつ、聴衆を敬う気持ちを養いましょう。

Model Speeches 100
英語スピーチ「モデル文100」について

パート2では、様々な状況を想定して作成されたモデル・スピーチ100本を掲載しています。探しやすさを考慮して「社内関連」「社外関連」「各種行事」の3つのセクションに分類しました。たとえば、社内向けに「お祝いのスピーチ」をする時には、「社内関連」だけでなく、他のセクションにある「お祝いのスピーチ」も参照しつつ、伝えたい気持ちにぴったりの表現を探すことをお勧めします。

Short Speeches 50 （発表時間の目安 1分半～2分半）

100本のうち50本が、標準的な長さのショート・スピーチです。なお、ショート・スピーチ50本のうち、4本は長めのスピーチ（発表時間の目安 2分半～3分半）になっています。

Quick Speeches 50 （発表時間の目安 1分～1分半）

残る50本がクイック・スピーチです。スペースの制約上、ここでの訳文は「抄訳」ですので、必ずしも各英文の正確な対訳にはなっていないことをご了承ください。

Clues   ※下線部（点線）で指定の箇所
そのスピーチに、どのような工夫や理論的背景があるかを解説しています。参照先の *Speakers' Tips* の番号を示してありますので、参照して理解を深めましょう。

Concept   ※下線部（実線）で指定の箇所
下線（実線）で示した表現の背後に、どのような「概念」があるのかを解説しています。言葉の背後にある「概念」を知ることで、英語表現の面白さが分かります。

Apply it!
簡単なヒントで応用の幅を広げるコツを提供しています。この欄に目を通せば、スピーチにふさわしい英語表現のバリエーションが膨らむことでしょう。

Follow-up Advice
そのスピーチを発表する皆さんに、ぜひ読んでもらいたい「著者からのワンポイント・アドバイス」を記しています。より良いスピーチづくりの参考にしてください。

【凡例】本文の見方

→ *[Tip x]*	「*Speakers' Tip x*」を参照すると関連情報があります。
→ *[SP x]*	「*Model Speech x*」を参照すると関連情報があります。
v（本文中）	ピリオドやカンマの他に、音読の切れ目となる目安です。 ※読みやすさを考慮していますので、必ずしもCD音声の切れ目とは一致しません。
▼（訳文中）	この場所で英文の段落が新しくなることを意味します。
/発音記号/	アメリカ式発音に準拠した発音記号を記しています。

PART 2
Model Speeches 100

英語スピーチ
「モデル文100」

Section 1　社内関連のスピーチ（本社・関連会社に対して）........ 65

Section 2　社外関連のスピーチ（顧客・取引先に対して）.......... 139

Section 3　各種行事でのスピーチ 179

こっそり上達するコツ① 発音編1

強勢をしっかり意識して英語を話そう

英語らしい発音の第一歩は、強勢をしっかり付けることです。たとえばtryは、日本語では「ト・ラ・イ」と均等な強さで発音しますが、英語では /trάɪ/ のように、「ア」が強く発音され、強勢のない部分は弱く読まれます。強勢のある場所は、辞書では「第1アクセント /´/」や「第2アクセント /`/」で記されています。この強勢のある場所を、(少々大げさなくらいに) 際立たせて発音すると、英語らしいリズミカルな発音が身に付いていきます。

PART 2
Model Speeches 100

Section 1

社内関連のスピーチ
（本社・関連会社に対して）

お祝いのスピーチ	66
歓迎のスピーチ	78
答礼のスピーチ	92
就任・着任のスピーチ	98
紹介のスピーチ	110
別れのスピーチ	118
伝達のスピーチ	135

Model Speech 1
新会社設立披露式典で新社長が挨拶する

CD 1-1

大阪の株式会社タグチは、マレーシアに現地生産とアジア地域への輸出拠点として新会社を設立しました。その設立記念披露式典で、あなたが社長として挨拶をします。

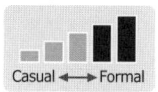

Casual ←→ Formal

Thank you, Mr. Tan, for your generous introduction. I would like to thank all of you who have gathered here today to celebrate the opening of our company. It is a great privilege for us to welcome His* Honor the Mayor, and the many other honorable guests who have taken the trouble to join us in this ceremony.

Before flying over here a week ago, Mr. Taguchi, my boss and president of Taguchi Corporation, told me I would have no place to sit in our Osaka office for at least five years to come. What he meant was that I must dedicate myself to the successful operation of this <u>newly established company</u>, as well as to the welfare of this locality while I am here.
(A)

I am here today to confirm my dedication to you who have just joined us at **Taguchi Malaysia** and to those who have helped us complete the construction of this tiny yet very productive company. With your assistance, I will do my utmost to make this company prosper through its full-scale production and export sales of our "Made in Malaysia" products to our neighboring countries.

We need your <u>strong support</u> and heartily request your cooperation in this endeavor. Thank you very much.
(B)

*女性市長の場合は "Her" になります。

One Point　敬意を表する第1段落はぜひとも暗記し、来賓には、堂々と誠実な人柄を示しましょう。

▼タンさん、ご親切なご紹介をいただきありがとうございます。当社設立を祝うために本日ご列席賜わりました皆様に、御礼を申し上げます。本式典にご参加いただきました市長閣下をはじめ多くの来賓各位をお迎えできますことは、誠に光栄のいたりでございます。▼1週間前にこちらへ参る際、本社の田口社長は私に「少なくとも向こう5年間は、大阪の本社に君の居場所はないと思いなさい」と言いました。彼の言葉が意味するところはつまり、私が当地にいる間は、この新しい会社を成功させることと、地域の発展繁栄に寄与できるよう全力でかかれ、ということに他なりません。▼私は本日、タグチ・マレーシアに入社いただいたばかりの方々、また、この小さくはあっても生産性の高い我が社の建設にご協力いただいた皆様方に対し、全力を挙げて、そのご協力に報いるよう努力することを

お約束いたします。皆様のご協力を仰ぎつつ、全力を挙げて生産に取り組むこと、そして我がメード・イン・マレーシア製品を近隣諸国へ輸出することで、我が社が栄えるよう努力いたします。▼私どものこうした取り組みにおいては、皆様からの確たるご支援が必要であり、さらなるご協力を衷心よりお願い申し上げる次第です。ありがとうございました。

Clues ※下線部(点線) 1 & 2

(1) この逸話が挿入されることで、話者の決意に信ぴょう性を与えています。「貢献度」や「熱意」といった数値化できない要素は、それを象徴する逸話を披露することで、聴衆を説得することができます。→ *[Tip 14]*

(2) しっかり伝えたいキーワード（社名や固有名詞）の前に、少しだけ間(pause)を置いて読むと、それに続く言葉を簡単に強調できます。→ *[Tip 21]*

Concept ※下線部(実線) A & B

(A) "establish" という単語は、「建造物」の概念を持つ言葉です。言葉の背後にある建造物の概念が聴衆に伝わることで、新会社の「設立」が、あたかも建造物が竣工するかのような存在感を示します。同様に、後半の(B) "support" も、建造物（ここでは「強固な支柱」）の概念を伝えるため、establishとともに、顧客からの支援が、文字通り同社を「支えている」様子が目に見えるように伝わるのです。

Apply it! 「光栄です」にもバリエーションを

波線部 "It is a great privilege for us to ~" は、「~できて誠に光栄です」という大変丁寧な表現です。ひとつのスピーチで何度か「光栄です」と伝えたい場合には、その都度、言い方を変えるとスピーチが単調になるのを防ぐことができます。以下に、「光栄です」の表現例（太字部分）を紹介します。

> **I am truly honored to** be here with you today.
> 本日ここで皆さまとご一緒できますことは、大変名誉なことと存じます。
>
> **It gives me pleasure to** announce our new product, *"Fusion."*
> 私どもの新商品「フュージョン」の発表ができ、うれしく思います。
>
> **We are very delighted to** share our visions for the future with you.
> 私どもの未来へのビジョンを皆さまと共有できれば、喜ばしい限りです。

Follow-up Advice

新会社のお披露目と、関係各位への感謝を兼ねた挨拶です。感謝を述べる冒頭部分では、謝辞を贈る相手に目線を向けながら、丁寧に思いを伝えましょう。第2段落の前半（下線部1）では笑顔でユーモラスに、続く後半では真剣な表情で話せば、その対照的な雰囲気がスピーチ全体の印象を引き締めてくれます。「感謝と決意を伝える」という目的を忘れず、堂々とスピーチをしてください。

Model Speech 2
新会社設立式典で本社代表として挨拶する

CD 1 / 2

村越食品株式会社は、中国・東南アジアでの販売拠点として香港に現地法人を設立しました。あなたは本社の代表者として新会社と新社長を紹介し、来賓への感謝を述べます。

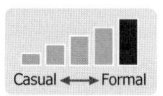

Casual ←→ Formal

We feel truly honored to have the <u>presence</u> of many <u>distinguished guests</u> at this ceremonial party for the opening of our new company. We have established this company here in Hong Kong **in order to expand our sales to China and Southeast Asian countries**.

The expansion of sales, however, is not the only aim of our investment. Through our many years of experience in Japan, we know that timely feedback from end users is a prerequisite* for successful sales. To supply the users with what they really need is our company's motto and the true purpose of opening our new company here.

From this viewpoint, we have selected Mr. Saito as president of this new company. **With his technical background as a qualified engineer and his managerial experience**, Mr. Saito will surely help us expand our business in Asia. He will also do his best to return the kindness and hospitality extended to us by the fine citizens of this city. He will make every effort to see that this city benefits as much as possible from our <u>presence</u>.

On behalf of Murakoshi Foods, I sincerely hope that all of you here today will kindly give your warmhearted cooperation to Mr. Saito and his staff.

* prerequisite /prìːrékwəzɪt/ 〜のためにあらかじめ必須なもの

One Point　真摯な思いを表現する truly や sincerely という言葉は、心を込めて伝えましょう。

▼私どもの新会社設立記念式典に、これほど多くのご来賓をお迎えできますことを、大変光栄に存じます。当社は、中国およびアジア諸国への販売拡張のために、ここ香港に設立されました。▼しかし、販売拡張だけが今回の投資の目的ではありません。日本における長年の経験から、最終ユーザーからのタイムリーなフィードバックが、販売を成功させるために無くてはならないものであることを、我々はよく存じております。ユーザーが本当に求めているものを供給することこそ我が社のモットーであり、この地における当社開設の真の目的でもあります。▼この観点から、佐藤を当社の社長に抜擢した次第です。彼は有能な技術者であり、また管理者としての経験もあることから、必ずやアジアにおけるビ

ジネスを拡大してくれることでしょう。彼自身もまた、これまで地元の皆様からいただいたご親切とおもてなしにお応えできるよう努める所存でおります。ご当地にとりまして、当社が有益な存在となれますよう、彼は、あらゆる努力を払ってまいります。▼本日ここにおられる皆様より、佐藤社長および弊社社員に対する温かいご協力を賜わることができますよう、村越食品を代表いたしまして、心よりお願い申し上げます。

Clues ※下線部（点線）1 & 2

(1) 新会社の設立について、"in order to ~"（～するために）以降でその理由を示しています。「話題と根拠」が並列する構造は、論理的な印象を与えます。→ *[Tip 7]*

(2) 上記(1)と同様の工夫ですが、ここでは "With ~"（～を伴うため）によって、新社長抜擢の事実とその根拠（付帯的要素や条件）が並列する構造になっています。

Concept ※下線部（実線）A & B

(A) "presence" は、「確たる存在感」という概念が伝わる言葉です。原文（来賓のご光臨に感謝）と、"presence" を抜いた文章 "We feel truly honored to have many distinguished guests ~"（来賓がいて光栄）を比較すれば、この概念の大切さが分かります。また、後半の(B) "presence" では、地域で愛される企業としての存在価値を表現しています。この他にも、ビジネスにおいて a strong presence と言えば、業界における高い競争力や市場価値といった意味にもなります。

Apply it! ゲストにまつわる言葉選び

波線部 "distinguished" には、「（他と区別されるほどに）素晴らしい」という意味が含まれます。来賓を表す guests の修飾には、honorable（高貴な）や invited（招かれた）もよく使われます。一方、招待なく現れる客は uninvited guests で、これに似た unwelcome guests は「あまり来てもらいたくない客」を意味します。

> She was nominated for a **distinguished** manager award last year.
> 彼女は昨年「優秀マネージャー賞」にノミネートされました。
>
> Now let us have a few words from our **honorable** guests.
> それではご来賓の方々よりお言葉を頂戴いたします。
>
> Please join the lunch meeting with our **invited** speakers.
> 招待講演者とのランチ・ミーティングに、ぜひともお越しください。

Follow-up Advice

説明的で長くなりそうなスピーチほど、話の骨格をシンプルに整理したいものです。「話題」と「その根拠」をセットで話すのは、ビジネス・スピーチにおける基本的な作法です。まずは、話し手自身が "Why?" と自分に問いかけながら、論理的な話（文章）を組み立てる習慣を身に付けると良いでしょう。

Model Speech 3
東京支社開設にあたり支社長が挨拶する

CD 1 / 3

アメリカのミルトン・スワン社は、日本での販売強化と顧客対応の向上を目指して日本支社を設立。東京支社長として、あなたが開設式典での挨拶をすることになりました。

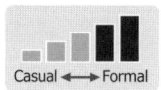

Casual ←→ Formal

Thank you very much for your wonderful introduction, John. Your words of praise are too good for me, but I will take them seriously and promise you and the management that **I will do my best** to make the presence of Milton Swan here well regarded in the long run.

5   Ladies and gentlemen, thank you all for attending the opening ceremony of our Tokyo office today. Though I will later address you in Japanese, let me speak in English for a while for the benefit of our American friends. As John mentioned in his introduction, I have been in this business, which Milton Swan specializes in, for almost two decades. I am very proud to become a part
10 of this excellent company which has a renowned* history in America. **Our aims in Japan are** to expand sales, to take orders, to supply parts and to be a good consultant on technical matters. However, what John wants most, and has asked my help on, is to strengthen the personal relations and communication between our Japanese dealers and our headquarters in Los Angeles.
15 Though my contribution may be a tiny one, I will do my best to become a bridge to link Tokyo and Los Angeles over the Pacific Ocean. Let's help each other.

* renowned /rɪnáʊnd/ 名高い、著名な

One Point　紹介を受ける時は笑顔で紹介者を見ます。その後は、会場全体を見渡しましょう。

▼素晴らしい紹介をありがとう、ジョン。ちょっと褒めすぎだと思うわ。でもこの際本気で受け取ることにして、結果的にミルトン・スワンここにありと、その存在が十分に認められるようベストを尽くすことを、あなたと経営陣に約束します。▼さて皆様、本日は東京支社の開所式にご出席賜り、誠にありがとうございます。のちほど日本語でご挨拶いたしますが、アメリカ人の仲間のためにしばらく英語にて失礼いたします。先ほどのジョンからの紹介にもありましたように、私はミルトン・スワンが専門とする業界に、20年近く身を置いて参りました。私は、米国において栄えある歴史を持つ素晴らしい会社の一員となりましたことを、大変誇りに思っております。日本における私どもの目的は、拡販、受注、部品供給、そして良き技術コンサルタントになる、といったものであります。しか

70

Model Speech 3　東京支社開設にあたり支社長が挨拶する

しジョンが最も望み、私に求めることは、日本のディーラー各位とロサンゼルス本社との人間関係、およびコミュニケーションの強化であります。▼私自身の貢献は小さいものでしょうが、私は太平洋をまたぎ、東京とロサンゼルスとを結ぶ架け橋となるよう精一杯努力をする所存でございます。今後ともご協力のほど、よろしくお願い申し上げます。

Clues ※下線部（点線）1 & 2

(1) 自身の決意を冒頭で述べて、スピーチの目的を明らかにしています。→ *[Tip 3]*

(2) 支社の設立理由（存在の根拠）を、遠回しに表現せず、はっきりと述べています。個々の目的が具体的であるほどに、設立意義も明確に伝わります。→ *[Tip 7]*

Concept ※下線部（実線）A & B

(A) "expand" で拡張するのは「売上」という目に見えないものですが、ここでは、まるで目に見えて物体が大きくなっていくかのような現実味が伝わります。これは、"expand" がもつ「物理的作用」の概念が言葉に反映されているからです。また、(B) "strengthen"（強化する）では、まるで「人間の体」に筋肉がついて肉体が強化されていくかのようなイメージが伝わります。どちらの表現にも、目に見えないものが「目に見えるように」立派になる、というコンセプトが生きています。

Apply it! よろしくお願いしたい時には

波線部 "Let's help each other" は、額面的には「お互いを助けよう」という意味ですが、「（そうなれるように）よろしくお願いします」という気持ちが込められています。「よろしくお願いします」は日本人が好む締めの言葉ですが、この英語は、置かれた状況によって実に様々です。以下は、どれも「よろしく」を伝える締めの言葉ですが、それぞれ「よろしく」の中身が違っています。

> Thank you, and I look forward to working with you.
>   ありがとうございます。一緒にお仕事ができますのを楽しみにしております。
>
> I hope you will kindly give us every possible support.
>   皆様より最大限のご支援を賜りますよう、お願い申し上げる次第です。
>
> Please extend my warmest regards to your excellent staff.
>   皆様の素晴らしいスタッフの方々に、私の気持ちをお伝えくださいませ。

Follow-up Advice

紹介を受ける時は、あまり謙遜せずに堂々と応えたほうが、良い印象を与えます。このオープニングは単なる紹介者とのやりとりに感じられるかもしれませんが、実はあなたとジョンの円満な関係を来場者にアピールする戦略的な役割を果たしています。すべての言葉に無駄がない、というのがビジネス・スピーチの理想です。

Model Speech 4
新工場操業記念式典で工場長が挨拶する

CD 1-4 土井工業株式会社は、現地販売代理店との合弁でラゴスに製造工場を設立しました。あなたは、その初代工場長として赴任し、操業記念式典で挨拶をすることになりました。

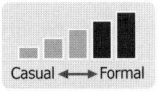

Casual ←→ Formal

I would like to express my heartfelt appreciation to you all for coming to the opening ceremony of this new plant today. It has been almost three years since our parent companies <u>entered into an agreement</u> to establish a joint venture, here in Lagos, Nigeria, for the assembly of our air conditioners. **After three years of careful planning, designing and building a plant full of the latest technology**, we have finally completed this long awaited Doi & Iloh Co. and are here today to celebrate its opening.

Without the cooperation of all those involved in this joint venture project and in the construction, this great dream of ours would not have come true. Let me thank you all once again and **express my determination* as plant manager** to make every effort to produce high quality products, thereby contributing to the development of this community.

My staff, representing two companies and nations, and I, the representative officer, will <u>spare no efforts</u>. At the same time, we need your cooperation to make this project successful. We sincerely wish to ask for your continued support and patronage in our efforts. Thank you very much once again.

* determination /dɪtɚːmənéɪʃən/ 決意、決心

One Point 来場者を歓迎する側の者として、親しみのある表情を心がけましょう。

▼本工場の開業を祝うため本日お出でいただいた皆様に、心より厚く御礼申し上げます。私どもの親会社両社が、エアコンの組み立てを目的とする合弁会社をここナイジェリア・ラゴスに設立すべく契約を締結して以来3年が経とうとしております。この3年間にわたる周到な計画と、最新技術を完備した工場の設計、そして建設ののち、長く待たれていたドイ&イロー社が完成し、本日その開所を祝う日を迎える運びになりました。▼この合弁計画と工場建設に携わられた多くの方々のご協力がなければ、私どものこの遠大な計画は実現しなかったでしょう。改めて御礼を申し上げるとともに、工場長としまして、高品質な製品を生産し、当地のますますの発展に寄与できるよう、最大限努力する決意を表明する次第です。▼両企業および両国を代表するスタッフ一同と、本工場の最高責任者である

Model Speech 4　新工場操業記念式典で工場長が挨拶する

私は、いかなる努力も惜しみません。同時に、本計画を成功させるためには皆様のご協力が必要です。引き続きご支援ご協力を賜わりますようお願い申し上げます。改めまして、誠にありがとうございました。

Clues　※下線部（点線）1 & 2

(1) 「～によって、～が実現した」というシンプルな論理構造です。個々の要素を読み上げる際は、それぞれの出来事を回顧する雰囲気を伝えましょう。→ *[Tip 11]*

(2) 肝心な工場長の決意を聴衆にハッキリ理解してもらうために、あえて「工場長の決意を述べる」と言って、話の目的を明確にしています。→ *[Tip 3]*

Concept　※下線部（実線）A

(A) "entered into" は、"enter" という言葉が示す通り、（契約が成立しているという）特別な状態に「進入していく」概念を持っています。まるで、ひとつの扉を開けて、2社が新たなステージに足を踏み入れていくかのような姿が想像できます。

Apply it!　惜しみない努力を表現する "spare" /spéɚ/

波線部 "spare" について、次の2つの文章を比べてみましょう。

(a) I can **spare some time** for you now.　（今なら少し時間があります。）
(b) We will **spare no efforts**.　（我々はどんな努力でもいたします。）

(a)のspareを「（時間を）提供する」という意味で理解すると、(b)の英文では、まるで何の努力も提供しないように感じられてしまいます。本来のspareの意味は、「提供する」ではなく、「あるモノを（使わずに）とっておく」です。少々硬く訳せば、(a)は「あなたのために、時間をとっておく」で、(b)は「いかなる努力もとっておかない」となるために、(b)のspareの意味が「惜しみなく提供する」になるわけです。以下で、(a)と(b)のspareの用法を応用してみます。

> Now, please **spare some time** to go through our new brochure.
> 　では少々お時間をとって、私どもの新しいパンフレットをご覧ください。
> We will **spare no expense** to meet the needs in the market.
> 　市場でのニーズを満たすために、我々はいかなるコストも惜しみません。

Follow-up Advice

合弁の新工場ですから、合弁相手の代表者からも挨拶があるかもしれません。その場合は、話が重複しないように事前に打ち合わせをしておきましょう。最後の謝辞のように、同じ相手に何度か "Thank you" と言う場合には、"once again" という言葉を付け加えることで、自然な感謝の気持ちが伝わります。

Model Speech 5
創立記念式典で本社代表として挨拶する

CD 1 - 5

あなたは環境樹脂株式会社の社長です。同社の子会社である環境ジャカルタ社が創立20周年を迎え、あなたは現地での祝賀会に参列して、関係者に御礼の言葉を述べます。

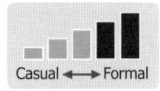

Casual ←→ Formal

Good afternoon, ladies and gentlemen. Today is the 20th anniversary of PT. Kankyo Jakarta, and I welcome the opportunity to celebrate this occasion with all of you. **The management of this company and I** feel greatly honored to have the presence of His* Honor the Governor and other dignitaries** as our distinguished guests today.

Let me say how pleased I am to be here today to share this celebration with you. **I am pleased to see** the marvelous growth of "your" company. **I am pleased to see** that I was right in deciding to establish this plant here 20 years ago. Though your bosses from Japan have changed a few times since then, your mission in the market has not changed. I have long admired your efforts to produce quality products which meet with the market requirements and high quality standards.

We can now see tremendous growth for your products here in this competitive market. I would like you to continue your hard efforts so that every one of you will be well rewarded. We will make even greater efforts to deploy highly advanced, strategic technologies in your company for your, and our, further progress. Let us unite again today to ensure prosperity for the next 20 years and beyond.

* 女性知事の場合は "Her" になります。 / ** dignitary /dígnətèri/ 有力者

One Point 「皆さんの」会社、という思いが伝わるように、"you" や "your" を丁寧に発音しましょう。

▶皆様こんにちは。本日は、環境ジャカルタ社の創立20周年の記念日です。皆様と共に20周年を祝える機会を、心から歓迎いたします。本日は、ご来賓として知事閣下および名士の皆様のご列席を賜り、当社経営陣ならびに私にとりまして、誠に名誉なことと存じます。▶皆様と一緒に、この場で本式典を祝えるのはどれほどうれしいことでしょうか。私は、「皆様の」会社が素晴らしい成長を遂げたことを、喜んでおります。また、私が20年前に下した当工場設立の決断が正しかったことを、喜んでおります。それ以来、日本から派遣される幹部社員の顔ぶれは何度か変わりましたが、市場における皆様の任務に変わりはありません。市場の要求と高い品質水準を満たす高品位な製品を生産する皆様の努力

に、私は永きにわたって敬意を払って参りました。▼この競争的な市場において、皆様の製品に対する需要の増加は目覚ましいものがあります。どうかその尊い努力を継続され、結果として皆様が十分に酬われることを願う次第です。また私どもは、皆さんの、そして私たちの益々の発展のために、先進的かつ戦略的な技術の数々を皆様の会社に配備するよう、より一層の努力をいたします。今後の新たな20年、そしてその先の繁栄を確かなものとするために、本日、私たちは結束を新たにいたしましょう。

Clues ※下線部(点線) 1 & 2

(1) 社長ですから、"I"（私）を先に言っても良さそうですが、英語では通常「2人称(you)→3人称→1人称(I)」のように、"I" は最後に来るのが原則です。この順序には、他人（本例の場合は経営陣）を敬う話者の思いが込められています。→ *[Tip 17]*

(2) 同じフレーズによる「反復のレトリック」で、論点を際立たせています。→ *[Tip 16]*

Concept ※下線部(実線) A & B

(A) "mission"（任務）には「戦い」の概念があります。職務を "mission" と表現することで、戦いの厳しさが話者の「職業観」に投影されます。同様に、(B) "deploy" も、戦闘部隊を配備するかのように、ビジネスという「戦闘」を「勝ち抜く」ための環境整備をする覚悟を表しています。こうした「戦い」の概念は、良い意味でも、悪い意味でも、「妥協のない厳しさ」が演出されるという点を覚えておきましょう。

Apply it! 創立記念日を発展祈念日に

波線部 "for the next ~ years and beyond" は、「～周年」の記念によく用いられる表現で、新たな節目に「次の節目」を祝う気持ちを伝えます。文末にある "and beyond" は無くても意味をなしますが、beyond（さらに先）という言葉通り、その先の、継続的な発展を祈念する思いを付加することができます。

> Today, we celebrate our friendship **for the next 30 years and beyond**.
> 　本日、私たちは新たな30年、そして未来に向けた我々の友情を祝福します。
>
> Best wishes for the development and prosperity **for the next 50 years**.
> 　新たな50年間の、発展と繁栄をお祈り申し上げます。(50周年記念にて)

Follow-up Advice

自身の子会社でありながら、「あなたの会社」という表現が繰り返し登場します。これは、現地スタッフの帰属意識を高め、創立記念日に気持ちを新たにしてもらう狙いがあります。現地法人の社名として登場する "PT." とは、Perseroan Terbatas の頭文字を取ったもので、日本でいう「株式会社」に相当する表記です。

Model Speech 6
現地法人の創立記念日に工場長が挨拶する

CD 1 / 6

あなたは、シンガポールの現地法人で、設立以来工場長を務めています。10周年を迎える同工場の創立記念日に、地元の来賓や得意先を迎え、あなたが挨拶をします。

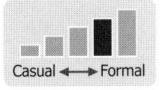

Casual ←→ Formal

On the occasion of celebrating the 10th anniversary of our company, I would like to express my sincerest gratitude to you all for joining us today. It is you, our honorable guests, that have helped us transform a tiny company into one of the leading trading companies in Singapore in such a short period of time.

When I first came here as the plant manager, I could not foresee its present growth and prosperity. But now, thanks to your cooperation, **we have become the largest of all 15 overseas group companies worldwide**. I owe much to you for your friendship and advice and to our employees for their painstaking efforts. Without them, I would not have been able to overcome the difficult times in the past and celebrate today's anniversary together with you.

At this turning point, we will renew our efforts to meet today's new business environment and will work harder to repay your kindness.

【抄訳】10周年に際し、ご参集の皆様に感謝いたします。一零細企業をこの短期間でシンガポール有数の会社に育てていただいたのは、ご来賓の皆様です。▼工場長として初めて当地へ来た時には、今日の成長や繁栄は予想だにしませんでした。しかし今日では、皆様のおかげで、15社の海外グループ企業でも当社は最大です。これは皆様の友情とご助言、従業員の努力の賜物です。それら無しでは、苦難を乗り越え、本日の記念日を共に祝うことは不可能でした。▼この節目にあたり、新しいビジネス環境に見合った努力への決意を新たにし、皆様のご親切に酬いるよう努めてまいります。

Clue ※下線部

来賓の支援と社員の努力で達成した「功績」を、単に「素晴らしい」と言うのではなく、「15社中で最大」という具体的なデータで示しています。→ *[Tip 5]*

Follow-up Advice

第1段落の謙譲表現は少々日本的ですが、来賓や得意先の顔を立てるのは、今後のビジネスを考えれば、(特にアジアでは) 当然の配慮でしょう。一方で、第2段落では「社員の貢献」を称えて、会場全体の一体感を維持しています。

Model Speech 7
勤務成績が優秀な社員を表彰する

CD 1 / 7

あなたは、勤務成績が優秀な社員を全社から選考する「表彰委員会」の委員長です。今年度の優秀社員賞の表彰式では、あなたが司会進行を担当することになりました。

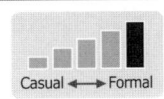

Casual ◀━━▶ Formal

Good morning, ladies and gentlemen. I am truly pleased to be here with you today to hold this annual award ceremony to announce and recognize our outstanding employee of the year.

This year, the award committee received 14 nominations from all divisions. Today, we announce that the committee has finally reached a unanimous decision. **The Outstanding Employee Award goes to Ms. Sandra Suzuki** in the international sales division. Ms. Suzuki is being recognized for her 10 years of dedication and excellence in sales operations. Especially, her multilingual business skills have enhanced our ability to explore the global market over the last three years.

Ladies and gentlemen, please join me in giving a round of applause to honor Ms. Suzuki with this year's Outstanding Employee Award!

【抄訳】おはようございます。毎年恒例の優秀社員表彰式を開催できますことを、大変光栄に存じます。▼本年は、全部門から表彰委員会に14名の推薦がありました。そして、委員会の満場一致で、受賞者が決定しました。優秀社員賞は、国際営業部の鈴木サンドラさんに贈られます。鈴木さんは、営業業務における10年間の貢献と、素晴らしい仕事ぶりが評価されています。特に、多国語を操る彼女のビジネス・スキルは、ここ3年間、国際市場開拓への我が社の能力を高めてくれました。▼皆さん、本年度の「優秀社員賞」を受賞される鈴木さんの栄誉を、盛大な拍手でお称えください！

Clue ※下線部

受賞者を発表する際の定型表現です。"goes to" の後で、少し長めの間(pause)をとり、聴衆の注目をしっかり集めるように呼びかけます。→ *[Tip 21]*

Follow-up Advice

受賞者発表では、経緯と理由を具体的に述べることが大切です。全体を通じて、ゆったりと語ります。会場には、残念ながら受賞を逃した人がいることを念頭に置き、式典のどこかで「全員の貢献」を讃える配慮を示すと、なお良いでしょう。

1 社内関連のスピーチ（お祝い）

Model Speech 8
新たな工員を現地の工場長が歓迎する

あなたが工場長を務めるマニラの製靴工場に、このたび新たに50名の工員を迎えることになりました。始業日である今日、あなたが歓迎の挨拶をします。

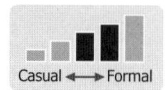

Casual ←→ Formal

Good morning and welcome, my fellow workers. My name is [   ]. I am the manager of Biphil Shoes Manila, Ltd. As you may or may not know, we launched* the production of Biphil shoes here in Manila 15 years ago. All the shoes we have made since then, **and those you are going to make**, have been and will be exported to the U.S., Japan, and other countries. I am happy to tell you that we have so far achieved more than what we initially expected, thanks to the help of our local staff. I am grateful to those who have guided us and to all of you who will assist us **from today**.

I have been here for three years. The period of my stay has been relatively short, but I feel as if I were a Filipino because I love your foods, customs, and people. Please don't hesitate to ask me if there is anything you don't understand and want to know. Come to me when you feel you are in trouble, and I will be happy to help you.

All the details of your work, the system and workplace rules, will be explained to you later. I would like to give you a warm welcome once again and hope your participation today will contribute to the further development of our company.

* launch(ed) /lɔ́ːntʃ(t)/ 〜を始める、〜を進水させる

One Point　若い聴衆が多い会場です。はつらつとした、元気の良い声で始めてください。

▼皆さんおはようございます。私は[　　　]です。バイフィル・シューズ・マニラ社の工場長です。ご存じの方もおられるかと思いますが、私どもは当地マニラで、15年前にバイフィル・シューズの生産に乗り出しました。それ以来、ここで生産された靴や、これから皆さんが生産なさる靴は、これまでアメリカ、日本、その他諸国へ輸出されましたし、これからも輸出されます。当地の社員の協力のおかげで、これまでは当初の予定を上回る業績を上げてきております。これまで我々をご指導いただいた人々、そして本日からご協力いただく皆様に、御礼を申し上げます。▼私は当地に来て3年になります。滞在期間は短いですが、私はフィリピン人ではないかと思うほど、こちらの食事、習慣、そして人々が大好きなのです。お分かりにならないこと、お知りになりたいことがありましたら、ど

うぞ遠慮なく私に尋ねてください。もし何か困ったことがあった時には、私のところへ来ていただければ、喜んで力になります。▼仕事の詳細や制度、職場の規則などについては、のちほど説明をいたします。改めて歓迎の言葉を述べるとともに、皆様が本日入社されたことが、我が社のますますの発展に大きく寄与いたしますことを願う次第です。

Clues ※下線部（点線）1 & 2

(1) これから聴衆が製造する商品に言及することで、実際に仕事をしている様子を、聴衆の目に浮かぶように描写しています。→ *[Tip 14]*

(2) "from today" は省略されても意味をなしますが、あえてそれを付け加えることで、「まさにこの瞬間から始まる」という臨場感を演出しています。→ *[Tip 26]*

Concept ※下線部（実線）A & B

(A) "launch"（乗り出す）は「旅」の概念を持つ言葉です。長旅の準備をするように周到な用意をして、新事業への「船出」をするイメージが伝わります。「長旅」ですから、困った時に現れたのが、進路を (B) "guide"（案内）してくれる人々だった、という表現が後に続くわけです。「旅」の概念は、全体の連帯感や運命共同体の雰囲気を伝えますので、管理者と労働者を、より対等な関係として演出する効果があります。ビジネス・スピーチで、事業の目的を "our destination"（我々の目的地）と表現するのも、この「旅」の概念による演出効果を狙ったものです。

Apply it! 「のちほど説明する」旨を伝える

波線部は、「〜は、のちほど説明いたします」という定型表現です。説明予定の項目を先に列記して、その後に "will be explained later" とつなげるのが自然です。本例では "later"（のちほど）で終わっていますが、可能であれば、ある程度具体的な時間・場所・方法などの伝達手段を伝えるのがビジネスのマナーです。

> It **will be explained** in detail at the meeting by the staff in charge.
> その件については、会議場にて、係の者から詳細な説明があります。
>
> The details of the proposal **will be explained** after lunch break.
> その提案の詳細については、お昼休憩の後にご説明申し上げます。

Follow-up Advice

様々な年齢の（場合によっては母語も多様な）聴衆が対象ですから、意識的にやさしい言葉遣いでメッセージを綴っています。10行目の "as if I were a Filipino" のくだりは、話者が聞き手の文化を受け入れる姿勢を明確に示すことで、聴衆との「同一化」（→*[Tip 4]*）を図り、親しみを演出する狙いがあります。

Model Speech 9
選抜された研修生を海外工場から迎える

CD 1 / 9

あなたは、木下工機株式会社の仙台工場長です。以前あなたが副社長として勤務していたタイの現地法人から、10名の「優秀研修生」が来日。あなたが歓迎の意を伝えます。

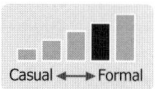

Casual ←→ Formal

"Sawadee kap!*" Welcome to our Sendai plant! I am very happy that **you have joined us**. My name is [   ], and I am the plant manager. I have been to Bangkok before, where I worked as the vice president of Kinoshita Thai International Co. Therefore, **I can speak some Thai** and believe I can help you when you need it. Please consult me when any problem occurs or when you don't understand things in or out of your workplace.

In Sendai, spring is just around the corner. Spring means the period of beginning, or the first stage of growth, in Japan. It is significant that you are to start your jobs at this plant in the springtime because Kinoshita Thai is now evolving from its fifth year of transition into a new stage of further growth. The future of Kinoshita Thai depends on each one of you here.

We will do the best we can to help you learn your jobs as quickly and as effectively as possible while you are here. We believe that you must have confidence in your ability because **you were selected from among hundreds of local workers**. We have great confidence in all of you. I hope you will make use of the skills and knowledge you acquire here over the coming year to make Kinoshita Thai more successful than ever.

* Sawadee Kap / タイ語で「こんにちは」の意

One Point 親近感を演出することに重点を置いた歓迎の辞です。にこやかに語りかけてください。

▼「サワディ・カップ！」（こんにちは！）仙台工場へようこそ！皆さんを仲間としてお迎えできてうれしいです。私の名前は[   ]で、ここの工場長です。私も以前、木下タイ・インターナショナル社の副社長としてバンコクにいました。それでタイ語も少しはできますから、いくらか皆さんの助けができるかと思っています。何か困ったことがあれば、仕事のことでもそれ以外でも相談してください。▼仙台は春間近です。春は始まりの時期、あるいは成長の第一のステージを意味します。そんな春に、皆さんが当工場で仕事を始めるというのは意義深いものがあります。というのも、木下タイは今、創立5年目から、さらなる飛躍に向けた新たなステージに入っているからです。木下タイの未来は、ここにいる一人ひとりにかかっているのです。▼私たちは、皆さんがこの工場にいる間、できる限

り早く、そして多くの仕事を学べるようにお手伝いします。皆さんは何百人という現地従業員の中から選ばれたエリートですから、自分の能力に自信を持っているはずです。私たちも、皆さんに絶大な信頼を置いています。これから1年間、ここで身につけた技術と知識をもって、木下タイをさらなる成功に導いてくれることを期待しています。

Clues ※下線部(点線)1〜3

(1) このスピーチの目的は「歓迎」です。それを冒頭(導入)で明らかにするために、「私たちの仲間に入る」(join)という温かい言葉で迎えています。→ *[Tip 3]*

(2) 聴衆との共通点を話したり、相手の文化への理解を示すことで、聴衆との距離を縮める「同一化」の一例です。→ *[Tip 4]*

(3) 信頼の根拠を論理的に述べるとともに、聴衆の自尊心に訴えています。→ *[Tip 5]*

Concept ※下線部(実線) A & B

(A) "stage"(舞台)という言葉には「劇」の概念があります。この表現から、話者が、「春」を研修生の成長の「幕開け」だと捉えていることがうかがえます。さらに、タイ工場では5周年を迎えて (B) "a new stage of future growth"(未来への成長の「第2幕」)が上がっている、と続きます。stageの類似表現にstep(段階)がありますが、stageでは先が読めない「劇的」な展開が演出される一方、stepでは「一歩ずつ昇る」という堅実な概念が伝わります。皮肉ながら、人生の「階段を踏み外す」ような場合には、make a false step(間違いを犯す)という表現もあります。

Apply it! 未来が大きく変わる印象を簡単に

波線部 "make A more B than ever"(Aを、従来をしのぐBにする)は、末広がりな発展を印象づける表現です。今と未来を対比させる具合に、応用しましょう。

> This feature will **make** our lives **more** convenient **than ever**.
> この機能は、私たちの生活を、いまだかつてないほど便利にします。
>
> We should **make** our project **more** creative **than ever**.
> 私たちは、自社の企画をこれまでになく創造的にしなければなりません。
>
> Our commitment is to **make** your stay **more** comfortable **than ever**.
> 我が社の職務は、皆様のご宿泊を、従来にないほど快適にすることです。

Follow-up Advice

"A little language goes a long way."(少しの言葉が大いに役に立つ。)の言葉通り、本例の冒頭では、聴衆の母語で挨拶をしています。海外の著名人が日本で記者会見に臨む際、「コンニチワ」と日本語で挨拶をするのと同様に、ぎこちない発音であっても(むしろその方が?)、場を和ませる効果があります。

Model Speech 10
ニューヨーク支店からの研修生を歓迎する

昨年、東京本社で企業研修に臨んだジェフが、本年、大阪支店に着任することになりました。あなたは、部署の仲間を集めて、彼の紹介と歓迎を兼ねてスピーチをします。

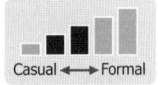

Welcome back to Japan, Jeff! We have been waiting for your arrival here in Osaka. All of us are happy to welcome you to our Osaka office. You were in Tokyo last year for the first internship in our company, but it was **rather short, just a three-month stay**.

This time you will be here with us for six months learning another facet of the Japanese way of doing business. The business here is not so much different from what you learned in Tokyo last year. However, there are differences, which you will recognize as time goes by. I hope you will understand these differences, appreciate them, and enjoy them while you are here with us in the Kansai area.

I further hope that you will learn Kansai-ben, a dialect* widely spoken in the Kansai region, as soon as possible. If you want to learn a business culture, you must study the language spoken by the local people. Studying Kansai-ben will help foreign nationals understand the mentality of people in Kansai. Out of a wide range of Kansai-ben expressions, I advise you to learn the very basic expressions such as ***"Summahen* (Excuse me)"** and ***"Ohkini* (Thank you)."**
I hope you do your best in your new job, Jeff.

* dialect /dáɪəlèkt/ 方言

One Point 笑顔でジェフを見つめて話し始めます。日本語を紹介する時は、ゆっくりと話しましょう。

▼お帰り、ジェフ！私たちはみんな、君が大阪に到着するのを心待ちにしていました。大阪支店の社員一同、君の着任を歓迎しています。去年、君は我が社で初の研修生制度に参加するために東京に来ましたが、その期間は短く、わずか3か月の滞在でした。▼今回は、ここ大阪で、日本のビジネスのやり方の別の側面を学びながら、私たちと6か月間を過ごすことになっています。ここでのビジネスは、君が東京で昨年学んだものと、それほど大きく違うわけではありません。でも、違いはあるのです。それは時が過ぎるうち、君自身で気づくことでしょう。君が関西で私たちと一緒に過ごす間に、その違いを理解し、味わい、そして楽しまれるよう願っています。▼それと、関西地方で広く使われる方言の「関西弁」を早く覚えて欲しいですね。もし、ビジネス文化を学びたいと思うなら、その地の人々が

話す言葉を学ばないといけません。関西弁を学ぶことは、外国の人々が関西人の気持ちを理解する上で役に立つものです。数ある関西弁の中でも、「すんまへん」や「おおきに」のような基本表現を修得されることをお勧めします。ジェフ、新しい仕事にベストを尽くして、頑張ってください。

Clues ※下線部(点線) 1〜3

(1) 誰が、誰に伝えるメッセージなのかを冒頭で明らかにしています。"I"（私）ではなく、"We"（私たち）で語ることで、聴衆との一体感が高まります。→ *[Tip 4]*

(2) どれくらい「短期間」だったのかを具体的に言い直しています。→ *[Tip 1]*

(3) 典型的な例をユーモラスに紹介し、話の具体性を高めています。→ *[Tip 9]*

Concept ※下線部(実線) A & B

(A) "another facet" という言葉は、文化を「立方体」に喩えた表現です。「一側面が見えても、他方は見えていない」という立体構造の概念が言葉に表れていますので、文化の多様性や複雑さを、このひとことで描写することができるのです。この概念により、ともすれば平凡な (B) "difference" というメッセージが、まるで多面体をクルクル回転させるような新鮮味をもって伝わります。

Apply it! "appreciate"/əpríːʃieɪt/ はビジネスの万能動詞

波線部 "appreciate" は、本来「（モノや現象に対する）価値や状況を認めて、ポジティブな感情を示す」という意味の単語です。このひとことで、「感謝する」「評価する」「認める」「味わう」など、様々な思いを伝えることができます。スピーチの際は、スペルは c でも、発音は sh /ʃ/ である点に注意してください。

> **I appreciate** your kind cooperation during the conference.
> 会議中、皆様のご協力を賜り、ありがとうございます。
>
> Your prompt attention will be greatly **appreciated**.
> 速やかなご対応をくだされば、大変光栄に存じます。
>
> Our customers will **appreciate** the new design.
> 我々の顧客は、新しいデザインの魅力を分かってくれるだろう。

Follow-up Advice

若い研修生に向けたスピーチです。若々しく、気さくなメッセージを贈りましょう。出だしと終わりの両方で、親しげに相手の名前を呼びかけている点に注目してください。また、「ユーモア」というと、私たちは何か特別な「気の利いた表現」を使う必要性を感じがちですが、下線部(3)のような、特徴的な表現を例示することも、その場を和ませるユーモアとして十分に作用することでしょう。

Model Speech 11
本社から海外視察に来た役員を迎える

CD 1 - 11

あなたは、株式会社カワシマのミラノ事務所に勤務する欧州営業本部長です。このたび、東京本社から常務が来訪するにあたり、あなたが役職者を集めて歓迎の挨拶をします。

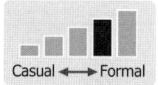

Casual ←→ Formal

It gives me great pleasure to introduce to you today, Mr. Hiroshi Kawashima, the junior executive director from our Tokyo office. Mr. Kawashima, welcome to our Milan office. **The core purpose** of his trip here is **to pay courtesy calls to our major customers** in Europe. Since the Milan office serves as the European regional headquarters, Mr. Kawashima also would like to receive a report on the current situation of each division directly from you.

The operations here currently extend to three basic functions of business, namely: finance, production, and distribution. They certainly form an ideal triangular relationship, demonstrating our raison d'être*. In order to continue to expand, however, we must also strengthen research and development.

In this regard, Mr. Kawashima is the right person indeed. Having experience as the manager of the R&D department, he is familiar with the field. He hopes for your candid opinions and suggestions at the interviews. I am sure your discussions with him will be meaningful, but don't take too much time, because we are to have a nice dinner together after the meeting. I hope he will **enjoy the Milan specialities with fine Italian wine and your gracious company tonight**.

* raison d'être /réɪzɔːndétr(ə)/ 存在理由

One Point ビジネスの話題が中心のフォーマルなスピーチでも、冒頭と終盤の笑顔は忘れずに。

▼本日、皆さんに本社の河島弘志・常務取締役をご紹介できますことをうれしく存じます。河島常務、ミラノ事務所へようこそお越しくださいました。このたびの常務のご出張は、欧州の主要客先への表敬訪問を最たる目的としています。また、ここミラノ事務所は欧州地域本部であることから、常務は各部門から直接、現状報告を受けたいと望まれています。
▼ここでの業務は現在、ビジネスの基幹とも言うべき3つの機能、すなわち財務、生産、販売を包括しております。これらは、まさに理想的な三角形の関係を構成しており、私どもの存在意義を示すものであります。しかし、さらなる発展を期するためには、研究開発の強化も必要になります。▼その意味において、常務はまさに適任です。研究開発部長としてのご経験をお持ちで、この分野に精通しておられます。常務は、今回の面談で皆さん

Model Speech 11　本社から海外視察に来た役員を迎える

からの率直な意見や提案を楽しみにしておられます。その話し合いは有意義なものになることでしょう。しかし、あまり時間をかけないでくださいね。会合の後、常務をお迎えして皆で食事をすることになっているからです。常務には、上等のイタリア・ワインや皆さんの素敵な顔ぶれとともに、ミラノ名物を楽しんでいただきたいと願っております。

Clues ※下線部（点線）1～3

(1) 歓迎の辞を述べた後、冒頭で訪問の趣旨を明らかにしています。これにより、すべての聴衆が同じ理解のもとで訪問者を迎える態勢が整います。→ *[Tip 13]*

(2) これまでの話題を踏まえて、特定の論点に的を絞る表現です。この表現を使う際は、その前後の論理が自然につながるかどうかを確認しましょう。→ *[Tip 7]*

(3) 後続の（楽しみな）行事が決まっている場合には、それに期待を持たせるような話でスピーチを結ぶと、スピーチ全体の印象が明るくなります。→ *[Tip 13]*

Concept ※下線部（実線）A & B

(A) "core"（芯）という言葉は「物体」の概念を伝えます。この表現によって、表敬訪問が視察目的の「中心」にある様子が、視覚的に表現されています。また、(B) "triangular"（三角形）も(A)と同様に、ビジネスの3機能が、まるで三角形のように「連携する図式」を実現している状況を、目に見えるように表現しています。

Apply it!　微妙なバリエーションも正確に

波線部は、人やモノを紹介する際の定型表現です。以下の例は、表現は似ていても、それぞれ語法が異なっています。紹介が複数回に及ぶ場合には、表現に変化を持たせつつも、常に正確な言い回しを心がけたいものです。

"It" で始める	It **gives me great pleasure to** introduce ~. It **is [a / my] great pleasure to** introduce ~.
"I" で始める	I **take great pleasure in** introducing ~. I **have the great pleasure of** introducing ~. I **am greatly pleased to** introduce ~.

Follow-up Advice

本社役員の訪問は、少なからず場に緊張を与えます。来訪の目的を明かして、社員にとってのメリット（本例の場合は面談や食事会）に触れることで、聴衆の緊張感を和らげています。12行目にある "R&D" は、research and development の略語で、「研究・開発」を意味する言葉としてよく用いられます。

Model Speech 12
現地法人で政府要人の視察を歓迎する

あなたが勤務するルクセンブルクの現地法人が、新工場の落成にあたり、同国の経済通商省次官の視察を受けることとなりました。その落成式で歓迎の挨拶をします。

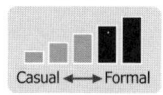

Thank you, Mr. Warren, for visiting us today. All the staff, employees, and I would like to give you a warm welcome. **It is indeed a privilege for us to welcome Your Honor, the Deputy Minister** of Economy and Foreign Trade, to our factory on the occasion of celebrating the completion of our factory annex.

Our company set up this factory in 1995 to produce hard disk drives. Ever since, we have been expanding the production to such an extent that the initial size of the factory has become insufficient. Both our Tokyo office and we at this factory are happy indeed with this <u>rapid growth</u>. This new building holds a state-of-the-art research and development center, as well as additional production lines. **It was really a good decision to come to Luxembourg** to meet <u>the expansion of the market</u> here in Europe. We know we are indebted* for this success to the assistance of your office, which has extended immeasurable advice and guidance to us to facilitate the whole operation.

We are truly honored to know that this factory has been lauded by the ministry for contributing to the locality. All of us are prepared to do the best we can for further development. **We look forward to continuing a warm relationship with you**.

* indebted /ɪndétɪd/ ～に恩義のある状態

One Point　13行目の "your office" は、"your" の対象となる来賓に向かって、丁寧に呼びかけましょう。

▼ワレン様、本日のご来社ありがとうございます。弊社社員、従業員ともども心から歓迎申し上げます。当工場の別館建設工事の落成式にあたり経済通商省次官閣下をお迎えすることは誠に光栄でございます。▼当社は1995年にハードディスクの生産のために本工場を設立しました。それ以来、生産増強に励み、当初の工場では賄えないほどに生産が伸びてまいりました。東京本社も、また我々も、この急速な成長を喜んでいる次第です。この新しい建物には、増設された製造ラインのほか、最先端の研究開発センターがございます。ここヨーロッパでの市場拡大を視野に入れてルクセンブルグへ来ましたのは、実に正しい判断でありました。しかし、私どものこの成功は、本工場の操業にあたりこれまで数限り

86

ないご助言やご指導をいただいた御省のご支援の賜物であります。▼本工場が、地元に貢献していると御省からお褒めをいただいていることを知り、誠に名誉なことであると存じます。我々は皆、今後の一層の発展のため、精進努力してまいる所存です。私どもは、次官閣下や皆様との温かい友好関係を、続けさせていただきたいと願う次第です。

Clues ※下線部(点線)1～3

(1) 冒頭で、「歓迎を伝える」というスピーチの目的を明確にしています。→ *[Tip 3]*

(2) 当地での事業が順調な様子を端的に述べています。ここに至るまでの文章では、事業開設が正しかったという判断に至る経緯が説明されています。→ *[Tip 7]*

(3) スピーチの締めくくりで、大切な気持ちを明解な言葉で整理しています。上記の(1)、(2)、そして(3)と、下線部を順番に読み上げるだけで、スピーチの主旨がハッキリと伝わります。これがスピーチの「骨格」になります。→ *[Tip 11]*

Concept ※下線部(実線)A & B

(A) "growth"(成長)も、(B) "expansion"(拡大)も、結果的にどちらも「大きくなる」という意味においては似ています。しかし、growthは「人」、expansionは「物体」の概念があるため、演出されるイメージが異なります。(A) "rapid growth"では、我が子の「急な成長期」を喜ぶかのような思いが伝わる一方、(B) "expansion of the market"では、地図を塗り拡げるように「市場を拡張する」様子が表現されます。

Apply it! ありがたい「借り」に感謝する

波線部 "A is indebted to B" (AはBに依っている) は、ある成果(A)が、何か(B)の功績であることを感謝するフォーマルな表現です。indebtedは「誰か(何か)に恩義がある」といった「借りのある状態」を表しています。スピーチで使用する時は、そのような感謝の気持ちをこめて語ることが大切です。

> Our business **is indebted to** the distribution networks you provide.
> 私どもの事業は、御社の物流網に依るところが大きいです。
>
> We **are deeply indebted to** Mr. Katoh, who invented the machine.
> 我々は、その機械を発明した加藤氏に、大いなる恩義の念を抱いています。

Follow-up Advice

スピーチの基本は、論点を絞ってシンプルな骨組みを作ることです。本例では、歓迎の言葉から始めて、「過去の様子」→「現在の成功」→「未来の友好」という時系列の構成で、内容を簡潔に整理しています。スピーチをする際に「何を言うべきか」で迷った時には、「何を言わなくても良いか」を考えるのも一案です。

Model Speech 13
アメリカの本社から副社長を迎える

あなたは外資系建材メーカーの日本事業部長。シカゴ本社から取締役副社長が来日するにあたり、主要な取引関係者を招いた歓迎会で、あなたが同氏に歓迎の言葉を贈ります。

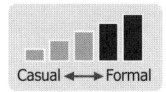

Casual ←→ Formal

Good evening, ladies and gentlemen. It is my great pleasure tonight to introduce to you the director and vice president of J. Thomson & Co., Dr. Ted Maccioni. **On behalf of the staff and our guests of honor, I would like to extend our warm welcome to him.**

　Dr. Maccioni, as his title suggests, **started his career as an architectural engineer** and has greatly helped make J. Thomson & Co. a world renowned specialist of innovative architectural materials. After he moved to the European central office in London, he started working in corporate planning, finance, and marketing. Due to his superb accomplishments in each field, he was appointed as a director of the head office in Chicago. **He was my immediate boss* while I was working in the U.S.** 12 years ago.

　Actually, it was Dr. Maccioni and I who started the operations to build our market here in Japan. We now wish to further expand the market, but we all know that our aim can not be achieved without your assistance. You, our dealers present here tonight, are the cornerstones of our business. To meet you and express his appreciation of your efforts on behalf of J. Thomson & Co. is the prime purpose of his visit. Ladies and gentlemen, please give Dr. Maccioni a warm welcome.

* immediate boss /ɪmíːdiət bɔːs/ 直属の上司

One Point　「歓迎の辞」はゲストへ。「人物紹介」「日頃の感謝」は顧客へ。話す相手を意識しましょう。

▼皆様こんばんは。今宵、皆様にJ.トムソン社の取締役副社長テッド・マシオニ博士をご紹介できますことを大変うれしく存じます。スタッフおよびご来賓の皆様を代表し、博士に歓迎の言葉を申し述べさせていただきます。▼マシオニ博士は、その肩書きが示すように、建築工学者として第一歩を踏み出して以来、J.トムソン社が革新的な建築素材の専業メーカーとして世界でその名を知られるために、多大な貢献をされました。ロンドンにある欧州本社へ転勤の後は、業務本部、財務部そしてマーケティング部などへ配属されました。博士は、どの部門においても輝かしい業績を収めたことから、シカゴ本社の取締役に任命されました。12年前、私がアメリカで勤務していた当時、彼は私の直属の上司であ

りました。▼実は、日本における市場構築の業務を始めたのは、マシオニ博士と私でした。その市場をより一層拡大したいと願っておりますが、皆様のご協力無しには、その目的を達成することは不可能であると存じております。今ここにご臨席のディーラーの皆様は、弊社の事業の基礎をなす重要な存在であります。皆様にお目にかかり、J. トムソン社を代表して皆様のご尽力に感謝申し上げるのが、博士来日の主要な目的でございます。どうか皆様、マシオニ博士を温かくお迎えくださいませ。

Clues ※下線部(点線) 1～3

(1) お客様も含めて、会場全体を代表して誰かを歓迎する表現です。司会者として、「このひとことがうまく言えると気持ちが落ち着く」文章になります。→ *[Tip 24]*

(2) ここから「略歴紹介」が始まります。覚えるのが難しければ、手頃な大きさのカードに、時系列の略歴を「箇条書き」にしておくと良いでしょう。→ *[Tip 23]*

(3) 個人的な接点に触れると物語性が生まれ、親しみを演出できます。→ *[Tip 14]*

Concept ※下線部(実線) A & B

(A) "build"（建てる）という言葉は「建造物」の概念を伝えます。これにより、市場開拓のための「地ならし」から「完成」まで、次第に市場が「建ち上がって」いく様子が再現されます。(B) "cornerstone"（隅石）も同様に、会場の顧客が、同社にとって不可欠な「基礎」を「構築」している現状を伝えています。本例のように、建築資材メーカーのスピーチが「建造物」の概念を使う事例は、偶然のようで、実は意識的に設計されている場合があります。ユニークな言葉の仕掛けですね。

Apply it! それが無くては不可能な場合に

波線部 "can not A without B"（B無しでは、Aはできない）は、仮定法よりも簡単に、仮定法に似た思いを伝えることができる便利な表現です。裏を返せば、「Bがあれば、Aができるはず」といった気持ちを、暗に表現できます。

> **Without** your effort, our products **can not be improved** any further.
> 皆さんの努力無しには、当社の製品はこれ以上改善できません。
>
> We **can not reach** the production target **without** more part-timers.
> アルバイトが増員されなければ、私どもの製造目標は達成できません。

Follow-up Advice

歓迎や人物紹介の際、一般的にアメリカでは、本例のように「その人の業績や職歴」を具体的に挙げていきます。次いで、紹介者との関係に触れることで、ゲストと会場の距離を次第に縮めていきます。開会前に控室で会話をした内容を少し披露するのも、臨場感のあるスピーチをするコツです (→*[Tip 26]*)。

Model Speech 14
日本到着直後の歓迎会で訪問客をもてなす

海外の関連会社の視察団が、企業訪問と観光を兼ねて日本を訪れました。到着間もない歓迎会の開催にあたり、あなたは一行を気遣いつつ、社を代表して歓迎の挨拶をします。

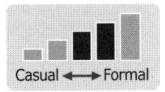

CD 1-14

Casual ←→ Formal

Good evening, ladies and gentlemen. Representing Green Corporation, I warmly welcome all the members of the delegation to Japan and to our company. I would also like to extend a warm welcome to the partners of our friends, whose presence has helped make this party even more fulfilling.

I am afraid some of you are still tired or feel somewhat uncomfortable due to jet lag. **I am sure it was a long flight across the Pacific to Tokyo.** We hope the variety of drinks and dishes here, which we have prepared for you, will make you feel refreshed.

In order for you to get the most out of your brief stay in Japan, we have prepared a well-rounded program for you. This experience should be interesting in every respect and beneficial to you and your businesses as well. Thank you for your participation, and let us have a wonderful time together.

【抄訳】グリーン株式会社を代表し、ご一行を心から歓迎いたします。本パーティーをさらに充実したものにしてくださったご同伴の皆様にも歓迎を申し上げます。▼まだ時差ボケが抜けず、お疲れの方がおられるかと心配しております。東京までは長旅であったでしょう。飲み物や料理をご用意しましたので、お召し上がりになり、リフレッシュしてください。▼短いご滞在で最高の実りが得られるよう、盛りだくさんの企画を用意しております。このご経験が、皆様と、皆様のビジネスのためになりますよう願っています。ご参加ありがとうございます。共に楽しい時間を過ごしましょう。

Clue ※下線部

「聴衆への心配り」と「共感による一体感」を同時に演出しています。→ *[Tip 4]*

Follow-up Advice

スケジュールの状況によっては、やむなく日本への到着直後に歓迎会を開かなければならないこともあります。そのような際には、お客様の疲れ具合に配慮したひとことが、何よりもの「おもてなし」になります。3行目の "partner(s)" は、同伴者の既婚・未婚や、性別にかかわらず使用できる便利な言葉です。

Model Speech 15
新工場予定地の鍬入れ式に来賓を迎える

あなたは、楽器メーカー・株式会社ケンの企画部長。タイ工場拡張のために購入した土地で、関係者を集めて鍬入れ式(地鎮祭)を施行し、あなたが歓迎と御礼の挨拶をします。

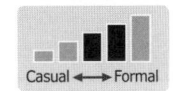

Ladies and gentlemen. On behalf of Ken Corporation and Ken Thailand Co., I would like to extend a warm welcome to our guests attending this groundbreaking ceremony today.

We have operated in Thailand now for five years with a strong record of success. Due to the success we have had with our new products, the tremendous increase in orders has prompted us to build a new factory on this ground. This place will be **a new foundation for our future technologies**.

Our technology means nothing, however, if it is not supported by production, distribution, and finance. In this regard, we owe much to you, our guests of honor today, for our success. I sincerely appreciate your heartfelt and unfailing support. We will further endeavor to develop and produce new, high-quality products, making the most of these new facilities. Thank you.

【抄訳】株式会社ケンおよびケン・タイランド社を代表し、鍬入れ式にお越しのご来賓の皆様を歓迎いたします。▼我が社は優れた業績とともに、タイで5年間操業してきました。新製品の成功に伴う注文増が、この新工場建設のきっかけです。この場所が、新技術の新しい礎となるのです。▼しかし私どもの技術は、製造、販売、財務の連携がなければ意味を成しません。この意味において、我が社の成功は、ご来賓の皆様のおかげです。皆様からの、誠意ある、変わらぬご支援を、ありがたく存じます。私たちは最新設備を活用し、高品質な新製品群の開発・生産に、一層努力する所存です。

Clue ※下線部

"foundation"(基礎)は、強固な「建造物」の概念を聴衆に伝えます。→ *[Tip 12]*

Follow-up Advice

記念行事でのスピーチは、その国の文化や宗教によって、一般的にどのような雰囲気で進められるのかを調べておいた方が良いでしょう。縁起の良いモノや数字に関する予備知識は、ちょっとしたスピーチの話題になりますし、逆に、触れてはいけない話題があるかもしれません。興味を持って下調べをしたいものです。

Model Speech 16
視察先企業の歓迎会で挨拶をする

CD 1 / 16

株式会社寺田電機製作所の欧州現地法人を、視察のために訪問したあなた。社長として、一行を迎える歓迎会で現地社員への感謝と督励を兼ねて挨拶をします。

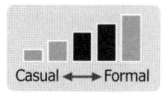

Casual ← → Formal

Good evening, ladies and gentlemen. I am delighted to be here with you today and to share with you this happy moment I have long been waiting for. I appreciate your <u>painstaking efforts and struggles</u>*, which have helped make this company one of the highest-rated sales organizations of the electronics and electric industry here in Europe.

I hope we can <u>expand the international dimension</u> of our business activities through our production and sales network worldwide. When we started this company in 1971, we only hoped to increase the sales of our products from Japan to our European customers. Now, however, besides your routine sales activities here, **you are even exporting European made products** to the Far East markets.

In today's world economy, international cooperation is more vital than ever before. At Terada, and particularly at our overseas companies, the challenge is clear. I hope to see <u>further expansion</u> of such international business based on mutual cooperation among our group companies. I sincerely wish that Terada Europe **continues to lead other group companies** with your continued efforts. Thank you again for your warm welcome party tonight.

* struggle(s) /strʌ́gəl(z)/ 苦闘

One Point　明るい声と表情でスタート。後半に向けて順次盛り上げ、パーティーの空気をつくりましょう。

▼皆さんこんばんは。本日は私が長く待ち望んでいたこの楽しいひと時を皆さんとご一緒できることを大変うれしく思います。この会社を欧州で超一流の電子電機製品の販売会社のひとつに育て上げてくれた皆さんのご尽力と努力を、誠にありがたく思う次第です。▼私は、我が社の世界的規模の生産と販売網を活用して、私どものビジネスの国際的な幅をさらに拡大したいと望んでいます。1971年にこの会社を始めた時は、日本からヨーロッパのお客様へのセールスを増やしたいという希望しか持っておりませんでした。しかし今や、通常のセールス活動の他に、皆さんはヨーロッパ製の製品を極東の市場まで輸出しています。▼今日の世界経済においては、国際協力はかつてなかったほど重要なものとなっ

ています。寺田電機、とくに我が社の海外現地法人においては、その挑戦は顕著なものがあります。私は、我が社のグループ会社間での国際協力をベースにして、国際ビジネスのさらなる飛躍をみたいと願っております。皆さんが努力を重ねられ、この寺田ヨーロッパが他のグループ会社のさきがけとなられることを祈ります。今夜は心のこもった歓迎パーティーを催してくださり、ありがとうございます。

Clues ※下線部(点線) 1 & 2

(1) 現地社員が期待以上の貢献を示している「具体例」を挙げ、その様子が目に見えるように伝えています。→ *[Tip 1]*

(2) 第2段落での「過去～現在」に続き、第3段落で「未来」を述べています。時系列の推移を追うことで、聴衆が理解しやすい構成となっています。→ *[Tip 10]*

Concept ※下線部(実線) A & B

(A) "expand ~ dimension" という表現は、企業活動を「立体物」に捉える概念が言葉になったものです。物体の「サイズが拡大」していく様子が表現された力強い言葉ですので、この文章を飾る副詞がなくても、話者の思いや、その言葉が表す概念がストレートに聴衆に伝わります。また、後半の (B) "further expansion" も、その反復効果を高めています。

Apply it! 聴衆との一体感を高めるひと工夫

上記 ***Clues*** の(1)にならい、波線部 "painstaking efforts and struggles" に具体的な描写を加えることで、さらに聴衆との一体感を演出してみましょう。たとえば、同じ第1段落の終わりで、次のように聴衆に呼びかけてみるのも効果的です。

> Especially, we remember that everyone in this room successfully launched our global TEC project last year. I say, your efforts always make a difference.
>
> とりわけ、我が社のグローバルTECプロジェクトを成功に導いたのは、この会場にいる皆さんであることを私たちは忘れません。皆さんの努力が、常に大きな意味をもつのだと、あえて申し上げます。

Follow-up Advice

日頃の接触が少ない現地法人への挨拶では、(日本人には)少し大げさに感じられるぐらいの感謝と期待を述べてもよいでしょう。文中に「私」を示す "I" が多いように見えますが、企業のトップはそのようにして「自分の」抱負を語るものです。その一方、"I" を過剰に使用すると、自己主張の強さの表れだと誤解されるケースも少なくありません。使用頻度には注意が必要です。

Model Speech 17
合弁予定の企業で歓迎を受ける

あなたが専務を務める岡村証券株式会社は、フランクフルトに合弁会社を設立することが決まりました。現地の合弁予定企業を訪問した際の歓迎に対し、答礼の挨拶をします。

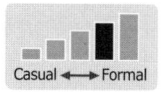

Thank you, Mr. Mollekopf, for your kind introduction. Good evening, ladies and gentlemen. I greatly appreciate your heartwarming welcome party tonight. Although Mr. Mollekopf's introduction was most generous, I do not know if I deserve the merits he has mentioned. Okamura Securities, on the other hand, (1) **surely deserves the praise it has received**. To set up an investment consulting firm in Germany in cooperation with a qualified local company has been our dream. This long cherished dream has now come true (2) **because of the agreement signed with you today**.

Our two firms decided to form this new venture company because of the growing Japanese corporate interest in Europe. The new company will provide consulting services primarily to middle-scale commercial enterprises in Japan hoping to invest in Europe. It will also conduct in-depth market research and offer financial services to the Japanese owned companies.

This (A) fledgling* company will require support and supervision from both (B) parent companies until it is able to (C) stand on its own. I am sure that day, when it achieves stability, will come soon. Let us wish for and celebrate (D) the infinite growth of our newborn company tonight.

* fledg(e)ling /flédʒlɪŋ/ 生まれたての、未熟な

One Point　冒頭で、謙遜から自信へと切り替わる時は、声や表情も自信たっぷりに話しましょう。

▼モレコフさん、親切なご紹介をありがとうございます。皆様、こんばんは。今宵は、心のこもった歓迎パーティーを本当にありがとうございます。モレコフ氏のご紹介は大変光栄なものですが、果たしてただ今賜りました賞賛に、私が値するかどうかは定かではありません。しかしながら岡村証券は、お褒めのお言葉にふさわしいものと信じております。しっかりとした現地会社と協力し、ドイツに投資コンサルティングの会社を設立することは、私どもの夢でありました。長年心に秘めてきたこの夢が、本日、貴社との契約調印により現実となりました。▼我々2社は、ヨーロッパに対する日本企業の関心の高まりを受けて、この新会社設立を決定いたしました。この新会社は主に、ヨーロッパへの投資を考える日本の中規模企業に、コンサルティングのサービスを提供します。この会社はまた、

Model Speech 17　合弁予定の企業で歓迎を受ける

綿密な市場調査を行ない、日本企業が所有する会社に財務上のサービスも提供いたします。▼この生まれたばかりの会社は、独り立ちをするまでの間、親会社双方の支援と監督が必要です。この会社が安定感を示す日は、間もなく訪れるものと私は信じています。今夜は、私たちの新会社の無限の成長を、願い、また祝おうではありませんか。

Clues　※下線部(点線)1 & 2

(1) 自社に対する自信は、話者の説得力を高めます。この表現が過剰に響かないのは、ひとつ前の文章で自分に対する謙遜を示しているからです。→ *[Tip 5]*

(2) 以心伝心のように「夢が叶った理由」など言わなくても分かってもらえると思いがちですが、それをきちんと伝えることで双方の共感が高まります。→ *[Tip 2]*

Concept　※下線部(実線) A～D

最終段落は、企業活動をすべて「生き物」の概念を通して語っています。新会社は(A) "fledgling"（生まれたてで未熟）でも、成長に伴って(C) "stand on its own"（独り立ち）していきます。さらに、(B) "parent company"（親会社）の支援を受けて、(D) "infinite growth"（無限の成長）も期待できます。「生き物」の概念は、新会社の「成長性」を視覚的に表現できるだけでなく、合弁によって新しく誕生した企業(newborn company)の親会社2社の「愛情」の深さを伝えることができます。

Apply it!　可能性の広がりに含みを残す

波線部 "primarily" は、本例では「主に」と訳しましたが、primary（初めの）という形容詞が示すように、「第一には」とも訳せる単語です。現状の描写に加えて、「他にも…」や「いずれは…」という意味の広がりを感じさせます。

> This product is designed **primarily** for budget-minded students, but I personally believe it will also appeal to wider generations.
> 　この製品は、主に（第一には）予算に余裕のない学生向けのものですが、個人的には、もっと幅広い層に対しても訴求力があると信じています。
>
> Our deficit is **primarily** because of the higher rate of returned goods.
> 　我々の損失は、まずもって（主たるものは）高い返品率が原因です。

Follow-up Advice

合弁企業の設立や企業合併のスピーチでは、交際、結婚、家族といった概念を反映した比喩がよく用いられます。2社の出資比率や資本関係に大きな差がある場合には、兄弟や姉妹の比喩の方が適する場合もあるでしょう。*[SP 46]* の「祖父と孫」の比喩や、*[Tip 12]* を参考にして、比喩を応用してみてください。

Model Speech 18
社内表彰を受けて受賞の挨拶をする

あなたの提案をもとに生まれた製品が大ヒットを収め、その功績から社内表彰を受けることになりました。あなたは受賞の挨拶で、関係者一同に感謝の思いを伝えます。

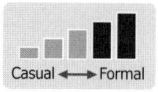

I am really grateful and honored to receive such a prestigious award today. The beautiful words in the introduction about my work were truly more than I could ever deserve. I thank you very much.

As introduced, this award was given for my idea that lead to our new fast-selling product, "Musy." I am very pleased and even surprised that the idea was so highly appreciated by the committee. However, **my idea was just a small seed** at the beginning. It was my friends here that **planted the seed, watered the sprout**, and let it **bloom as Musy**. This honor must be shared with everyone who has worked hard to see this project **to full bloom** in today's market.

This is a moment for me to realize the importance of cooperation once again. I thank you very much, indeed, for this special award today.

【抄訳】このような素晴らしい賞をいただき光栄です。ご紹介の言葉は身に余るものです。▼この賞は、新しい人気商品「ミュージー」の基となった私のアイデアに授与されました。委員会からこれほどの評価を受け、うれしく、また驚いております。しかし私のアイデアは、初めは単なる小さな種でした。それを植え、水を与え、ミュージーとして花咲かせたのは、ここにおられる皆さんです。この賞は、市場で満開の花を咲かせるべく努力を重ねてこられた皆さんと、分かち合うべきものです。▼今、改めて協力の尊さを噛みしめています。素晴らしい賞を、本当にありがとうございました。

Clue ※下線部

アイデア（種）が人気商品（花）になる過程を、植物の生長に喩えて表現しています。商品化における、苦労と感動を印象的に演出しています。→ [Tip 12]

Follow-up Advice

受賞挨拶では、まず受賞の御礼と、受賞理由に触れます。続いて、受賞を支えてくれた人々や諸団体の貢献に言及し、今後への決意で結ぶのが一般的なスタイルです。本例のように適切な比喩が見つかれば、スピーチ全体が美しく整います。

Model Speech 19
研修先の海外店舗での歓迎に感謝する

CD 1 / 19

あなたは、外資系スポーツ用品店の店長。アメリカ本社での店舗研修に参加することになり、本日、現地で初日を迎えました。スタッフの歓迎を受け、ひとこと挨拶をします。

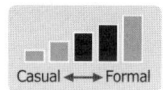

Casual ←→ Formal

Mr. Antonio, thank you for your kind introduction. As a store manager of Sports Folk Japan, Inc., I am excited to be here at the flagship store of Sports Folk in the U.S. Thank you very much for your warm welcome. I am lucky because I have been surrounded by really good people who love sports.

5   **I believe that sport is a world language. Even people who speak different languages can enjoy the same sport together and share the same excitement and joy.** This is what I really like about sports. Personally, I play tennis, and I look forward to playing it with you. Before the game, however, I guess I should buy a good tennis racket here at Sports Folk.

10 Three weeks will fly by quickly. So please let me ask for your kind assistance and cooperation. I will try my best to make this opportunity mutually beneficial. Once again, I thank you very much.

【抄訳】ご紹介ありがとうございます。スポーツ・フォーク・ジャパン社の店長として、アメリカの旗艦店に来られて光栄です。歓迎に感謝いたします。スポーツ仲間に囲まれて私は幸せです。▼私は、スポーツは世界語だと思います。言葉は違っても同じスポーツを楽しめて、興奮や喜びを共有できます。これがスポーツの魅力だと思います。私はテニスをしますので、またご一緒ください。試合までに、この店で良いテニス・ラケットを買わないといけませんが。▼3週間はすぐに過ぎます。ぜひご支援とご協力をお願いします。お互いにとって意味のある機会にすべく、精一杯がんばります。

Clue ※下線部

業界関係者の多くが共感する話題を述べることで、話者と聴衆との一体感を高めています。それと同時に、話者の職業観の一端を伝えています。→ *[Tip 4]*

Follow-up Advice

誰かから紹介を受けて話す際は、紹介の言葉をよく聞き、なるべく話題が重複しないようにします。事前に準備した内容を先に紹介されてしまった時には、"As mentioned in the introduction"（ご紹介の通り）と言えば自然に聞こえます。

Model Speech 20
新設海外法人の初代社長に就任する

CD 1
20

あなたが勤務するカラオケ機器の専業メーカーが、アメリカ市場のシェア拡大を目指して、サンフランシスコに現地法人を設立。あなたはその初代社長に就任します。

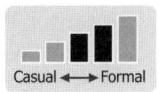

Casual ←→ Formal

Thank you, Roy, for your kind introduction. Good afternoon, ladies and gentlemen. We have arrived here in San Francisco, not from the East Coast but **from a tiny island across the Pacific Ocean, with a big dream**. We have come here to sell happiness to our American friends. **Yes**, "happiness" is what we have been selling and will continue to sell.

Music knows no national boundaries. Singing and listening to melodious tunes and notes, we humans are projected into a state of bliss. I believe that as long as humans do not lose the capacity to feel passion through music, we will have a market for our karaoke equipment*. However, we need to know the local people's tastes and preferences if we truly wish to sell our products in the market. Collecting fresh information on acoustics is a vital part of this office, too. This is what this new office is here for.

I am very proud to be here today as the first president to commemorate the opening of this company. I hope I can live up to your expectations. You can be proud, too, that **you will sell happiness** around America through your new jobs. Let us try our best, together.

* equipment /ɪkwípmənt/ 機器、用具（不可算名詞）

One Point　幸せを売る事業への思いを伝えるためには、話者みずからが幸せな笑顔で語ってください。

▼ロイ、親切な紹介をありがとう。皆さんこんにちは。私たちは、東海岸からではなく、太平洋の向こうの小さな島から、大きな夢を胸に、ここサンフランシスコにやって来ました。私たちは、アメリカの人々に幸せを売りに来たのです。そうです、「幸せ」こそ、私たちがこれまで売ってきたものであり、これからも売り続けていくものなのです。▼音楽に国境はありません。美しい旋律や調べを歌ったり聞いたりして、私たち人間は歓喜するのです。人間が、音楽に喜びや悲しみを覚える感性を失わない限り、カラオケ機器の市場は存在すると私は信じています。しかし、市場で我が社の製品を本当に売りたいと願うならば、その地域の人々の嗜好を知らなければなりません。音に関する新鮮な情報を集めるのも、当社の重要な役目であります。それゆえに、この新しい事業所が存在するのです。▼当社の開設を祝う最初の社長として、本日ここにいることを大変誇りに思います。皆さ

Model Speech 20　新設海外法人の初代社長に就任する

んの期待に応えられることを願っています。皆さんもまた、新しい仕事を通じて、アメリカ全土に幸せを売る誇りを持ってください。共に頑張りましょう。

Clues ※下線部(点線) 1～3

(1) 「小さな島 (a tiny island)」と「大きな夢 (a big dream)」は、対比になっています。コントラストが伝わるように、意識して語ります。→ *[Tip 16]*

(2) 自分に言い聞かせるように用いる表現です。自信に満ちた表情とともに、軽く拳を握るような (控えめな)「自信のジェスチャー」を見せましょう。→ *[Tip 22]*

(3) 導入部で触れた「幸せ」の話題を繰り返すことで、大切な点を強調するテクニックです。本例のように、スピーチの「結び」で使うと効果的です。→ *[Tip 13]*

Concept ※下線部(実線) A

「AにはBがない」の英訳で思い浮かぶのは "There is no B in A" ですが、Musicを主語にして(A) "know" という (主に人に用いられる) 動詞を使うことで、音楽に「人間」の概念が生まれます。この概念により、音楽に国境はないと信じる「無垢な純真さ」や「懐の広さ」などの、「人間を形容する価値基準」が音楽自身に投影されます。これを応用すれば、"Music knows everything."（音楽はすべてをお見通しだ。）という表現も可能です。擬人化の工夫については、*[SP 17, 46]* も参考になります。

Apply it! これまでも、そしてこれからも

波線部は、過去～現在～未来を、一気に貫く表現です。現在完了（進行）形と、未来（進行）形を連続させることで、「これまでも、これからも」という耳に心地よいリズムとなり、同時に、企業としての一貫性をアピールできます。

> This is what we **have been doing** and **will do** in the future.
> これは、これまで我が社が行なってきたことであり、今後も行うものです。
> This philosophy is what we **have cherished** and **will cherish** forever.
> この理念は、これまでも、そしてこれからも、永遠に胸に刻むものです。
> Our market share **has been growing** and **will continue to grow**.
> 私どもの市場シェアは拡大してきましたし、これからも拡大を続けます。

Follow-up Advice

このようなスピーチでは、全員が納得する「普遍的価値」と、初代社長が描く「事業理念」のバランスに注意しましょう。本例では、音楽にまつわる普遍的価値に基づいて「幸せを売る」という事業理念を述べていますが、基礎となる価値観が曖昧だと、新社長の事業理念そのものの説得力が失われてしまいます。

Model Speech 21
海外現地法人へ後任社長として着任する

CD 1-21

あなたは、株式会社菊華化学の海外営業部次長。顕著な業績を上げてきたオーストラリア現地販売会社の社長の後任として、同社の新社長に就任することになりました。

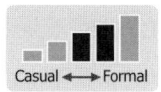

Casual ←→ Formal

Good morning, ladies and gentlemen. My name is [   ], and I am the new head of this company.

I had been in San Francisco with my family for five years before returning home to Tokyo last year. This is my third overseas assignment, and (A)this office is my new home. My first assignment was in Singapore. I must say that I am a very lucky person because Japanese business people working for overseas-oriented companies say the (1)"3S's" are the best places in the world when it comes to working overseas. The 3S's are Singapore, San Francisco, and Sydney. I know my family and I will find this beautiful town worthy* of this remark. I also hope that, together, we will make Sydney the best of the three in terms of business for Kikka Chemical Co.

Before leaving our Tokyo head office, my boss told me about Mr. Katoh, my predecessor, (2)**with whom you achieved superb, unprecedented sales results**. Although it is a tough act to follow, I will do my best to maintain the standards set by Mr. Katoh and you. I have much to learn, and I look forward to receiving the benefit of your knowledge and advice. Thank you for your warm welcome.

*worthy /wə́ːði/ ～に値する（発音注意）

One Point 人柄の良さをアピールすることが大切です。終始、笑顔を忘れずに。

▼皆さん、おはようございます。[   ]です。当社の新しい社長として参りました。▼昨年、東京本社へ戻る前には、家族ともども５年間サンフランシスコにおりました。今回は３度目の海外駐在で、ここが私の新しい我が家というわけです。最初の駐在はシンガポールでした。私は、自分がとてもラッキーな人間だと言わなければなりません、なぜなら、海外志向の強い会社で働く日本のビジネス・ピープルは、海外駐在であれば「３つのＳ」が最高の都市だと言うからです。３つのＳとは、シンガポール、サンフランシスコ、そしてここシドニーです。家族も私も、この美しい都市がこの言葉にふさわしいことを知ることでしょう。また、皆さんとともに、このシドニーを菊華化学の販売高では３都市で一番にしたいと思っています。▼東京の本社を発つ前に、私の上司が、皆さんと共に前人未到

の素晴らしい販売成績を達成した前任者、加藤さんについて話してくれました。それに続くのは大変かと思いますが、加藤さんと皆さんによって作られた水準を保っていけるよう、ベストを尽くします。学ぶことが多くあります。皆さんの知識、知恵、そしてご助言をいただけるよう期待しています。温かい歓迎をありがとうございました。

Clues ※下線部（点線）1 & 2

(1) 話題を「3」で整理する「3点ルール」の応用です。いくつかの都市を紹介する場合には、頭文字の一致に限らず、その町の文化や地形、商業の特徴などから3つの共通項を探して、紹介すると良いでしょう。→ *[Tip 8]*

(2) 優れた前任者の話をする際に、「あなた方が素晴らしい業績を上げるのを共にした人」という表現をしています。前任者の功績を認めつつも、聴衆を話題の中心に置くことで、聴衆との一体感（共感）が高まります。→ *[Tip 4]*

Concept ※下線部（実線）A

(A) "home" には「家族」の概念があります。初対面の聴衆に対して、新しい職場を「我が家」と表現することで、その場所に「人」の温かさや、「家族」の一体感を演出しています。我が家の比喩には、house もありますが、house の場合には「建造物」の概念が強いため、"This is my new house." （ここが私の新しい家。）と言うと、単に事務所の「居住性」や「物理的な新しさ」を訴えているように響きます。

Apply it! 話の先に興味を持たせる完了形

波線部の過去完了形は、「その後に何があったのか」に聴衆の関心を誘う表現です。サンフランシスコに5年いて、「それでどうしたの？」というように「話の続き」に興味を持たせる役割を果たします。スピーチにおける「完了形」は、「その結果として何が言いたいのか」を訴える時に使用すると効果的です。

> Our challenge **has not finished**. We are halfway to reaching our target.
> 我々の挑戦は終わっていません。（だから）目標到達にはまだ道半ばなのです。
>
> We **had managed** 10 shops in London. The new one was also a success.
> ロンドンで10店舗も経営していました。（それで）新店舗も成功しました。

Follow-up Advice

着任初日の挨拶ですから、堅苦しい経営の話よりは、自分という人物を聴衆に理解してもらえるような話題を選ぶべきでしょう。難しい仕事の話は後からいくらでもできますが、不本意にも「仕事第一主義の堅物」という第一印象が染み着いてしまうと、それを拭い去るには相当な時間と苦労が必要になります。

Model Speech 22
新たな海外拠点で社長に就任する

CD 1 22

あなたは、イースト電機株式会社に勤務する国際電気通信の技術責任者。このたび同社が開設した海外現地法人の初代社長に就任することとなり、現地社員に挨拶をします。

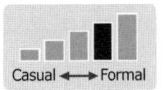

Casual ←→ Formal

Ladies and gentlemen, as Paul has said in his introduction, I have been transferred to this position from the information network department of East Electric Co., Ltd. This is my second overseas assignment. Still, **(1) I wonder why an ordinary engineer like myself has been appointed president** of this company. Whatever the reason, I thought it was a worthwhile challenge, and I accepted it. I am excited to meet all of you in this brand-new office.

This company will offer import-export documentation services and trade-related information aimed at promoting trade between Asia and the rest of the world. **(2) In other words**, our goal is (A) to generate a new, smooth flow of business information from Hong Kong to the world. Our new services will enable transmission of custom clearance and other import-export documents to customs offices, simplify the acquisition of certificates of origin, and speed up access to trade-related data.

I believe our new company will demonstrate (B) our ability to streamline today's somewhat complicated international trade practices. I look forward to working with you and doing my part to make this company a productive and profitable business center. I hope you give me your full support.

One Point　出だしは穏やかに。中盤から気持ちを盛り上げて、終盤の「自信」を語りましょう。

▼ポールからの紹介にありましたように、私はイースト電機の情報通信課からこちらへ派遣されました。これで2度目の海外勤務です。しかし、いまだになぜ私のような平凡な技術屋が、当社の社長に選ばれたのか分かりません。理由はともあれ、挑戦してみるだけの価値はあると思い、引き受けた次第です。真新しい事務所で皆さんと出会えて、わくわくしております。▼この会社は、アジアと他の世界を結ぶ貿易の促進を目的とし、輸出入書類に関する支援サービスや貿易関連の情報を提供することになっています。言い換えますと、私たちのゴールは、ここ香港から世界へ向けて、新たな、そしてスムーズな情報の流れを生み出すことです。私どもの新しいサービスは、通関書類やその他の輸出入書類を税関へ電送し、原産地証明書の取得を簡略化し、そして貿易関連のデータへのアクセスを速

102

めることを可能にするのです。▼今日の、ともすると複雑な国際貿易慣行を円滑化する私たちの能力を、この新しい会社が実証するものと、私は信じています。私は、皆さんと共に働くこと、そしてこの会社を、生産的で、利益を生み出すビジネス・センターにする務めを果たすことを、今から楽しみにしています。ぜひ皆さんの力をお貸しください。

Clues ※下線部(点線) 1 & 2

(1) 日本人の美徳とも言える謙遜ですが、これがユーモアのある謙遜として受け入れられるためには、当然ながら話者が優秀であることと、この言葉が冗談だと分かるように、口調を変え、顔の表情もおどけて見せる工夫が必要です。→ *[Tip 18]*

(2) 直前に述べた内容を、分かりやすく言い換えて繰り返す際の定型表現です。単純な言葉ですが、聴衆の注目を引き寄せるきっかけになります。→ *[Tip 16]*

Concept ※下線部(実線) A & B

(A) "flow" には「流体」の概念があります。まるで清流のように、新しく、よどみの無い情報の「流れ」を「生み出す」(generate)新事業の理想形を、この「流体」の概念によって演出しています。また、(B) "streamline"(流線化する)も同じ概念を受け継ぐもので、スムーズな川の「流れ」のごとく、これまでの複雑な仕事が「滑らかに」進む様子を、視覚的に表現しています。

Apply it! あるべき形から抱負を語る

波線部の "make" は、何かを「ある状態(形容詞)」または「あるもの(名詞)」にする、という意味です。就任の抱負や、新商品の性能、今後の展望を語る時、その「理想とする姿」を明言することができるので、明解なイメージを与えられます。

> Our vision will surely **make** the whole industry **more advanced**.
> 我が社のビジョンは、必ずや業界全体をさらに進化したものにします。
>
> We will **make** this design **a new prototype** for the future.
> 私どもは、このデザインを未来に向けての原型モデルと位置づけます。
>
> I will **make** this branch **our new landmark** in the city.
> 私は、この支店をこの街の新しいランドマーク(街の象徴)にしてみせます。

Follow-up Advice

国際ビジネスの場面における謙遜の表現は、その「程度」に十分注意することが必要です。自分や会社、自社の商品を必要以上に卑下すると、「ならば不適切じゃないか」との思わぬ誤解につながります。大げさな謙遜よりも、根拠のある自信を示す方が、ビジネス・リーダーとしての存在感をアピールできるでしょう。

Model Speech 23
海外支店の統括責任者に就任する

金融機関に勤務するあなたは、拡大するアジア経済に対応するため、シンガポール支店の総責任者に任命されました。就任にあたり、全従業員に、激励を込めた挨拶をします。

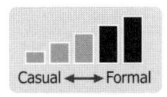

Good morning, **my friends**. As you may already know, our top management views Singapore as a central gateway to ASEAN countries. Our bank is well aware of the advantages of setting up operations here in this area. Therefore, the management has decided to boost the number of traders in our foreign-exchange operations in Singapore. It is a bold step forward in this growing Asian market.

As a part of this grand plan, I have been appointed as managing director of this office. I was a senior dealer at the headquarters for more than 20 years and directed the overall foreign exchange operations in Tokyo.

Needless to say, Singapore is a growing market that demands a substantial presence with a complete staff of specialists. From Singapore, with its excellent infrastructure, we are well suited to do business in the Asia-Pacific region. This Singapore office is a base for expanding our business in this attractive region.

We must rise to the expectations of the top management, and I know we can fulfill* our duty. With your assistance, I would like to make this office one of the top ranking banks in Singapore. I believe we can meet the goal together. Thank you.

*fulfill /fulfíl/ 果たす、満たす

One Point　部下の意欲を鼓舞する、勇ましい表現でまとめています。堂々と語ってください。

▼皆さん、おはようございます。すでにご存じかとは思いますが、当行の経営幹部は、シンガポールをASEAN諸国への入口と見ています。当行は、この地域で事業を展開することの有利性を十分認識しており、ゆえにシンガポールの外国為替ディーラーを増強する決定をしました。それは、成長するこのアジア市場における確かな一歩です。▼この大きな計画の一環として、私が当店の統括責任者に任命されました。私は、東京で20年以上、シニア・ディーラーとして為替業務全般を指揮してきました。▼言うまでもなくシンガポールは、専門家が揃う確かな（銀行の）存在を必要とする、成長市場です。素晴らしい経済基盤を有するシンガポールは、ここから我々がアジア太平洋地域でのビジネスをするには

Model Speech 23 海外支店の統括責任者に就任する

最適です。このシンガポール店は、この魅力的な地域でのビジネス拡大のための基地なのです。▼経営陣の期待に応えなければなりませんが、私たちはその義務を果たせるものと存じます。皆さんの支援を得て、私はこの店をシンガポールでトップ・クラスの銀行にしたいと思っています。この目標は、皆さんと共に、成し遂げられると信じています。ありがとうございました。

Clues ※下線部(点線) 1 & 2

(1) "my friends" という呼びかけで、社員に対する親しみを伝えています。→ *[Tip 4]*

(2) こうした思いは「暗黙の了解で伝わる」と思いがちですが、それを明言することで、全体の士気を高めています。「自身が選ばれた理由」は第2段落、「当地で任務を果たす意義」は第3段落で、それぞれ必要な説明を終えています。→ *[Tip 2]*

Concept ※下線部(実線) A〜C

(A)(B)(C)の表現に共通するのは、「冒険」の概念です。(A) "gateway"(玄関口)から「出発」し、(B) "bold step"(確かな歩み)を踏みしめながら「前進」して、(C) "goal"(目標)を目指して最終的な「目的地」に到達する、という流れが演出されています。「冒険」の概念は、大きな任務を控えた、就任や設立記念のスピーチでよく用いられます。

Apply it! 役職の英訳は職務の「内容」から

波線部にあるような「役職」は、肩書きの直訳ではなく、実際の職務内容に合致した英語をあてる方が良いでしょう。以下の一例では、Manager から Director へと職位が上がっています。なお、CEO(最高経営責任者)は、職務の権限を表しますので、「CEO＝社長」という解釈は必ずしも正確ではありません。

会　長	Chairperson	事業部長	Divisional General Manager
社　長	President	部　長	General Manager
副社長	Executive Vice President	次　長	Deputy General Manager
専務取締役	Senior Executive Director	課　長	Manager / Section Chief
常務取締役	Junior Executive Director	係　長	Team Leader
取締役	Director	工場長	Plant Manager
相談役	Advisor / Counsellor	支店長	Branch Manager

Follow-up Advice

「常務取締役」は、日本ではよく Managing Director (MD) と訳されますが、ヨーロッパで MD と言えば、日本の「社長」に相当する場合が多くあります。同様にアメリカの Vice President が日本の「部長」に近い職務であることもあります。スピーチでは、必要に応じて職務内容を具体的に説明すると良いでしょう。

Model Speech 24
商社の海外支店長として着任する

株式会社七和物産の営業部で活躍してきたあなたは、これまでの国際経験を買われ、インド・ムンバイ支店の支店長を命じられました。現地従業員を前に着任の挨拶をします。

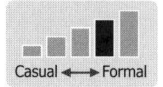

As the new branch manager of the Mumbai office, **I would like to say, "Thank you very much for your warm welcome!"** As a matter of fact, this is my second assignment in India. I was in New Delhi about 20 years ago. Coincidentally, my boss at the New Delhi office at that time was Mr. Nakata, my predecessor at this office.

As the new branch manager, I will make every effort not to let the accomplishments of Mr. Nakata go to waste. I hope every one of you will give me your full support. I will welcome any new ideas for improvements which you can offer, and I would like to keep our decision-making process aboveboard. Let us put into practice any new ideas that will help make our new projects bear fruit.

Although Nanawa Bussan is a Japan-based company, we do not view ourselves as a Japanese company. We are a multinational company, with offices in 30 countries. Our office, in particular, is expected to play an important role because of ever growing Asian economies. I will do my best to make this office a fully contributing member of the Nanawa international family. Please help me. **I will not let you down.**

One Point　中盤から本人の主張が強く出ますので、冒頭の親しげな雰囲気を最後まで保ってください。

▼当ムンバイ支店の新支店長として申し上げます。「温かく迎えてくれて、本当にありがとう！」実は、これで２度目のインド勤務になります。20年ほど前には、ニューデリーにおりました。偶然にもその時、ニューデリー支店での私の上司が、この支店の前任者である中田さんだったのです。▼新しい支店長として、中田さんの功績が無駄にならないよう、あらゆる努力をするつもりです。皆さんお一人おひとりからのご協力を、どうかよろしくお願いいたします。皆さんからの、改善に向けた提案を歓迎しますし、ガラス張りの意思決定プロセスを維持するつもりです。私たちの支店の新しいプロジェクトが実を結ぶように、新しい考え方を実行に移していきましょう。▼七和物産は日本が本拠地の会社ではありますが、私たちは日本の会社だとは思っていません。我が社は30か国に事務所

Model Speech 24　商社の海外支店長として着任する

有する、多国籍企業なのです。成長を続けるアジア経済ゆえ、このムンバイ支店には、特に重要な役割が期待されています。私はこの支店を、国際的な「七和ファミリー」の中でも真に貢献しうる一員にするよう、全力を尽くします。ぜひご協力ください。私は決して皆さんをがっかりさせるようなことはいたしませんから。

Clues　※下線部（点線）1 & 2

(1) 自分の言葉をあえて引用符で囲んだのは、「スピーチをする自分」の中で、「別の自分」が登場するような新鮮さを演出するためです。"I would like to say" の後で、少し表情を変えて、笑顔で呼びかけると効果的です。→ *[Tip 22]*

(2) 読み方によって、印象が大きく変わる文章です。理想的なのは、笑顔でゆっくり語り掛けるような口調です。早口で無表情だと「自信過剰」な印象を、イントネーション（抑揚）が上下に動き過ぎると「軽薄」な印象を与えます。→ *[Tip 21]*

Concept　※下線部（実線）A〜C

(A)(B)(C)は、いずれも無形物に「物体」の概念を与え、それにより視覚的な効果を生み出す表現です。(A)は功績が廃棄へと「（実際に）向かっていく」様子、(B)は意思決定が（手元で隠されず）「（実際に）盤上に存在する」様子、(C)はプロジェクトが「（実際に）実を結ぶ」様子を、それぞれ演出しています。これらを、(A) spoil（ダメにする）、(B) disclose（公表する）、(C) succeed（成功する）という一般的な単語で置き換えてみれば、元々の英文が持つ視覚的な演出効果がよく分かります。

Apply it!　意図的な矛盾で引き出す緊張感

波線部は、後続の説明を聞くまでは矛盾のように聞こえます。これを応用すれば、あるモノの意外性を強調し、「えっ、どういうこと？」という聴衆の関心を集めることができます。ただし、直後に続く文章で、その真意を補足してください。

> **Although** this can staple papers, **we do not view it as** a stapler.
> 　ホチキス留めができますが、我々はそれをホチキスだとは考えておりません。
>
> **Although** we are from Japan, **we do not view ourselves as** Japanese.
> 　日本から参りましたが、私どもは、自身を日本人だとは思っておりません。

Follow-up Advice

本例で登場する「提案制度」などは、文化や宗教、慣習などの違いから、受け入れられにくい国や地域もあります。また、支店独自の歴史的背景も影響します。これらを知らずにいると、自分の努力が無駄になるだけなく、逆にマイナスの印象を与えかねません。着任前後は、常に情報のアンテナを広げておきましょう。

Model Speech 25
新入社員として勤務を始める

あなたは、エンジニアとして就職します。勤務初日に、直属の上司であるスコット氏があなたの基本的な人物紹介をしたあとで、部署のメンバーにあなたが挨拶をします。

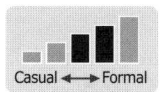

Thank you, Mr. Scott, for your gracious words of introduction. Good morning, everyone. My name is [   ], and I am very happy to receive your warm welcome as a new member of Fine Tech, Inc.

When I was a child, I was very interested in taking various items apart. Alarm clocks at home were the frequent victims of my curiosity, which often made my parents go crazy. That was the very start of my life as an engineer. This annoying curiosity of mine has turned into a very valuable skill as I start off my career as a professional engineer with you today.

As a start-up engineer, I will not spare any effort to try and learn new things to play my part in this division. Please let me ask for your heartfelt support and kind assistance. Thank you very much once again for your welcome this morning. I am truly looking forward to working with you.

【抄訳】素晴らしいご紹介に感謝します。[   ]です。ファイン・テック社に歓迎いただき光栄です。▼子供の頃、私はいろんな物を分解するのが大好きでした。目覚まし時計が私の好奇心の犠牲となり、よく両親を怒らせました。それが私の、技術者としてのスタートでした。迷惑千万な私の好奇心も、プロの技術者となる今日には、とても有意義なスキルとなりました。▼新人技術者として当部署での職務を果たすため、私は新しいことに挑戦し、学ぶ努力を惜しみません。温かいご支援をよろしくお願いいたします。歓迎ありがとうございます。一緒にお仕事ができるのが楽しみです。

Clue ※下線部

物語調(storytelling)の演出で、個人的な逸話を描写しています。→ *[Tip 14]*

Follow-up Advice

第一印象を決める挨拶です。笑顔と目線(→*[Tip 22]*)に注意しましょう。本例のように「仕事への愛情」を主題にする場合は、この職業を選んだきっかけにまつわる象徴的な逸話を披露すると良いでしょう。なお、冒頭の "gracious"(素晴らしい)は、紹介者に対する敬意がこもった美しい言葉です。

Model Speech 26
人事異動で新たな部署に着任する

CD 1 26

情報設備会社の技術畑で7年間勤務してきたあなたが、このたび広報部に異動になりました。顔なじみも多い新部署で、明るくユーモラスな人柄があふれる挨拶をします。

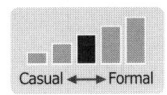

Casual ←→ Formal

Thank you for your generous introduction. I wish I were as talented as Martin has told you I am. Good morning, everyone. I am glad to see some familiar faces here. Thank you for your warm welcome.

As you know, I am a computer technician. **For these seven years, I have designed networks that connect computers, but I have never written newsletters that connect people.** I have no clue* why I am here in the public relations office. Still, I like to challenge myself, so I've decided to say good-bye to cables and pliers and to use pencils and erasers instead. I have four words that I must say to you this morning. They are, "I Need Your Help."

I sincerely wish to make a contribution as one of the new members of this thriving team in our company. I will do my very best. At the same time, I will always appreciate your kind assistance.

*clue /klúː/ 手がかりとなるもの

【抄訳】マーティンからご紹介いただいた言葉通りの才能が、私にあればいいのですが…。馴染みの顔が見られてうれしいです。歓迎に感謝します。▼ご紹介の通り、私はコンピューター技術者です。7年間、PCをつなぐネットワークの設計はしましたが、人をつなぐニュースレターなど書いたことがありません。なぜ広報部なのかよく分かりません。でも挑戦が好きですから、ケーブルとペンチを捨てて、鉛筆と消しゴムを使う決心をしました。どうかお力をお貸しください。▼この素晴らしいチームの一員として貢献したいと願っています。精一杯やります。ご支援のほど、お願いします。

Clue ※下線部

「PCをつなぐ経験あり」と「人をつなぐ経験なし」という事実を、対比による文章構造で表現しつつ、同時に、自身の業務経験を紹介しています。→ *[Tip 16]*

Follow-up Advice

本例は、聴衆に顔見知りが存在する部署での挨拶ですから、「かしこまった」というよりは「リラックスした」雰囲気を反映した表現が並びます。すべての聴衆が初対面の場合(→*[SP 25]*)とは、スピーチ全体の雰囲気が異なります。

Model Speech 27
新任の支社長を現地営業部長が紹介する

CD 1 27

あなたはヤマト工業株式会社・シカゴ支社の営業部長。このたび、あなたの先輩が同支社長に着任することになり、あなたからひとこと紹介をすることになりました。

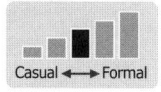

Casual ←→ Formal

Good morning, ladies and gentlemen. I am very happy to introduce our new boss, Mr. Takashi Sugawara, to you this morning. He arrived in Chicago just last night, and I am afraid he is probably still suffering from jet lag.

I am particularly happy to welcome him to our Chicago office **because he was actually my sempai, my direct senior**, at our Tokyo office as well as at our school. When I first entered Yamato Industry Co., Ltd., he was already the section manager of the international sales division and traveling around Europe. Because of his good command of English and good business sense, he had already won the confidence of the management.

I am sure that his appointment here and his presence at this Chicago office will benefit us and Yamato as a whole. With his very capable management, **I believe we can expand our share in the East Coast market**, where until now we have had a somewhat* weak presence.

Let me add a few things. He is an excellent golf player, but he is an even better mahjong player. I warn you all that you should be very careful when he invites you to his home on Sunday afternoon. Well, a few words please, Mr. Sugawara.

* somewhat /sʌ́m(h)wàt/ いささか、いくらか

___
One Point 　新しい幹部を迎える瞬間は、聴衆も緊張しています。まずは普段通りの笑顔で始めましょう。
___

▼皆さん、おはようございます。今朝は、皆さんに私たちの新しいボスである菅原高志さんをご紹介するのをうれしく思います。昨夜、シカゴへお着きになられたばかりで、まだ時差ボケが抜けていないのではないかと心配をしています。▼実は同氏は、学校でも会社でも私の「センパイ」でありますので、その先輩を我々のシカゴ支社にお迎えできるということを、とりわけうれしく思っております。私がヤマト工業へ入社した時、菅原さんはすでに国際販売部の部長で、ヨーロッパを駆け巡っておられました。巧みな英語力と鋭いビジネスの勘で、先輩はもうすでに経営陣の絶大な信頼を勝ち得ていたわけです。▼このたびのご着任と当シカゴ支社における彼の存在は、我々とヤマト工業全体にとって価値あるものになると私は確信しています。これまでは、どちらかというと弱かった我々の東海

Model Speech 27　新任の支社長を現地営業部長が紹介する

岸市場でのシェアも、菅原さんの優れた経営管理能力によって拡大できるはずです。▼ひとことだけ付け加えさせてください。先輩はゴルフも大変お上手ですが、優れた「雀士」でもあります。皆さん、日曜の昼下がりに、彼が皆さんをご自宅に招待された折には、どうか、くれぐれもお気をつけください。それでは菅原支社長、ひとことお願いいたします。

Clues　※下線部(点線) 1 & 2

(1) 紹介相手との接点を述べて親しみを演出しています。出身校や居住地域、趣味、家族構成など、紹介相手と共通する「話の素材」を探してみましょう。→ *[Tip 6]*

(2) ここで「シェア拡大の確信」を語るまでに、すでに新支社長の経歴、語学力、ビジネス・センス、経営手腕を挙げ、その確信に至る根拠を示しています。→ *[Tip 7]*

Concept　※下線部(実線) A & B

(A) "good command of English" は「優れた英語力」を意味する定型表現ですが、"command" には、(戦いを制する)「支配」の概念があるため、英語力があるという事実よりも、英語を思いのままに「操る能力」が強調されます。本例では、(A) "command" と (B) "won" (win) に共通する「戦い」の概念によって、英語力を「支配下」(command) に置き、経営陣の信頼を「勝ち取った」(won) というイメージが演出されています。菅原氏が厳しい企業戦線を勝ち抜いて来た「英雄」のように感じられる背景には、こうした概念の仕掛けが隠されているのです。

Apply it!　あの人にこんな意外な一面が

波線部は、「Aも凄いが、Bも凄い」という表現です。文章は至って簡単な構造ですが、Aに平凡(既知)なもの、Bに非凡(未知)なものを当てはめると、思いのほか使用用途の広い、時にユーモラスな表現を作ることができます。

> His choice of restaurants **is great, but** his cooking **is just superb**.
> 　彼のレストラン選びは素晴らしいですが、彼の手料理も抜群なんですよ。
> Her taste in music **is very interesting, but** her singing **is so gorgeous**.
> 　彼女の音楽の趣味は面白いですが、彼女の歌声は本当に絶妙ですから。

Follow-up Advice

誰かを紹介する時は、紹介される人が話しやすい空気を作ることを心がけてください。本例の場合には、機転の利く菅原氏であれば、冒頭で "Will you be free this weekend?"(君、この週末は空いてるかね?)と早速、誰かに尋ねるフリをして場を盛り上げてくれることでしょう。紹介者から紹介される人へ、話のバトンをつなぐようなスピーチができるように、ひと工夫してみましょう。

1　社内関連のスピーチ(紹介)

111

Model Speech 28
自身の職位を継ぐ後任者を紹介する

CD 1 / 28

あなたは海外支店の支社長を5年間務め、赴任期間を満了して日本に帰国することとなりました。新支社長との引継ぎを終え、支社のスタッフを集めて後任者を紹介します。

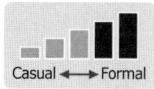

Casual ←→ Formal

Good morning, ladies and gentlemen. As you know, I will be returning to Japan at the end of this month. Mr. Watanabe, who is now visiting with us, will take over my position here. I would like to tell you a little something about **this young, talented gentleman** now.
(1)

Mr. Watanabe graduated from Waseda University in Tokyo in 1990 with a master's degree in computer science. He joined our company, SBC, upon graduation and has been steadily promoted. He has traveled all over the world as a sales manager of each region. For example, he has spent six months to a year each **in France, the U.K., Spain, Hong Kong, Taiwan, and more**. Mr.
(2)
Watanabe speaks English and Spanish very well and a little Chinese, too. I am sure you will find his business experience as a qualified engineer and salesperson a great help with future projects.

He is a very good golf player, maybe the top of all SBC employees in Japan. However, when he is not participating in that weekend ritual of Japanese business people, he pivots 180 degrees and is an avid bird-watcher. The two
(A)
beauties in his life, Mrs. Watanabe and their daughter Miki, will be arriving next week from Fukuoka, Japan. Now, **Watanabe-san**, please.
(3)

One Point　時折、紹介する人物に目線を向けながら話すと、紹介者の心の余裕を演出できます。

▼皆さん、おはようございます。すでにご存じの通り、私は今月末に日本へ帰ります。今こちらにいらしている渡辺さんが、私のポジションを引き継がれます。この、若くて、有能な男性について、少しばかりお話をいたします。▼渡辺さんはコンピューター・サイエンスの修士号を取得され、1990年に早稲田大学を卒業されました。卒業後、当社SBCに入社され、以来着実に昇進されて現在に至っています。各地の営業責任者として世界中を巡り、たとえばフランス、イギリス、スペイン、香港、台湾、その他多くの国と地域に、それぞれ半年から1年間滞在されました。渡辺さんは英語とスペイン語が流暢で、中国語も少し話されます。彼の有能な、技術者およびセールス・パーソンとしての経験が、今後の計画の大きな力となることを、皆さんもお分かりになると思います。▼彼はゴルフが大

Model Speech 28　自身の職位を継ぐ後任者を紹介する

変お上手で、恐らく日本のSBC社員の中では一番でしょう。しかし、日本のビジネス・ピープルの週末儀礼であるゴルフをされない時には、ガラリと180度転身し、熱心なバード・ウォッチャーになられます。来週には、ご自身の生涯を飾るお二人の美女、渡辺夫人とお嬢様の美紀さんが福岡から到着されるそうです。それでは渡辺さん、お願いいたします。

Clues ※下線部（点線）1〜3

(1) この程度であれば、お世辞ではなく自然な尊敬の表現となります。手のひらを上にして、紹介相手の方に手を差し伸べながら笑顔で紹介します。→ *[Tip 22]*

(2) 例を挙げることで、具体性のレベルを上げています。単に "in many countries and regions" と言ってしまうと、漠然とした印象だけが残ります。→ *[Tip 9]*

(3) 最後の「〜さん」は、"Mr. 〜" や "Ms. 〜" とは趣の異なる親しみを伝えられます。聴衆が日本語の敬称を理解でき、紹介相手を「〜さん」と呼ぶことが失礼でない場面ならば、会場の一体感を高めるコツとして活用できます。→ *[Tip 4]*

Concept ※下線部（実線）A

(A) "pivot" は「中心軸」の概念を持つ言葉です。蝶番が芯を中心にパタパタと動くように、何かが変化する様子を表現します。(A)の場合は180度ですから、文字通り「クルリと」変身するかのような変化が表現されるわけです。また、この "pivot" という単語が名詞で使われると、常に動作の中心に位置するモノという概念から、何かの「中心的存在」という比喩にもなります。

Apply it! 大学や大学院の学位を紹介する

波線部は、"[bachelor's / master's / doctoral] degree in 〜" で、「〜分野の［学士/修士/博士］号」という意味になります。以下で、"〜" に入る一例を紹介します。

commerce 商学	politics 政治学	education 教育学	business administration 経営学
economics 経済学	architecture 建築学	engineering 工学	environmental sciences 環境科学
law 法学	linguistics 言語学	nursing 看護学	human sciences 人間科学

Follow-up Advice

後継者の経歴をもとに構成された人物紹介は、話者と紹介相手との接点が少ない場合や面識が浅い場合でも、格調のあるスピーチになります。また、公式な場面では、in many countries（多くの国々）と in many countries and regions（多くの国々と地域）の表現は、正確に使い分けるように心がけましょう。

Model Speech 29
前任者の紹介を受けて挨拶をする

CD 1 - 29

事務機器メーカーに勤務するあなたは、海外現地法人の社長の帰国を受けて、同法人の新社長に就任することとなりました。前任者の紹介を受けて、社員に挨拶をします。

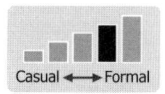

Casual ←→ Formal

Thank you, Mr. Suzuki, for your wonderful introduction. Good afternoon, ladies and gentlemen. My name is [　　]. For the next five years, I will be the head representative* for Nippon Office Machines of America, Inc. I must say that it will be nice to finally be in one place for five years. **Not only am I** **but also my family is pleased** with this appointment.

According to Mr. Suzuki and the reports I have gone over, all aspects of the business are going in the right direction. This has resulted in a growing profit margin over the last two years. You are all doing an excellent job, which I am sure will continue throughout the coming years.

I am fully aware that you have reached such a success with Mr. Suzuki, whom you supported. I will do my best to learn all I can about the new job and to maintain the standards set by him. I hope you will give me the same support as you did Mr. Suzuki.

As mentioned in his introduction, I hope you will be kind enough to help my family and me settle in soon. I look forward to working with you and continuing the company's great success. **Thank you for your support.**

* representative /rèprɪzéntətɪv/ 代表者、担当　／　** "Not only" によって I am が倒置されたものです。

One Point　自信に満ちたスピーチです。自信過剰な印象を与えないよう、終始笑顔で話しましょう。

▼鈴木さん、素晴らしいご紹介をいただき、ありがとうございます。皆さん、こんにちは。私が [　　] です。これから5年間、アメリカNOM社の社長を務めます。5年間同じ場所にいることになるというのは、何とも素敵なことですね。私だけではなく家族も、今回の任命を喜んでおります。▼鈴木さん、それとこれまでに目を通した報告書、その両方によれば、現在のビジネスはすべての面で良い方向に進んでいるようです。それが過去2年間にわたる利益増に表れています。皆さんは、実に素晴らしい仕事をなさっているわけで、それがこれからも続くと信じております。▼皆さんが支えてこられた鈴木さんと共に、皆さんがこれほどの成功を達成されたのだということを、私はよく承知しています。私も新しい仕事でできる限りのことをし、鈴木さんが打ち立てられた業績水準を維持するよう努

114

Model Speech 29　前任者の紹介を受けて挨拶をする

めます。どうか皆さん、鈴木さんと同様、私にもぜひご支援をいただければ光栄です。▼先ほどのご紹介にもありましたように、私の家族と私自身が早くこちらに落ち着けるよう、お力を貸していただければ幸いです。皆さんと共に働き、我が社の成功を継続させるのを楽しみにしております。皆さんのご協力に感謝いたします。

Clues　※下線部(点線) 1 & 2

(1) 5年間の任務を快く思う理由として、家族の意向に触れています。笑顔で家族との円満な関係を紹介することで、人間味のある人柄を演出しています。→ *[Tip 5]*

(2) ビジネス英語では、このように、今後の行為に対して事前に感謝を述べることがあります。たとえば、"Thank you [in advance] for your assistance."（お力添えに [前もって] 感謝申し上げます。）といった表現自体は丁寧なのですが、部下など「当然その行為が期待できる相手」以外に対して使用すると、場合によっては「厚かましい人」という誤解を生み、場の空気が悪くなることがあります。→ *[Tip 28]*

Concept　※下線部(実線) A & B

(A) "direction" には、「旅」や「冒険」の概念があります。企業活動は目に見えませんが、これまでに多くの「岐路」を経て、正しい「方向」に向かっている同社の様子が、この言葉によって絵に描かれるかのように伝わります。(B) "reach" にも同じ概念がありますので、日々の事業活動の「道程」を経て、素晴らしい成果に「到達」できている様子が、目に浮かぶように描写されるわけです。

Apply it!　親切な「あなた」にお願いをする

波線部を直訳すると、「あなたは〜するのに十分親切でしょう」という意味ですが、ここでは遠回しな依頼表現になっています。丁寧ですが、あくまでも「依頼」ですから、応用する際は、相手に失礼な印象を与えないかを確認しましょう。

> Will you **be kind enough to** visit our hands-on labs?
> 　　皆さん、ぜひ私どもの体験型スペースにご来場いただけませんか？
>
> We hope all of you will **be kind enough to** process the paperwork as soon as possible.
> 　　我々は、皆さんが早急にその書類を処理してくれることを願っています。

Follow-up Advice

一般に、アメリカでは営業成績を四半期ごとの数字で表します。本例では「過去2年間」と表現していますが、完全に経過した2年を正確に遡る場合には、"over the last eight quarters"（過去8四半期にわたり）という表現になります。"profit margin" は、「利益の幅」すなわち「利ざや」を意味しています。

Model Speech 30
新社長を現地スタッフに紹介する

あなたの駐在先である海外事務所に、就任したばかりの本社の新社長が挨拶に訪れました。あなたは、現地のスタッフを会議室に集めて、新社長を紹介します。

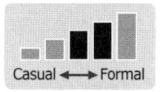

Ladies and gentlemen, it is a great pleasure to welcome Mr. Masaki Tada to our office. As you know, he was appointed president of DLC Co., Ltd. just last month. He has come here from Kobe to greet us today.

Mr. Tada has been working with DLC for the past 25 years. In addition to his vast* experience in management, his friendly character has helped him make many good friends in and out of the company in Europe, America, and Asia.

<u>Mr. Tada once told me</u>, "<u>Work hard not for the company, but for yourself with a dream, and you will become the person you want to be. The company will also grow and develop along with you.</u>" I don't know if becoming the president was his dream, but he has achieved his success as a businessperson. Now, let us listen to what he has to say as the new leader of the DLC family around the world.

* vast /væst/ 広大な、多大な

【抄訳】多田正樹氏をお迎えでき光栄です。同氏は先月、DLC株式会社の社長に就任され、本日は神戸からご挨拶に来られました。▼DLCには25年間勤務。その豊富な経営管理経験と親しみやすい性格から、ヨーロッパ、アメリカ、アジアに多くの友人をお持ちです。▼かつて彼は私にこう言いました。「会社のためではなく、自分のために夢を持って懸命に働けば、なりたい人になれる。それと共に会社も成長する。」社長就任が彼の夢だったかは存じませんが、ビジネスパーソンとしては成功されたわけです。世界のDLC全社の新リーダーとして、彼が何をお話しになるか、耳を傾けましょう。

Clue ※下線部

印象的な逸話（物語）を直接話法で披露することで、新社長の人間性の一端を紹介しつつ、二人の親交ぶりをさりげなくアピールしています。→ [Tip 14]

Follow-up Advice

自身の上役を紹介する際には、その人の模範的な側面を象徴するエピソードを披露すると良いでしょう。そのような逸話が思いつかない場合には、「その人から教わりたいこと」をいくつか具体的に述べると、自然な尊敬の念が伝わります。

Model Speech 31
部門のメンバーを新支店長に紹介する

CD 1 / 31

あなたが勤務する神戸支店に、カナダ本社から新支店長が着任しました。顔合わせの席で、あなたがチーフを務める顧客対応部門のスタッフを、新支店長に紹介します。

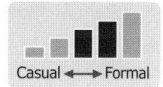

Casual ←→ Formal

Good morning, Mr. Webb. Welcome to the Kobe office! It is my pleasure to introduce to you these two intelligent, hardworking members in my customer relations section.

This is Ms. Katy Smith, in charge of international communications. She is
5　from New Zealand. **Her polite, impeccable way of communication with clients is her trademark.** And, this is Mr. Kazu Ikeda, who is in charge of domestic communications. **As you see, he is very friendly.** Kazu is a certified IT technician as well. The three of us in this section always work closely together to offer the best solutions for customers. After work, we often enjoy
10　karaoke together, so you are always welcome to join us.

Mr. Webb, we are very excited to work with you. I hope you will give us your kind support and advice.

【抄訳】ウェッブ支店長、ようこそ神戸支店へ！私の顧客対応部門の優秀な2人を紹介いたします。▼彼女は海外担当のスミスさん。ニュージーランド出身です。丁寧で完璧な顧客応対は彼女のトレードマークです。彼は国内担当の池田さん。とてもフレンドリーです。カズは認定IT技術者でもあります。当部門の私ども3名は、常に緊密に連携しながら、お客様にとって最高の解決策を提供しています。仕事が終わると、よく一緒にカラオケにも行きますので、いつでもご一緒ください。▼私どもは支店長と共に仕事ができ、大変わくわくしております。ご支援のほどよろしくお願いします。

Clue ※下線部

紹介する人物の象徴的な特徴を絞って、それぞれ覚えやすいポイントを具体的に述べています。「名前＋特徴」が人数分繰り返される構造です。→ *[Tip 9]*

Follow-up Advice

カラオケの話は余談のようにも思えますが、短いスピーチでも、このように場の空気を和げる工夫をしてみてはどうでしょうか。なお、自分自身を紹介する必要がある場合は、スピーチの冒頭部分で簡単に触れると良いでしょう。

Model Speech 32
帰国する支店長が別れの挨拶をする

CD 1 32　彦根物産株式会社シドニー支店長のあなたは、5年間のオーストラリア勤務を終え、日本に帰国することになりました。部下を集めて、最後の感謝の言葉を述べます。

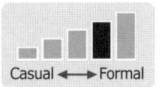

Casual ←→ Formal

　As you know, I will be leaving here soon for Japan to become the branch manager of our Nagoya office. Thanks to the <u>warm cooperation</u> (A) and the strong support you have given me, I have been able to carry out my duties. As the branch manager, **I have done all that I can** (1) for the expansion of our business here. I am happy that we have accomplished the expansion program, which my predecessor, Mr. Suzuki, began and asked me to take over when he left this office.

　<u>It is often said that</u> (2) luck, or happy coincidence, turns a business into success. <u>Maybe I am a lucky person</u> because I have had such successful business here. I know too well, however, that it is not luck, but ability, with which one achieves success. It was you and your constant support that has brought such success.

　I leave you now with **three thoughts** (3); I feel "pride" at having served with you, "sadness" that I shall not be working with you on a day-to-day basis any longer, and "confidence" that you will continue to keep this office <u>at the forefront of the international effort</u> (B) to contribute to the expansion of world trade. Thank you very much, and my sincere good wishes to you all.

One Point　実績から、感謝、別れへと話題が推移します。適宜気持ちを切り替えながら話しましょう。

▼ご存じのように、私は名古屋支店の支店長に着任するため、間もなく日本へ戻ります。皆さんからいただいた温かいご協力と絶大なご支援のおかげで、私は自身の務めを果たすことができました。支店長として、当地での事業拡大のためにできることは、すべてやり遂げました。前任者である鈴木さんが始められた事業拡大計画は、同氏が本支店を去る時に私に引き継がれましたが、それを私たちが達成できたことをうれしく思います。▼運、あるいはよい意味での偶然がビジネスを成功させる、とよく言われます。多分私は運に恵まれた人間なのですね。なぜなら、ここでのビジネスを成功させられたからです。しかし、人が成功するかしないかは運ではなく、能力であることを私自身よく知っています。この成功をもたらしたのは、皆さんと、皆さんからの変わらぬご支援のおかげでした。▼私は

Model Speech 32　帰国する支店長が別れの挨拶をする

今、3つの思いを胸に、お別れをします。皆さんと共に勤め上げられた「誇り」、もうみんなと日々の業務を共にすることがないであろう「悲しみ」、そして皆さんがこの支店を世界貿易拡大に寄与する国際的努力の最前線として維持し続けるという「自信」、という3つの思いです。本当にありがとうございました。皆様のご多幸を心からお祈りします。

Clues ※下線部（点線）1〜3

(1) 過剰な謙遜ではなく、根拠ある自信を示すことが説得力を高めます。→ *[Tip 5]*

(2) 一般論を話題として持ち出す際の定型表現です。この話題が、後に続く3つの文章の基礎となる（論理的に支える）構造になっています。→ *[Tip 7]*

(3) 複雑な感情を3つに整理しています。これは、分かりやすさへの配慮であるとともに、必要なポイントを的確に絞り込める話者の知性を感じさせます。→ *[Tip 8]*

Concept ※下線部（実線）A & B

(A) "warm cooperation"（温かい協力）はありふれた表現なので、ここに比喩の存在を感じることは無いかもしれませんが、「協力」という目に見えない行為を、手に触れて温かいと感じることは不可能ですから、"warm" が「手に取って感じられるほど」に温かいという「物質」の概念を表現していることが分かります。同様に、(B) "forefront"（最前線）も本例では目に見えませんが、そう語ることで、「最前線の努力」が目に見え、手に取れるかのようなイメージが演出されています。

Apply it! 聞き手も喜ぶラッキーな謙遜

波線部からのくだりは、成功の要因を「周りの助けが得られた（という幸運の）おかげ」だと表現しています。これが事実であっても話者の謙遜であっても、スピーチの場を優しい空気で包む、気の利いた表現になります。

> "Maybe I am a lucky person because …
> all of you, as well as my talented secretary, have always been beside me.
> 　有能な秘書はもちろんのこと、皆さんがいつもそばにいてくれたからです。
> my predecessor had already done almost everything I had to do!
> 　前任者が、私がすべき仕事をすでにほとんど片づけてくれてましたからね！

Follow-up Advice

スピーチを聞き終わった後、話者に頼もしい印象が残るのは、話者が、やったことをハッキリ「やり遂げた」と断言しているからでしょう。もちろん、功績ばかりでは傲慢な印象になりますので、適度の謙遜や、他人への感謝、そして人間味のある「悲しみ」にも触れています。このバランスを味わってください。

Model Speech 33
帰国を控えた子会社社長が挨拶をする

あなたは、海外子会社の生産工場で10年にわたり勤務してきました。本社への帰任に際し、全社員を集め、様々な出来事を振り返りながら、社長として最後の挨拶をします。

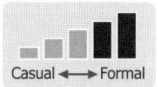

CD 1 33

Casual ◀——▶ Formal

This is my final day in this plant, and I do not want to leave without saying once again how deeply grateful I am to have served these past 10 years with you.

You have made them the best years of my life. **I will never forget** them, and **I will never forget** you. I hope that they have been good years for you as well. They have been good years because of what we have all been able to achieve together. Yes, we can, and should, be proud of what we have achieved together. Although the kinds of the products we produce here, and the places we ship our products to, **have changed** in the past 10 years, one thing **remains unchanged**. That is that this plant continues to produce the best quality electronic products in the world. This glorious achievement is engraved in these plaques on the wall as proof and is engraved firmly in my heart as well.

You have done a tremendous job. I know this because I asked a great deal of you. **You** outdid everything I ever asked. **You** exceeded every target. **You** surpassed every goal. **You** never slowed down, and **you** never gave up. I am very proud that my successor, as he will discover, is going to inherit such a marvelous staff like you. Thank you, all my friends, and good luck.

One Point　全体的にポーズ（間）は多めに取り、終始落ち着いた口調をキープしましょう。

▼今日は私がこの工場で過ごす最後の日になりますが、当地で過去10年間、皆さんと一緒に勤め上げられたことに対し、どんなに深く感謝しているかを述べずには立ち去れません。▼皆さんが、この10年を私の生涯で最高の10年にしてくれました。この年月を決して忘れません。そして、みんなのことを決して忘れません。この10年間が、皆さんにとっても良い年月であったことを望んでいます。皆さんと一緒になってこれまで成し遂げてきたがゆえに、良い年月であったのです。そうです、みんなと一緒になって成し遂げたこと、それを私たちは誇ることができ、また誇るべきなのです。ここで生産する製品の種類や出荷先は、この10年間で変わりました。でも変わらないものがひとつあります。それは、この工場が世界で最高品質の製品を生産していることです。この輝かしい栄光の証は、壁

に掲げられた表彰盾に刻まれ、またそれは、私の心にも深く刻み込まれています。▼皆さんは、本当に素晴らしい仕事をしてくれました。それは、多くのことをお願いした私自身がよく分かっています。皆さんは、私がお願いした以上のことをしてくれました。皆さんは、すべての目標を越えてくれました。皆さんは、目指すレベルを上回る成績を達成しました。皆さんは、決してペースを落としませんでした。そして皆さんは、決して諦めませんでした。私の後任者自身が気づくことでしょうが、皆さんのような最高のスタッフを彼が引き継ぐことを、私は大変誇りに思っています。本当にみんな、ありがとう。そして、お元気で。

Clues ※下線部(点線)1〜3

(1) 同じ表現を反復することで、「忘れない」気持ちを強調しています。→ *[Tip 16]*

(2) 「変わったもの」と「不変のもの」を対比し、印象的に語っています。→ *[Tip 16]*

(3) "you" を反復して聴衆への思いを強調しています。波のように繰り返す "you" に連動して、(控えめな)「強調のジェスチャー」を付けても良いでしょう。→ *[Tip 22]*

Concept ※下線部(実線)A

(A) "engrave"（彫る）は、「物体」の概念を伝えます。これにより、人の心（無形物）に思い出が「刻まれる」かのような様子が演出されます。直前の「表彰盾」には実際に文字が刻まれているため、心に「刻む」感覚が、より一層鮮明に伝わります。

Apply it! ダブルの助動詞が伝達を助ける

波線部では、助動詞を連続させて2つの思いを伝えています。これは、2つの助動詞を別々の文章に分けるよりも、はるかにスピード感があるため、話者の情熱的な感情や強い確信を訴える際に、よく用いられる技術です。

> This discovery **can, and will,** revolutionize the market.
> この発見は、市場を変革できますし、また変革するでしょう。
>
> We **should, and will,** appreciate the old to create the new.
> 我々が「新」を生むには、「旧」の価値を認めるべきですし、認めていきます。

Follow-up Advice

反復効果を多く取り入れたスピーチです。それにより、特に別れのシーンでは、その人の思いが耳にこだまするようなスピーチになります。本例では、"you" の繰り返しが「こだま」の作用を生んでいますが、あまり感情的に呼びかけると sincerity（誠実さ）が無いように聞こえますので、注意してください。

Model Speech 34
現地法人を退職する社員に謝辞を述べる

CD 1 / 34

現地の食品商社で、設立以来長年勤務した幹部社員が定年を迎えて退職します。あなたは創業時のスタッフを代表して、彼の功績をたたえ、送別と感謝の言葉を贈ります。

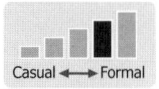

Casual ←→ Formal

(1) **I feel very sad that we have to say good-bye** to Mr. Annop, who is retiring from our company today. I am sure you all agree that his retirement means a great loss for the company.

(2) **In 1985**, we (A)established this company here in Bangkok with little knowledge of the market. We needed a man who knew a lot about the local market and the industry. One day, our chairperson, the company's founder, stopped by a restaurant for lunch. He met a young man working there and was very impressed with his wide knowledge of the food supply industry and his strong personal character. Our founder had a good intuition that this man could be a valuable member of our company. (B)It was the first page of our long relationship with Mr. Annop, and (C)it was the first page of our steady development, which Mr. Annop and we have built together. It was not the length of our relationship, but Mr. Annop's dedication, that has put him in the position of executive manager.

Mr. Annop, we will miss you very much. We want you to keep in touch with us and this office, in which there will be a place for you, whenever you come. Thank you once again for so many years of hard work.

One Point 様々な感情の言葉が登場します。それぞれに気持ちを込めて、丁寧に語りましょう。

▼本日我が社を定年退職されるアンノップさんにお別れを言わなければならないのは、本当に悲しいことです。彼の退職が我が社にとって大きな痛手であることは、皆さんも同感でしょう。▼1985年、私どもは市場に関する知識をほとんど持たないまま、ここバンコクに当社を設立しました。ある日、創業者である会長が、昼食のためレストランに立ち寄りました。会長は、そこで働くある若者に出会い、食品業界に関するその若者の幅広い知識と強固な人柄に、感銘を受けました。創業者には素晴らしい勘があったのか、「この若者は、当社の価値ある一員になる」と直感したのです。それがアンノップさんと私たちのお付き合いの、初めの1ページでした。それはまた、アンノップさんと私たちが共に築き上げた当社の発展の、初めの1ページでもありました。彼が総支配人の地位を得たのは、

Model Speech 34　現地法人を退職する社員に謝辞を述べる

決してそのお付き合いの長さによるものではなく、それはひとえに、彼の仕事への献身ぶりによるものであります。▼アンノップさん、あなたがいないと、私たちは本当に寂しくなります。ぜひとも、私たちや会社とのお付き合いは、今後も続けて欲しいと願っています。いつお越しいただいても、この会社にはあなたの居場所があります。永きにわたってご努力をいただいたことに、改めて感謝を申し上げます。

Clues　※下線部（点線）1 & 2

(1)「さよならは悲しい」という率直な思いを、直球で伝えています。喜怒哀楽の素直な表現は、時に話者の人間味あふれる説得力を高める秘訣になります。→ *[Tip 5]*

(2) ここから、物語調 (storytelling) の展開が始まります。昔話のような丁寧な場面描写により、アンノップ氏が本日の「主役」であることを伝えています。→ *[Tip 14]*

Concept　※下線部（実線）A～C

(A) "establish" と (C) "build" は、どちらにも「建造物」の概念があるため、本例の「会社」(company) や「発展」(development) が、形あるものとして「構築」される様子が視覚的に演出されています。また、中盤で 2 度繰り返される (B) "first page"（第 1 ページ）は、「本」の概念を伝えます。これにより、真新しい本を開いた瞬間のような「新鮮な始まりの感覚」や、ページをめくるほどに話が「次第に深まる」イメージが、「アンノップ氏との関係」や「会社の発展」に投影されるわけです。

Apply it!　何かにぴったりの「場所」を伝える

波線部の "a place for ~" は、「～の居場所」という意味だけでなく、比喩的に「～が必要な場所」や「～に適した場面」といった状況を表現することもできます。

> I see **there will be a place for** our new challenge next year.
> 　来年には我々の新しい挑戦の時（場面）があると、私は見ています。
>
> **There must be a place for** this type of product in the market.
> 　市場には、このような商品を必要とする場所（ニーズ）があるはずです。
>
> Remember that **there is** always **a place for** improvements.
> 　常に改善の余地（改善すべき部分）があることを、忘れてはいけません。

Follow-up Advice

言葉を贈る相手への愛情を示すのは、抽象的な美辞麗句ではなく、具体的なエピソードの数々です。出会いから現在の功績に至るまで、その象徴的な場面を紹介する具体的な言葉を使うように心がけましょう。なお、冒頭の "retire" は、通常「定年退職」を意味します。自己都合による退社の場合には leave を使います。

1　社内関連のスピーチ（別れ）

123

Model Speech 35
独立する部下に送別の言葉を贈る

CD 1 / 35

日本に留学後、あなたと同じ日本企業で勤務してきた部下が、地元ジャカルタで独立するために、退社することとなりました。彼の壮行会であなたが送別の挨拶をします。

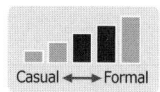

Casual ⟷ Formal

I have been working with Momon for five years now. I really appreciate his dedicated assistance during that period. As you well know, he is multilingual. He speaks Indonesian, English, Japanese, **and even fluent Nagoya-ben**. Customers who have phoned our office must think that Momon is Japanese
5　because of his flawless diction in Japanese. He has helped me get through the immeasurable red tape involved with government contracts, using his deep knowledge of the business customs of our two countries.

　It is significant indeed that Momon, **such a capable young man**, has decided to make a career move that will benefit the people of our two countries. He
10　and his friends, who have all studied at Japanese universities, will establish a new investment advisory firm in Jakarta. The firm will offer interpreting and translating services to small and medium-size Japanese companies and provide information on the investment climate* in Indonesia. They plan to establish a Japanese language business information center and build a library, too, in the
15　near future. I am sure Momon will build a successful career in Jakarta.

　We wish you good health and great achievements in your new business venture. I wish to thank you again, Momon-san, for all your assistance. Best wishes to you!

* climate /kláɪmət/ 状況、風土

One Point　別れのスピーチですが、全体としてはお祝いムードです。笑顔で明るく語りかけてください。

▼モモン君とは5年間一緒に仕事をしてきました。その間の彼の献身的な協力に感謝しています。ご存じのように彼はマルチリンガルです。インドネシア語、英語、日本語、それに流暢な名古屋弁までを話します。事務所に電話をくれたお客様は、彼の完璧な日本語ゆえ、まずモモンを日本人だと思っているでしょうね。インドネシアと日本の両国の商慣習に関する深い見識を駆使して、彼は政府との契約に関する多くの面倒な仕事を助けてくれました。▼そんな有能なモモンが、両国の人々のためになる仕事への転身を決意したというのは、とても意義深いものがあります。日本の大学で勉強をしてきた彼やその仲間は、ジャカルタに新しく投資相談の会社を設立します。その新会社は、日本の中小事業者向け

に通訳と翻訳の事業を展開し、インドネシアにおける投資環境に関する情報を提供します。彼らは近い将来、日本語でのビジネス情報センターや図書館までも作ろうと計画しています。モモンならば、きっとジャカルタで素晴らしいキャリアを築くことでしょう。▼健康に気をつけて、新しい仕事で大きな成功を収めることを皆で祈っています。改めて、モモンさん、これまでのご協力本当にありがとう。ぜひとも頑張ってください！

Clues ※下線部(点線) 1 & 2

(1) 少し誇張しながらユーモアにしています。ユーモアを語る時は、その場所の抑揚（イントネーション）を変化させて、ユーモアであることを表現します。→ *[Tip 21]*

(2) お世辞のようにも聞こえますが、この前後で、語学力や交渉力、行動力といった"capable"（有能）な理由がきちんと説明されています。→ *[Tip 11]*

Concept ※下線部(実線) A & B

(A)の"career"（職業経験）は、career change ではなく、あえて"career move"と言うことで、彼の人生における「変動」の概念を伝えています。後半の(B)では、"build"（建てる）によって"career"に「構造物」の概念が与えられ、彼が堅実にキャリアを「構築」していく様子が演出されています。これらの他にも、career path と言えば職業とともに歩む「道のり」の概念が、また career ladder と言えばポジションを「登る」概念が、それぞれ伝わります。

Apply it! 様々な「いいこと」を伝える

波線部の動詞"benefit"（得をもたらす）の形容詞 beneficial（有益な）は、何かが優れた結果をもたらす際の表現に用いられます。ビジネスで有益な見通しに言及する際や、今後の前向きな展開を分かりやすく伝えたい時に役立ちます。

> We are pleased to find our relationship mutually **beneficial**.
> 両社の関係が、双方にとって有益であることを光栄に存じます。
>
> This agreement is highly **beneficial** for both of us.
> この合意は、我々両社にとって、大変有益なものであります。
>
> The **beneficial** impact on the environment is statistically proved.
> 環境に対する優れた影響については、統計的に証明されています。

Follow-up Advice

彼の人柄と功績（第1段落）、今後の展望（第2段落）、はなむけの言葉（第3段落）というシンプルな構成です。あえて付け足すならば、「彼との個人的な思い出」や「彼の意外な失敗談」などが良いでしょう。しかし、多くを話し過ぎるより、短い言葉で心から思いを語る方が、結果的には美しい印象が残るものです。

Model Speech 36
本社社長がアメリカで引退の挨拶をする

電機メーカー本社のオーナー社長であるあなたが、引退することになりました。アメリカ各地の事業所から幹部社員約100人を招集し、訓示を兼ねた退任の挨拶をします。

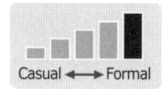

I would like to thank you, Tim, for your gracious words of farewell. As the CEO of Pony Corporation, **I have done all that I can for the expansion of our firm** in the past 25 years. I believe I can still enjoy working, but I think it is time for me to retire in order to **make room for my younger executives**.

As you know, my association with your country dates back to 1992. When we decided to establish our American subsidiary, I **purposely avoided big cities** like New York or Los Angeles. I chose San Diego because I did not want our company and its employees to be too involved in the Japanese community, which is concentrated in the big cities I mentioned. I wanted our staff to spend most of its time with Americans, not expatriate Japanese. Our people should **concentrate their time and effort on the people of the host country** in order to become truly internationalized.

I have also wanted our people, now consisting of more than 30 different nationalities worldwide, to become **bridges between different cultures and nations**. I believe that the worldwide success of our company so far is **due to this international frame of mind**. We promote policies of internationalization by developing products that can be used in any country. Yet, we **have not ignored regional differences** and have always modified our products to meet the particular needs of a country's customers.

Because of your painstaking efforts in the sales and production, as well as the research and development, this company **has made great progress** in the past 10 years. I also feel that **our future is assured** as long as you, the executives, always try to see the market situation with internationalized eyes and minds. Japanese people say, "Jigyo wa hito nari," which means "business success depends on people." Please remember that your coworkers are definitely **our most valuable assets** and, ultimately, the key to our success.

Model Speech 36 本社社長がアメリカで引退の挨拶をする

  I am leaving this company[∨]**with a feeling of satisfaction**. I think I have had a happy life as a businessperson, which was only possible **because of you, all the professionals** from Japan, America, Germany, and France. Thank you once again for your marvelous cooperation, and **I offer my sincere good wishes**[∨]to each one of you[∨]and to your families. Good-bye.

※太文字部分は、このスピーチの特徴的な表現を「英和対訳」で示しています。

▼ティム、親切な別れの言葉をありがとう。私はポニー・コーポレーションの最高経営責任者として、過去25年間にわたり**当社の規模拡大に尽くしてきました**。まだまだ働けると思っていますが、**若い幹部社員に道を譲る**ために、今が潮時かと思うに至りました。▼ご存じのように、私と、皆さんの国とのお付き合いは1992年に遡ります。当社の米国現地法人を設立しようと決意した時、私はニューヨークやロサンゼルスなどの**大都市を意図的に避け**、サンディエゴを選びました。私は、我々の会社や社員たちにあまり日本人社会と関わって欲しくなかったのです。そうした日本人社会は、今申し上げた大都市に集中しています。私は、社員には自分の時間のほとんどを、現地の日本人とではなく、アメリカ人と過ごして欲しかったのです。真に国際的となるには、私たちは**お世話になる国の人々に対して、時間と努力を費やすべきです**。▼今や世界で30か国以上の国籍からなる社員たちには、それぞれが異なる**文化や国家を結ぶ架け橋**になって欲しいと、私は願っております。これまでの我が社の世界的な成功は、**こうした国際的な心構えの賜物**であると、私は信じています。当社は、どの国でも使える製品を開発することで、国際化の方針を推進しています。しかし、**地域的な違いをないがしろにせず**、ある国特有のお客様のニーズにも合致するよう、自社の製品を常に改修してきました。▼販売と生産、研究や開発などの諸部門における皆さんのたゆまぬ努力のおかげで、我が社は過去10年間、**大いなる発展を遂げてきました**。あなた方幹部社員の皆さんが、常に国際的な目と心で市場動向を見るように努める限り、**我が社の将来は保証されています**。日本人は、「事業は人なり」と言いますが、これは「ビジネスの成功は、"人"次第である」という意味です。皆さんと共に働く仲間は、**我々の最も価値ある財産であり**、我が社の成功の重要な鍵を握っているのだということを、どうか覚えておいてください。▼今、私は**満足感とともに**この会社を去っていきます。私は、一人のビジネスパーソンとして幸せな生活を送れたと振り返りますが、それは、日本やアメリカ、ドイツ、フランスの「仕事のプロ」である**皆さんがいればこそ**、可能だったのです。これまで本当に素晴らしいご協力をいただき、ありがとうございました。皆さんと、皆さんのご家族全員のご多幸を、**心よりお祈り申し上げます**。さようなら。

Follow-up Advice

多くの思いが交錯する退任のスピーチだからこそ、感傷的にならず、感謝の気持ちを織り交ぜて自身の価値観を語る姿を貫いています。このレベルのスピーチになると、すでに話者自身の人間的魅力が説得力を生むはずです（→[Tip 5]）。堂々と、自信を持って臨んでください。

Model Speech 37
大学教員に転身する部下を送る

あなたの部下でもある現地法人のプロジェクトメンバーが、地元大学の教授として着任することが決まりました。あなたは社員を集めて、報告と別れの挨拶を述べます。

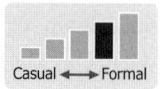

Ladies and gentlemen, **may I have your attention for a moment, please**? I regret to announce that Dr. Kevin Knight, our marketing manager, will leave the company at the end of this month to take up an international management professorship at Techfront University here in this town.

During his tenure, Kevin brought about constructive changes in the direction of our company's international business. Under his strong leadership, all members of the international marketing team made important contributions to the formulation of its operations. We have benefited from Kevin's intellectual leadership and his deep understanding of the complex field of modern marketing.

Today, we are grateful to Kevin for his dedication and wish him the best in his professional and personal future. Kevin, a few words, please.

【抄訳】皆さん、お聞きください。残念ですが、販売部長のナイト博士が地元のテックフロント大学で国際経営学教授に着任されるため、今月末に退社されます。▼在職中、彼は当社の国際ビジネスに大きな変革をもたらしました。彼の力強いリーダーシップのもと、国際販売チームは、業務の組織化に価値ある貢献をしました。彼の聡明なリーダーシップと、新時代の複雑なマーケティングに対する深い見識に、随分お世話になりました。▼本日、彼の献身ぶりに心から感謝するとともに、これからの彼の仕事面、そして個人面において、幸多かれと祈る次第です。ケビン、何かひとことを。

Clue ※下線部

会場全体の注目を、話者が意図的に集めています。この文章により、「聴衆が関心を寄せてくれない」というトラブルを未然に防ぐことができます。→ [Tip 28]

Follow-up Advice

冒頭で、残念である気持ちとともに「退社の理由」を明確に述べ、それに続いて、退職者の「貢献」や「魅力」を具体的に列記しています。スピーチで別れを惜しむ雰囲気を演出するためには、惜しむだけの理由を述べることが必要です。

Model Speech 38
日本へ長期研修に行く部下を激励する

あなたは香港工場の品質管理部長。このたび、部下である現地スタッフが本社の長期研修生に選ばれました。彼らの送別会で、あなたが激励を込めたお別れの挨拶をします。

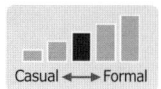

As you already know, our friends, Jenny and Mick, will be leaving for Yokohama next week to participate in a one-year, in-house training program. **It gives all of us great pleasure** to send these young and energetic people as the representatives of our firm in Hong Kong to Japan.

Jenny and Mick, congratulations on your appointment. We recognize the difficulty and the importance of the responsibility you will carry, but **we all know that you can do it**. We hope you do your best to accomplish the task successfully. Getting away from Hong Kong, you can review various issues that our firm has from an international point of view. All the experiences you will have in Yokohama will surely benefit both yourselves and all of us.

I sincerely wish that both of you will always be curious about everything you see and experience and gain a lot of new knowledge. I wish you good luck!

【抄訳】ご存じのように、ジェニーとミックが1年間の社内研修に向け、来週横浜へ発ちます。若く元気な二人を、香港工場の代表として日本へ送るのは大きな喜びです。▼ジェニー、ミック、任命おめでとう。二人が果たすべき責任の重さも価値もよく分かるけど、君たちならそれを達成できることを、我々はみんな知っている。ベストを尽くして任務を全うしてもらいたい。香港を離れれば、国際的視野から香港工場の諸問題を見直すことができる。横浜での経験すべてが君たちと私たちのためになるはずだ。▼触れるすべてのものに好奇心を持って、新たな知識を得て欲しい。頑張って！

Clue ※下線部

"I"（私）ではなく、あえて "all of us" や "we all"（私たち全員）と言うことで、出席者全員からの激励という、送別会場の臨場感を伝えています。→ *[Tip 26]*

Follow-up Advice

第2段落の「大変な任務だが、あなたならできる」という激励は、二人が帰国する際の歓迎スピーチへの伏線にもなります。帰国時には、「どんな大変な任務」を達成したのかを具体的に説明し、「我々の期待通り」だと語れば良いわけです。

Model Speech 39
転勤する支店長が別れの挨拶をする

CD 1
39

中堅商社のシンガポール支店長を務めるあなたは、突然の辞令によりアメリカへの転勤が決まりました。名残惜しさと決意を胸に、支店スタッフに別れの挨拶をします。

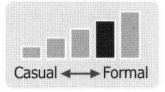

Casual ←→ Formal

Good morning. I apologize for the short notice, but I received an unexpected transfer order from Osaka yesterday. I will be leaving soon for New York to take a new assignment in our North American office.

My sudden transfer has put me in an embarrassing situation, and I am at a loss as to what to say to you. In a sense, it is with great regret that I must leave here before our ongoing project is completed. In another sense, however, it is with great pleasure that I must leave here for America. That is because it is our Singapore office, not the Osaka headquarters, who has expanded our export market into America as a part of our export expansion project.

My stay here for the last four years has been a most pleasant one, with many happy memories. **My contact with you will not fade away but will, in fact, deepen even though I leave this office.** Thank you.

【抄訳】おはようございます。急で恐縮ですが、昨日大阪から予期せぬ転勤命令を受けました。北米本社着任のため、すぐにニューヨークに向かいます。▼急な転勤で戸惑い、言葉もありません。進行中の計画を達成する前に去るのは残念です。一方、アメリカ赴任は喜びでもあります。なぜなら、同貿易拡大計画の一環として、対米輸出を伸ばしてきたのは、大阪本社ではなく私たち当支店だからです。▼当地での4年間は、多くの良き思い出と共に、大変楽しいものでした。私がこの支店を離れても、皆さんとのつながりは薄れるのではなく、むしろ深まっていくことでしょう。ありがとう。

Clue ※下線部

「薄れる」のではなく「深まる」という、対比による強調の技術です。→ [Tip 16]

Follow-up Advice

突然の出来事という驚きとお詫びを、冒頭で率直に表現しています。"I am at a loss as to what to say" は、「茫然として言葉が見つからない」、すなわち「頭の中が真っ白」という混乱した心理状態を表現できる文章です。このような文章をいくつかストックしておくと、言葉にならない気持ちも、言葉にできます。

Model Speech 40
退職する上司に部署を代表して挨拶する

あなたが所属する部署の上司が、定年を迎えて退職します。気さくな人柄で知られる上司を迎えた送別会で、会を主催した部署を代表して、あなたがひとこと挨拶をします。

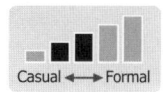

Casual ←→ Formal

Good evening, everyone. Thank you very much, Pat, for coming to this celebration party. As you always tell us to express ourselves in business, I guess it's time to say, "We will miss you, Mr. Patrick Hopkins." We have been so proud of working under your supervision. Thank you very much.

You are definitely a great boss and a friendly mentor. We all know that <u>you are **excellent at operating computers on the desk, but not very good at operating a putter on the green**</u>. We all know that your voice is **full of confidence in meetings, but not much in karaoke**. We love to work with you because all of us respect your attitude in and out of the workplace.

I still cannot believe that you are retiring. We truly appreciate your guidance and support. We hope that the precious days we have spent together will remain in your memories. We wish you the best of luck and health.

【抄訳】パット、送別会へようこそ。いつも「仕事では思いを伝えよ」と言うあなたに、今日は言います。「寂しくなります、ホプキンスさん。」あなたの下で働いたことは、私たちの誇りです。▼あなたは優れた上司であり、親しみのある指導者です。机の上のPCは巧みに操りながらも、グリーンの上のパターは今一歩のあなた。会議では自信に満ちた声も、カラオケではしぼむあなた。あなたと仕事がしたいのは、仕事でも外でも尊敬できる存在だからです。▼引退とは信じられません。ご指導とご支援に感謝します。共に過ごした日々が、記憶に残りますように。幸運と健康をお祈りします。

Clue ※下線部

「優れたモノ」と「今一歩なモノ」を対比する文章が2つ連続しています。対比と反復のレトリックを用いて、人物像を印象的に描写しています。→ *[Tip 16]*

Follow-up Advice

第2段落では、愛すべき上司の人柄を、仕事面と個人面を対比させながら語っています。相手にとって「少々恥ずかしいこと」に触れる時は、あくまでも「罪のないユーモア」として成立するかどうかを、相手と場所をわきまえて判断します。

Model Speech 41
定年退職を迎えて別れの挨拶をする

CD 1 41

あなたは、総合食品商社フォミックス・ジャパン社の専務取締役。勤続30年の節目に定年退職を迎えることとなり、送別の辞に対する御礼と、同僚や部下への感謝を述べます。

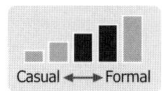

Casual ←→ Formal

Thank you, Tom, for the very kind words you have expressed on my behalf. Although I must admit, the address was much too good for me. **I thought you were talking about someone else**. Thank you, everyone, for doing me such a great honor.

As our president kindly told you a little while ago, it was 30 years ago when I first started working with Fomix Japan Co. It was still a very tiny company **with only eight employees**, including Mr. John Bulcraig, the first president. We were all young, but we were very energetic* and productive, as well. We worked hard during the week and played a lot on the weekends. We also often traveled around Izu and Nagano **in a very old, dusty car he owned**. All of us were really good friends.

Fomix is now one of the top foodstuff companies in Japan with nearly 200 employees. John, now retired in Boston, must be pleased that the journey of our business has been a great success. I have worked with many wonderful people who helped to make Fomix such a great company. I will miss you all. Many fond memories will long remain in my heart. Thank you all for your friendship.

* energetic /èn&dʒétɪk/ 活気あふれる、元気な

One Point 後半に向かうにつれ、スピードを落として、ポーズ（間）を多めにとりましょう。

▼トム、僕のために親切な言葉をありがとう。君の紹介は僕には立派過ぎて、最初は誰か別の人の話をしているのかと思ったよ。皆さん、私のためにこれほど栄えある会を催してくれてありがとう。▼社長が先ほども述べてくれましたが、私がフォミックス・ジャパン社に入社したのは30年前です。まだ小さな会社で、社員といえば初代社長のジョン・バルクレイグ氏を入れても、わずか8名でした。みんな若かったですが、熱心で生産的でもありました。毎日一生懸命に働き、週末には大いに遊びました。よくジョンのおんぼろの、埃っぽい車で、伊豆や長野へ旅行に出かけました。みんな本当によい友達でした。▼フォミックスは、今では、200人近い社員を抱える日本でも有数の食品関連企業です。すでに引退して今はボストンにいるジョンも、私たちのビジネスの旅が素晴らしい成功を収めて

Model Speech 41　定年退職を迎えて別れの挨拶をする

きたことを、喜んでくれているに違いありません。私は、フォミックスをこれほどの立派な会社にするのを助けてくれた、多くの素晴らしい人々と働いてきました。皆さんとお別れするのを寂しく思います。たくさんの楽しい思い出は、私の心に末永く残ることでしょう。皆さんの友情に感謝いたします。

Clues ※下線部（点線）1〜3

(1) 謙遜とユーモアを兼ねた切り出し方で、話者の臨機応変さが伝わります。立派な紹介を受けた際に、さりげなく使えると臨場感が高まる表現です。→ *[Tip 26]*

(2) どれくらい「小さな」会社であったのかを、具体的に補足しています。→ *[Tip 1]*

(3) 情景を思い起こさせる詳細な描写をしています。古き良き思い出ですから、イントネーションに変化を付けて、ユーモラスに語るのも良いでしょう。→ *[Tip 21]*

Concept ※下線部（実線）A

入社当時、よく旅に出かけたジョンを念頭に、これまでの30年間を (A) "journey of business"（ビジネスの旅）に喩えています。この「旅」の概念は、出発時の希望、道中の苦労、到達の達成感をひとつの「旅物語」のように演出できるため、引退や退職のスピーチでよく用いられます。「旅」の概念があるからこそ、退職者が苦労を振り返るスピーチでは、これまでの「道のり」が a long, winding road（長く曲がりくねった道）や、a bumpy road（凸凹道）という表現になるわけです。

Apply it! 誰かがいないと寂しくなる時は

波線部 "miss" は「本来なら自分のそばにある物や人が無い」という状況を表し、それによって起きる感情までも表現できます。ただし、漠然と "I will miss you"（皆さんが居なくて寂しくなります）と言うのではなく、その文の前後で "you" を具体的に描写して、聴衆一人ひとりに宛てたメッセージにしましょう。

> We have worked together since 1992. **I will miss you all.**
> 1992年から共に働いてきました。皆さんに会えなくなるのは寂しい限りです。
>
> **We will miss you so much.** You have shown us the way to success.
> あなたを失うのはとても寂しいです。あなたは成功への道を示してくれました。

Follow-up Advice

冒頭の "Thank you for the very kind words" は紹介者へ、続く "Thank you for doing me such a great honor" は主催者へ向けた感謝の表現です。自分への配慮をしてくれた人に感謝するのは当然のマナーなのですが、緊張していると、つい忘れがちになりませんか？ いつも気にかけておきたいものです。

Model Speech 42
自己都合による退職の挨拶をする

海外の設計事務所で若手建築士として活躍するあなた。日本で設計事務所を営む父の体調が悪化し、帰国を決意しました。所長からの事情説明に続き、あなたが挨拶をします。

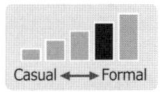

As George kindly explained, I will leave R&M Arc, Inc. at the end of this month. This may be surprising to you, as it was to me, but I have to go back to Japan to take over my father's architectural firm. The news about my father was a bolt out of the blue, but I have finally made up my mind. **No words can describe my heartfelt appreciation to all of you.**

Through my seven short years at R&M Arc, I have clearly recognized one important thing. That is, "**Only the best can create the best.**" As I have worked with the best team here at R&M, I am sure that I will be able to succeed back in Japan.

I will try hard to become a respected architect like each one of you. **In this small, global world, I believe that someday, somewhere, we will work together again to establish the best designs.**

【抄訳】ジョージの説明通り、私は今月末にR&Mアーク社を去ります。私にも、皆さんにも、驚きですが、日本に戻って父の建築事務所を継ぎます。突然の話でしたが決心しました。皆さんへの感謝は言葉になりません。▼R&Mアークでの短い7年間で気づいたのは、「ベストだけが、ベストを創れる」ということです。私は、R&Mのベストなチームと仕事ができたので、日本でも成功を収められると信じています。▼皆さんのような尊敬される建築士になれるよう、懸命に努力します。小さくグローバルな世界ですから、いつか、どこかで、再び一緒にベストな仕事ができると信じています。

Clue ※下線部

十分に感情を込めなければ、深みのある思いが伝わらない表現です。適切な「間」(pause)の置き方と、「強勢」(stress)の付け方を工夫してみましょう。→ *[Tip 21]*

Follow-up Advice

自己都合での退社挨拶では、詳細な理由を述べるよりも、「これまでの経験がどう活きるか」や「今後のビジョン」を語った方が、前向きな挨拶になります。4行目の "a bolt out of the blue" は、「青天の霹靂」を意味する表現です。

Model Speech 43
社内行事の確認事項を連絡する

あなたは、設立10周年を記念した社内行事の幹事代表です。パーティーを1週間後に控えた朝の全社ミーティングで、あなたが協力の御礼と確認事項の伝達をします。

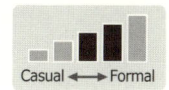

Casual ←→ Formal

Good morning, everyone. As informed by e-mail, we are having a big party next Friday for all the staff of this firm to celebrate our 10th anniversary. I am here to show my appreciation and to give you a quick reminder.

The organizers, Yuki, Cho, Jake and I, are so glad that more than 60 people will attend. This is going to be a big celebration! Thank you for your participation. At the party, we are planning to have a gift exchange, so please bring your small gift of around $10 in value. Anything is fine, but it should be nicely wrapped unless it is extremely large. **The party begins at 6:00 p.m. next Friday at Raindrop Café in front of the Fusion Tower.** If you haven't registered yet, please contact me soon to reserve your place.

You might be busy on that day, but please join us at Raindrop Café after work. We look forward to seeing your smiling faces there.

【抄訳】メールでお知らせした通り、次の金曜日に10周年の社内行事を開催します。御礼と簡単な確認をします。▼60名以上が参加予定で、幹事は皆、光栄です。盛大な会になります！ご参加ありがとうございます。会場でプレゼント交換をしますので、10ドル相当の品をご持参ください。何でも結構ですが、巨大なものでない限り包装をお願いします。会は次の金曜日6時、場所はフュージョン・タワー前のレインドロップ・カフェです。お申し込みがまだの方は、私までどうぞ。▼当日はお忙しいかもしれませんが、業務終了後に会場へお越しください。皆さんの笑顔を楽しみにしています。

Clue ※下線部

再確認すべき情報の要点を簡潔に整理しています。伝達の目的を果たすために、大切な「曜日」や「会場名」をスピーチの中で繰り返しています。→ *[Tip 3]*

Follow-up Advice

冒頭でスピーチの目的を明らかにして、まずは御礼を述べ、次いでパーティー当日の概要と、申し込み漏れについて、順に再確認をしています。メールでは十分に伝えきれないイベントの楽しさを、明るい声と表情で届けてください。

Model Speech 44
新入社員研修で自社の歴史に触れる

CD 1 / 44

あなたは、株式会社京繊のアメリカ法人で人事を担当しています。8名の新入社員を迎える同社の新人研修のオープニングで、あなたが自社の歴史を簡単に説明します。

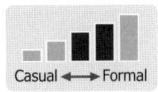

Casual ←→ Formal

Ladies and gentlemen, welcome to the orientation. First of all, I am pleased to welcome all of you as our new members in the Kyosen family.

As you have seen on our website, the foundation of Kyosen Co., Ltd., our parent company, dates back to 1935, when our founder opened a small fabric shop in Kyoto. Since then, Kyosen has been specializing in original, traditional Japanese textiles. This long history of pursuing quality realized the establishment of Kyosen America, Inc. in 1993 and today, you are here to join us for a brilliant future. It sounds **all romantic to me that every one of us is part of our history and prosperity**. I hope that all of you will fulfill your potential and enjoy every moment with us.

So without further ado, let us start our session. Will you have a look at the table of contents in the document provided on the desk?

【抄訳】新人研修へようこそ。京繊ファミリーの一員として歓迎します。▼サイトでご覧の通り、親会社・株式会社京繊は1935年の創業以来、独自の伝統的な日本繊維を専門としています。この品質本位の長い歴史が、1993年に京繊アメリカ社の設立を実現し、そして本日、輝く未来に向け、皆さんが仲間入りしたのです。一人ひとりが歴史と繁栄の一端を担うというのは、私には何ともロマンチックに聞こえます。京繊で皆さんが実力を発揮され、共に有意義な時間を過ごされることを願っています。▼さて、前置きはこれくらいにして始めましょう。机上の書類の目次をご覧ください。

Clue ※下線部

話者の人間味あふれる愛情を象徴するひとことです。"romantic" や "every one of us" という言葉で、聴衆の感情的な共感（パトス）に訴えています。→ *[Tip 5]*

Follow-up Advice

11行目の "without further ado" は、その時点までの話に区切りをつけ、スピーチの本題へと話題を切り替える際に用いられる表現です。本例での "ado" は、本題（資料説明）に入る前の、「導入的な事柄」（社歴の話など）という意味です。

Model Speech 45
業績悪化に伴う工場閉鎖を告知する

あなたは、機械部品を製造販売するアメリカ法人の上級副社長。稼働率と生産性の悪化が続くダラス工場を閉鎖する経営陣の決断とその対応策を、現地社員に直接伝えます。

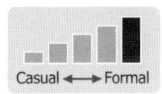

Good afternoon, ladies and gentlemen. Today, I should begin by sharing a sudden, important notice with you, my fellow workers. I deeply regret having to announce that the board of directors has reached the final decision to close this Dallas plant, seven months from now, at the end of this year.

A careful diagnosis of the production performance analysis of the Dallas plant for the last 10 years has revealed one fact; This plant's declining productivity has affected the overall cost efficiency of Jano, Inc. I am sorry to be so critical, but this is the reality we face. This is the reality we should accept, while we still have options.

I know how **painful** this is for you, but there are no better ways to make Jano a **fully revived** and **robust** player in this competitive market. I am here today to share our measures with you to help ease the **pain**.

【抄訳】本日は突然の重要なお知らせです。大変残念ですが、取締役会は、当ダラス工場を7か月後の年末に閉鎖する決定をしました。▼直近10年間の稼働状況の精査から、ある事実が判明しました。当工場は生産性を失っており、ジャノ社全体の経費効率にも悪影響を及ぼしています。厳しい言い方で恐縮ですが、これが我々が直面する現実です。まだ打つ手があるうちに、受け入れるべき現実です。▼皆さんの痛みは分かりますが、競争市場で当社を力強く完全復活させるには、これが最良の方法なのです。私は本日ここで、その痛みを和らげるための対応策を、皆さんにお伝えします。

Clue ※下線部

企業活動を「人間」の概念を通じて表現することで、「痛み」を伴いつつも、「生き返り」、「力強い」存在となる様子を視覚的に伝えています。→ [Tip 12]

Follow-up Advice

本例では、本文に続いて補償等の具体的な対応策を発表する前提になっています。工場閉鎖に撤回の余地がない場合は、聴衆の感情に最大限配慮しつつも、後戻りしない覚悟と撤回できない現状を、事実に即して端的に述べることが大切です。

こっそり上達するコツ②　発音編2

余計な母音が入らないように発音しよう

日本語は子音と母音がセットになって音を構成しますが、英語は頻繁に子音のみが独立して現れます。たとえば、子音で終わるfeelは、/fiːl/ であって /fiːlu/ ではありません。必要な時に子音だけを正確に発音できるように練習しましょう。特に、create、plan、straightのように、複数の子音が重なる場合は、連続する子音を、あたかも「同時に発音する」かのような感覚で練習をすると、英語の伝わりやすさが向上していきます。

PART 2
Model Speeches 100

Section 2

社外関連のスピーチ
（顧客・取引先に対して）

お祝いのスピーチ 140
歓迎のスピーチ 146
答礼のスピーチ 150
営業のスピーチ 157
記者発表のスピーチ 169

Model Speech 46
取引先の日本支社開設を祝う

イギリスの菓子メーカー、ダン・ケーク社がアジア地域の販売強化を目指して日本支社を設立。同社の輸入代理店社長であったあなたが、その設立披露式典で挨拶をします。

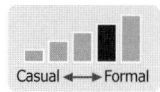

I am extremely honored to be invited to this grand celebration party to commemorate the opening of Dan Cake Japan as the representative guest from Japan.

As a matter of fact, I have mixed feelings on this occasion: feelings like those a father may have when he must see off his **beloved daughter** at her wedding ceremony. When I first started importing Dan Cake products to Japan, the company was still a tiny local manufacturer. I can still remember the day I first met Mr. John Walker to sign an exclusive distributorship* contract in his London office. He was in his mid-twenties at the time.

Since then, John has expanded his business to such an extent that this branch in Japan is his **18th overseas establishment**. Being one of his close friends, I am very proud of his accomplishments. Because of our age difference, he has looked upon me as though I were his father. Today he has opened his new company here, and a new generation will soon begin operations. There is not much I can do to help him now, but John, please remember, **"Grandpa"** is always here to look after your **new born baby** and to make sure it stays in good health. Thank you once again, and I wish you good luck.

* distributorship /dɪstríbjuːtəʃɪp/ 販売をする権利（アクセント注意）

One Point　スピーチの内容にふさわしく、家族のような優しい口調を心がけましょう。

▼ダン・ケーク・ジャパン社の開設記念式典にお招きいただき、日本側を代表してご挨拶申し上げるのを大変光栄に存じます。▼実を申しますと、今席におきまして、私は少々複雑な気持ちでおります。ちょうど、結婚式で愛娘を送り出す父親のような感情です。私が最初にダン・ケーク製品を日本に輸入し始めた時、まだ同社は小さな一地方企業にしかすぎませんでした。一手販売契約を締結するために、ロンドン事務所で初めてジョン・ウォーカー氏に会った日のことを、私は今でもよく覚えています。彼は当時、まだ20代半ばでした。▼以後、ジョンの事業拡大はめざましく、この日本支社は、彼の18番目の海外企業であります。親しい友の一人として、彼がこれまで成し遂げてきたことを、大変誇りに思

Model Speech 46　取引先の日本支社開設を祝う

う次第です。歳の差もあってか、彼は、私を父親のように尊敬してくれます。本日、彼は当地に新しい会社を開き、いよいよ新たな世代が業務を始めます。私のような者が手伝えることはないかもしれません。しかしジョン、君の「新しい赤ちゃん」が健康でいられるように面倒をみる「おじいちゃん」が、いつもここにいることは覚えておいてください。本日はありがとう。ますますの発展を祈っています。

Clues ※下線部(点線) 1 & 2

(1) 「多くの」と言うのではなく、「18社の」と具体的な数字を挙げています。聴衆が求める「話の具体性のレベル」を満たす配慮をしています。→ *[Tip 9]*

(2) "grandpa" のイメージを用いて、同社との関係を描写しています。→ *[Tip 12]*

Concept ※下線部(実線) A & B

このスピーチをまとめているのは、冒頭の(A) "beloved daughter" から(B) "new born baby" に至るまでの一貫した「人間」の概念です。ジョンと築き上げてきた事業が日本支社設立によって自分の手を離れるという、うれしくも辛い複雑な感情を、「娘を嫁に出す」という比喩によって的確に伝達しています。終盤では、新支社を「赤ちゃん」、自分を「祖父」に喩え、(祖父が孫の面倒を見るのが当然であるがごとく) 今後も同社との関係が続くことを無理なく訴えています。この「人間」の概念は、企業という存在に「血の通った人間味」を与えてくれます。

Apply it!　過去の出来事を鮮明に語るには

波線部 "I can still remember ~" は、聴衆と共に過去を振り返りたい時の定番の表現です。過去の事実のみならず、その事実が「いかに印象的だったか」や、(良くも悪くも) その事実を忘れない「話者の人間性」に焦点を当てることができます。過去の話に鮮明な印象を与えたい時に、応用してみてください。

> **I can still remember** the day I first saw you.
>   初めてあなたに出会った日のことを、今でも私は覚えています。
> **We can still remember** the product successfully launched in 1969.
>   1969年にめでたく発売されたあの製品のことを、今も我々は覚えています。
> **I can still remember** your devotion to research and development.
>   あなたの研究開発に対する献身的な姿勢を、私は今でも覚えています。

Follow-up Advice

「日本支社の土台を作ったのは私だ」と言わずして、その意図を存分に伝えているスピーチです。ビジネスを「人間」の比喩で語る時には、人間味あふれる優しい口調で語ることが大切です。無表情な語り口では、「人間」の比喩が持つ温かみが伝わらず、むしろ滑稽な印象を与えることがあります。注意しましょう。

Model Speech 47
シカゴ支社開設記念式典で祝辞を述べる

CD 1 47

あなたの取引先であるアメリカ企業が、事業拡大に伴い、このたびシカゴに支社を開設しました。その開設記念式典で、あなたがひとことお祝いの言葉を述べます。

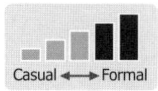

Casual ←→ Formal

President Patrick Levin, distinguished guests, ladies and gentlemen. I am highly honored to be invited here today to celebrate the grand opening of this Chicago office of Levin Trading, Inc.

I have had the privilege of participating in past celebrations for Levin Trading, Inc., and now I have realized that today's celebration is not for commemorating the accomplishments, but for celebrating the great success that will surely follow in the future. Today, I wish to celebrate the future prosperity of Levin Trading, Inc.

Here in Chicago, the Windy City, I feel a new wind blowing from this office. This is the wind we celebrate. This is the wind we all share today. I am very proud of working with Levin Trading, Inc. My sincere admiration and congratulations to everyone in this office. Thank you.

【抄訳】レビン社長、ご来賓・ご来場の皆様。本日は、シカゴ支社開設記念式典にお招きいただき、大変光栄です。▼これまでも、レビン貿易社を祝福する機会がありました。そして気づいたのは、本日のお祝いは、これまでの業績を記念するためではなく、この後に続く成功を祝福するためだということです。本日、私はレビン貿易社の将来の繁栄をお祝いいたします。▼ここ「風の街」シカゴで、この支社から新しい風が吹くのを感じます。私たちはこの風を祝福し、この風を共有します。私はレビン貿易社とお仕事ができ、誇りに思います。職場の皆様に、賞賛と祝福を申し上げます。

Clue ※下線部

発表する会場、場所、時間など、それぞれの状況に応じたリアルな話題を取り入れることで、皆が共感できるきっかけを演出しています。→ *[Tip 26]*

Follow-up Advice

事業所の開設を祝うスピーチでは、社長、社員、場所、仕事、過去、未来など、話の焦点によって全体の雰囲気が大きく変わります。本例では「未来」の展望を中心に構成しましたが、自分の思いを最も強く込められる話題を選びましょう。

Model Speech 48
新社長披露パーティーで就任を祝う

あなたの取引先企業で副社長を務めてきたシュルツ氏が、このたび社長に昇任することが決まりました。新社長の就任を祝う披露パーティーで、あなたが祝辞を述べます。

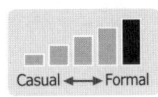

New president Nancy Shultz, honorable guests, ladies and gentlemen. It is my greatest pleasure to celebrate the inauguration of the new president. On this memorable occasion, I would like to pay my profound respect to Ms. Shultz for her dedication as an executive vice president for the past nine years.

During these nine years, everyone has witnessed your potential to become the president. **While you** have paid meticulous attention to daily operations, **you** have also shown a dynamic approach to new projects. **While you** are naturally cautious, **you** also take brave and well-calculated risks when necessary. Your dynamic way of doing business is, I believe, your most important qualification to become President today.

Ladies and gentlemen, let us together celebrate the new leader of the industry. Ms. Shultz, I sincerely wish you all the best.

【抄訳】シュルツ新社長、ご来賓・ご臨席の皆様。新社長の就任をお祝いできて光栄です。9年間の副社長としてのご貢献に敬意を表します。▼この9年間、誰もがあなたの社長としての可能性を見てきました。日常業務には緻密な注意を払いながら、新事業では思い切った手を打ってきたあなた。本来は慎重でありながらも、必要な時には、大胆な、緻密に計算されたリスクを取れるあなた。その迫力あるビジネスの手法こそ、本日の社長就任に結びつく重要な能力なのだと、私は信じてやみません。▼皆さん、業界の新リーダーを共に祝いましょう。新社長のご健勝をお祈りいたします。

Clue ※下線部

新社長の「慎重さ」と「大胆さ」を象徴する対比表現が、2種類、同様の文章構造で繰り返し登場することで、聴衆に強い印象を残しています。→ *[Tip 16]*

Follow-up Advice

シュルツ氏が持つ素養の中から、「慎重さと大胆さの対比」の一点に絞ることで、彼女が社長に適任であることを明確に表現しています。本文の下線部では、その「慎重さ」と「大胆さ」の対比が伝わるように、口調を変化させて語りましょう。

Model Speech 49
優良ディーラーに感謝状を贈呈する

CD 1 49

あなたは、生活雑貨メーカー・株式会社 JES の海外渉外担当者。オーストラリアで優れた業績を上げる現地代理店の会長を招いた感謝状授与式で、あなたが司会を担当します。

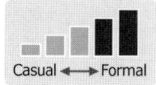

Casual ←→ Formal

Good afternoon, ladies and gentlemen. We are very proud to welcome Mr. Fred Taylor, the chairperson of First Item, Inc., to this award ceremony today. This ceremony is to show our greatest admiration to First Item, Inc. for its outstanding achievements in sales and distribution of our products in Australia.

Since we first signed the exclusive distributor agreement eight years ago, First Item, Inc. has increased sales by more than 20% every year. This is a remarkable contribution, not only to JES Corporation, but also to making people's lives better through our products in Australia. Needless to mention, First Item's efforts inspire the members of JES here in this hall to **always create better products for a better life**.

Now, a certificate of appreciation from JES Corporation will be awarded to First Item, Inc. Mr. Fred Taylor, will you come to the front, please?

【抄訳】皆様、本日はファースト・アイテム社のフレッド・テーラー氏を当表彰式にお迎えできて光栄です。この式は、オーストラリアでの同社の目覚ましい業績に賞賛を贈るものです。▼8年前、一手販売代理店契約を結んで以来、同社は毎年2割以上の売上増を堅持しています。これは、株式会社JESへの貢献にとどまらず、私どもの製品を通じて、現地の人々の暮らしをより良くするという貢献でもあります。言うに及ばず、同社の努力は、この会場にいるJES社員の、より良いもの作りへの熱意を奮起させるものです。▼では感謝状が贈呈されます。テーラー会長、前へお越しくださいませ。

Clue ※下線部

表彰式にあたり、メーカーとしての使命感を追求する社員をさりげなく称えて、スタッフの労働意欲を鼓舞しています。→ *[Tip 1]*

Follow-up Advice

優良ディーラーの表彰では、「優良」とされた理由を明確に述べましょう。売上や顧客数の増加であれば、その数字を示します。事業上の助言や、提携・相乗効果などの場合は、「過去」と「現在」の状況を対比的に描写すると効果的です。

Model Speech 50
自社施工物件の竣工式で祝辞を述べる

海外で拠点を拡大する化学会社の工場新築工事を、あなたが営業部長を務める建設会社が施工しました。その新工場の竣工式で、自社を代表して、あなたが祝辞を述べます。

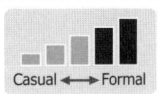

It is my highest honor to be invited here today to celebrate the completion of this new factory of ABC Chemicals, Inc. On behalf of Oka Corporation, I will extend our heartfelt appreciation and celebration to President Norman Morris and all the fine staff who will start working at this new plant.

As we all know, this factory is not only for the brilliant future of ABC Chemicals, Inc., but also for the development of this local community. In this regard, we are honored to have been engaged in this grand project, and proud to celebrate this remarkable milestone for ABC Chemicals, Inc.

Until yesterday, it was our role to build the factory. From today, it is your role to build the future. It is in the future that this new factory will be filled with hopes, smiles, and discoveries. Thank you very much for this great opportunity to feel, and to share in, the delight of completion today.

【抄訳】ABCケミカル社の新工場竣工式にお招きをいただき大変光栄です。岡建設株式会社を代表して、ノーマン・モーリス社長と現地スタッフの皆様に感謝と祝福を申し上げます。▼この工場はABCケミカル社の未来のためだけでなく、地域の発展のためでもあります。それゆえ、弊社がこの計画に参加できたのは誠に光栄なことであり、本日の貴重な節目をお祝いいたします。▼昨日までは、私たちがこの工場を造りました。今日からは、皆様が未来を造ります。それは、この工場が、希望と笑顔と発見に満ちあふれた未来です。本日、竣工の喜びを感じ、分かち合う機会に感謝いたします。

Clue ※下線部

「これまで」と「これから」の対比で、双方の役割の転換を明確に描いています。同時に、似た構造の文章を連続させて、耳に残る響きにしています。→ *[Tip 16]*

Follow-up Advice

最終段落には、建築関係者としての愛情が詰まっています。ゆっくり、気持ちを込めて語ってください。時間に余裕があれば、第2段落の後で、新工場建設における「設計や施工面の先進性」に触れることで、自社の魅力をアピールできます。

Model Speech 51
工場見学に訪れた一般客を歓迎する

あなたは、富士製菓工場株式会社の広報担当者。同社の工場見学は、そのユニークな内容で人気があります。訪れた一般客を歓迎し、その概要を紹介して場を盛り上げます。

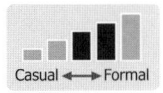

Ladies and gentlemen, boys and girls, welcome to Fuji Confectionery Factory! **As you see, or I should say, as you "smell,"** this is the heart of our production facilities for the most delicious chocolate on the planet. I hope you will enjoy our special 80-minute factory tour this morning.

First, you will enjoy a short skit introducing our history and Fuji's patented, traditional production process. After the performance, our official mascot, "Choco-chan," will escort you to the production viewing room. In the visitors' lab next door, you can create your own original, one-and-only taste by blending several flavors of Fuji chocolate just fresh from the factory.

All areas are non-smoking and wheelchair accessible. Should you need any assistance, please feel free to let us know. Now, let's enter the world of chocolate! Will somebody come up and press the button in the cacao tree?

【抄訳】皆さん、良い子のみんな、ようこそ！ご覧の、いや、この「香り」の通り、ここは最高においしいチョコの中心地です。80分の工場見学をお楽しみください。▼まずは、富士の歴史や特許製法を紹介する寸劇からです。続いて、公式マスコット「チョコちゃん」が、製造見学ルームにご案内します。隣のビジター・ラボでは、できたての富士チョコをブレンドし、たったひとつの味を皆さんに作っていただけます。▼全施設は禁煙、車椅子対応です。支援が必要な方は、ご遠慮なくお申し付けください。では、チョコの世界へ行きましょう！誰かカカオの木のボタンを押してくれるかな？

Clue ※下線部
会場の特徴を、臨場感のあるユーモアで表現しています。→ *[Tip 26]*

Follow-up Advice
本例では、「現地→見学ルーム→ビジター・ラボ」という「空間の配列」（→*[Tip 10]*）と、「寸劇→見学→体験」という「時系列の配列」の両面でスピーチが構成されています。なお、見学の所要時間、禁煙・喫煙場所、車椅子対応、非常口、お手洗い等の連絡事項を前もって伝えておくと、万一のリスクを回避できます。

Model Speech 52
招待ワークショップの参加者を歓迎する

あなたは、家庭用ミシン・メーカーの営業課長です。販促活動の一環として、新製品の購入者を抽選でワークショップに招待することとなり、あなたが歓迎の挨拶をします。

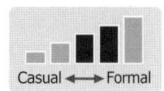

Good afternoon, ladies and gentlemen. Welcome to our workshop. On behalf of Mirai Sewing Machine, Inc., I thank you very much for purchasing our latest model, the SW-100. I hope you really like the product.

The purpose of this complimentary workshop is to give you a chance to test the infinite potential of our products. Today's instructor is a world-renowned designer of children's clothes, Ms. Keiko Takata. I am sure that you will discover new tips to make your creative work even more creative. **Imagine the lovely smile of your child dressed in the pretty shirts you are sewing today!** This is what our tagline, "Sewing Your Smile," stands for.

After the workshop, our marketing representatives will ask you to fill out the product questionnaire. Thank you once again for coming today, and I hope you will enjoy the workshop.

【抄訳】皆様ようこそ。未来ミシン株式会社を代表し、ご購入の御礼を申し上げます。製品にはご満足でしょうか。▼この招待ワークショップは、弊社製品の無限の可能性を試していただくのが目的です。本日は世界的に有名な子供服デザイナー・高田圭子氏が講師です。皆様の創造的な作品づくりが、より創造的になるでしょう。ここで皆様が作るシャツを着たお子様の笑顔を、想像してみてください！これこそ、私どものキャッチ・コピー「あなたの笑顔をソーイング」が意味するものです。▼終了後、市場担当者より製品アンケートをお願いします。ワークショップをお楽しみください。

Clue ※下線部

ワークショップの予想成果を、完成品（シャツ）で具体的に描写するとともに、イベントの価値をパトスの手法（我が子の笑顔）で高めています。→ *[Tip 5]*

Follow-up Advice

このスピーチの目的は、お客様に「買ってよかった」と思ってもらえる雰囲気を演出することです。「世界レベルの講師」や「我が子の笑顔」は、いずれも「買ってよかった」という気持ちを強化するための「話の素材」（→*[Tip 6]*）です。

Model Speech 53
海外代理店のディーラー・ツアーを迎える

株式会社七洋電機の代理店としてマレーシアで優秀な販売実績を持つディーラー各社を、日本ツアーに招待しました。あなたは常務取締役として、ひとこと歓迎の挨拶をします。

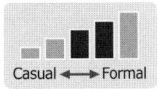

Casual ⟷ Formal

On behalf of President Masaki and Nanayo Electronics Co., Ltd., I wish to express my warm welcome to you who have come all the way from Malaysia to visit our company. My name is [   ], and I am junior managing director of this company.

Thanks to your efforts and cooperation in the sales of Nanayo products, we (A) **have achieved our turnover goal** set for the Asian market in the first half of the term, as we hoped for. I am **very grateful to you all**. Our staff in the (1) international sales division, specially appointed for your visit, will do their best to make your visit comfortable and worthwhile. We have arranged a special schedule for you, including a sightseeing tour, a one-day visit to our Nagano factory, a brief seminar meeting, and so on. At the seminar, we will introduce you to our new line-ups and some prototypes of our future products. I hope these programs will give you better insight into our company, as well as Japan and its culture.

Following my greeting, our staff will further explain to you, in detail using (2) timetables, all about the programs. I thank you all once again for coming, and we hope every one of you will enjoy your visit.

One Point 前半のお礼が終わった後は、次々に続く企画行事を笑顔で説明してください。

▼弊社社長・正木ならびに七洋電機に代わりまして、遠路マレーシアからはるばるご訪問くださいました皆様を、心より歓迎申し上げます。私は、弊社常務取締役の[   ]と申します。▼七洋製品の販売における皆様のご努力とご協力により、アジア市場向けに策定した上半期の売上目標は、当初の計画通り達成することができました。皆様には心からの感謝を捧げる次第です。皆様のご来訪のために特別に任命した国際販売部のスタッフが、ご訪問を楽しく、また実のあるものとすべく、精一杯のお手伝いをさせていただきます。観光ツアー、長野工場への日帰り視察、簡単なセミナーなどを含む特別スケジュールを組んでおります。セミナーでは、私どもの新製品と、今後に向けた試作品を数点ご紹介申し上げます。これらの企画が、日本や我が国の文化をはじめ、私どもの企業をより深くご理

Model Speech 53　海外代理店のディーラー・ツアーを迎える

解いただく一助となることを望んでおります。▼私の挨拶に続きまして、私どものスタッフが、時間割表とともに、皆様にプログラムの詳細についてご説明を申し上げます。このたびのご来社に改めまして御礼申し上げるとともに、皆様お一人おひとりが、今回のご訪問をお楽しみいただけますよう、私ども一同、お祈り申し上げております。

Clues　※下線部(点線) 1 & 2

(1) 感謝の気持ちを率直な言葉で表現することで、説得力を高めています。→ *[Tip 17]*

(2) 後に続く話者の紹介をしつつ、説明会の全体像が分かりやすくなるよう、時系列の流れで説明をしています。→ *[Tip 10]*

Concept　※下線部(実線) A

(A) "goal" には、共に戦う「スポーツ」の概念があります。本例では他者との競争に打ち勝つ目標が "achieve"（達成）されたわけですが、この "goal" という言葉によって、今回の偉業が、関係者全員のチームプレーによる「健闘」の成果である側面が強調されています。ビジネスにおける「目標」は、target（標的）という言葉で表現されることも多いのですが、target の場合は「戦い」の概念が先行しますので、勝負や成否に対する、企業の厳格な価値観が聴衆に伝わります。

Apply it!　ビジネスを見通す "insight" /ínsàɪt/

波線部 "insight" は、日本語で理解しにくい単語です。一般に「見識」と訳されますが、「何かを見極める力」そしてそこから得られる「新たな発見」など、スピーチに、未来志向で知的な雰囲気を与えてくれる言葉です。以下の例から insight の雰囲気を感じ取って、実際のスピーチで応用してみてください。

> Our cooperation will surely promote real **insight** into the market.
> 　我々の協力こそが、市場に対する真の見識をもたらすことでしょう。
> We had a brilliant discussion full of new **insights**.
> 　私たちは、新しい発見に満ちた、素晴らしい議論ができました。
> Thank you very much for your **insightful** proposal about the issue.
> 　本件についての、洞察に満ちたご提案に感謝いたします。

Follow-up Advice

会社ぐるみで、温かく取引先を迎える気持ちを伝えています。常務として、売上目標達成に対する貢献が、今回の招待旅行を実現したことを明確に述べています。最後の文章は、同社を代表して "we hope ~" としています。これは、「私たちは」と語ることで、スピーチを独りよがりにしないための、ひと工夫です。

Model Speech 54
海外メーカー主催の夕食会で謝辞を述べる

CD 2 / 4

あなたは、北欧家具の商社・株式会社タケモトの輸入部長。輸入元の海外メーカーを訪ねた際、歓迎晩餐会に招かれました。食後にひとことを求められ、御礼の挨拶をします。

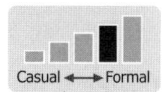

Casual ←→ Formal

It is indeed a great pleasure to be invited to this wonderful dinner tonight. The excellent Swedish cuisine and the good company were all so superb* that I will long remember, with happy memories, my visit to Stockholm. As requested, I would now like to say a few words.

 As some of your older members know, we, Takemoto Corporation, first started importing your furniture into Japan some 35 years ago. Since the market <u>was not yet mature at that time</u>, our imports of such high quality European style furniture were quite limited in quantity. However, <u>thanks to your patience</u> and willingness to accept our request to design products suitable to the Japanese market, <u>our sales jumped tremendously</u> in 1990. All of us, including Mrs. Takemoto, our president, greatly appreciate the cooperation Mr. Stevenson gave us during those years. Because of your efforts, we can now offer products of quality that consumers want at prices they are willing to pay.

We are very proud of being your business partner. We hope to continue our long cherished business relationship for the sake of both companies **and for our two nations' prosperity**. Thank you Mr. Stevenson and all of you again for this wonderful welcome dinner.

* superb /supə́ːb/ 素晴らしい、見事な

One Point　冒頭の「食事と同席者」の賞賛は、さりげなく両手を広げる仕草で話すと良いでしょう。

▼今宵は、このような素晴らしいディナーにお招きいただきましたことを、誠にうれしく存じます。上品なスウェーデン料理と楽しいお仲間は実に最高で、素敵な思い出とともに、このストックホルム訪問は、ずっと私の記憶に残ることでしょう。ではご指名によりまして、ひとことご挨拶を申し上げます。▼何人かの古株の方々はご存じのように、タケモトは今から35年ほど前、初めて、御社の家具を日本へ輸入しました。当時は、市場もまだ十分に育ってはおらず、このような高級ヨーロッパ家具の輸入量もごく限られたものでした。しかしながら皆様は、日本市場向けの製品デザインを求める我々の希望を、辛抱強く、好意的に受け入れてくださり、そのおかげで1990年には我が社の売上も飛躍的に伸びました。社長である竹本、そして私どもは、その当時ステベンソン氏から賜ったご協力を、

Model Speech 54　海外メーカー主催の夕食会で謝辞を述べる

大変感謝しております。皆様のご尽力のおかげで、現在、顧客が望む品質の商品を、顧客が望む価格で提供することができております。▼私どもは、御社のビジネス・パートナーであることを、大変誇りに思っております。両社のため、また両国の繁栄のために、この友好関係を末永く続けていきたいと存じます。ステベンソン様、そして皆様、このような素晴らしい歓迎晩餐会を催してくださり、ありがとうございました。

Clues　※下線部（点線）1 & 2

(1) 知らない人への配慮を示すとともに、永年の友好関係をアピールできる表現です。実際の会場で、（予想以上に）様々な年齢層の社員が混在していることに気づいた時には、このような表現を使う機転を利かせたいものです。→ *[Tip 26]*

(2) 国際感覚豊かなビジネスパーソンの人間性（エトス）が伝わる表現です。→ *[Tip 5]*

Concept　※下線部（実線）A & B

(A) "mature"（成熟した）は、人間や植物の「成長」の概念を伝えます。本例のように、この単語が「日本の家具市場」に用いられると、未成熟ゆえの（市場の）「不安定さ」や、今後の「生育」への期待が伝わります。続く(B) "jump"（跳ぶ）も人間の「動作」の概念がありますので、"jump" の前の「踏ん張り」や、跳び上がるアクションの「豪快さ」が演出されます。類似の言葉に skyrocket（急上昇）がありますが、これには人間の概念が無いため、"jump" のように「踏ん張って跳躍する」というよりは、むしろ、上昇を伴う「突然の変化」という物理的な側面が強調されます。

Apply it!　人の度量を言葉にする "patience" /péɪʃəns/

波線部 "patience"（辛抱）は、小さな我慢をはじめ、仕事の手間や諸問題を許容する「度量の大きさ」を表現する言葉として、ビジネスでよく用いられます。

> Our staff will be available shortly. Thank you for your **patience**.
> 　当社のスタッフが間もなく対応いたします。しばらくお待ちください。
>
> We appreciate your **patience** about the inconvenience.
> 　ご不便をお掛けして、申し訳ございません。（ご辛抱に感謝いたします。）
>
> Our **patience** has finally been rewarded today.
> 　我々の辛抱が、本日ようやく報われました。

Follow-up Advice

これは、アフター・ディナー・スピーチの一例です。ヨーロッパでは、正式な食事の後に、ホストとゲストがスピーチを交わし合う機会がよくあります。初めての宴席では、自社紹介や自己紹介を兼ねることもありますので、あらかじめ数点のエピソードを英語で用意しておくと、安心してスピーチに臨めます。

Model Speech 55
海外代理店を代表して会議で挨拶する

CD 2 / 5

あなたは、イギリスA&D社の輸入販売総代理店・株式会社ナカウチの営業部長です。ロンドンで開催される代理店会議で、全代理店を代表して挨拶をすることになりました。

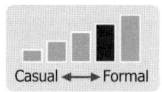

Casual ←→ Formal

Thank you, John, for your kind introduction. My name is [   ], and I am from Japan representing Nakauchi, Ltd., which has been A&D's sole agent for 15 years. **On behalf of all the agents**, I wish to express my sincere gratitude to President Chad Hilton and his staff for this heartwarming welcome party for us tonight.

We are to participate in the seminar meetings and conferences for three full days starting tomorrow. We look forward to learning the latest merchandising and marketing strategies of A&D through these meetings. Also, we wish to exchange our opinions with the representatives from other countries in order to learn what and how our colleagues are doing for better sales of A&D products back in their own countries.

It is said that the key to successful marketing is a superior product, one that matches the requirements and preferences of the consumers. It is also necessary to use appropriate marketing strategies and select **the right local partners**. In this sense, we are proud of being selected as one of A&D's qualified agents. As your partners, we will do our best so that we can further contribute to the expansion of A&D and its international business.

One Point　英語が「外国語」である聴衆も多いはずです。発音は明瞭に、そしてスピードは控えめに。

▼ジョンさん、ご紹介ありがとう。私の名前は[　　]と申しまして、A&D社の販売総代理店を15年務める株式会社ナカウチの代表として、日本からやって参りました。A&Dの全代理店を代表いたしまして、今夜、私どものために、この心温まる歓迎会を催してくださったチャド・ヒルトン社長とスタッフの方々に厚く御礼を申し上げます。▼私たちは明日から3日間にわたり、セミナーと会議に参加することになっています。これらの集まりを通じ、A&D社の最新の製品戦略と市場戦略を学ぶのを楽しみにしています。また、他国からの代表者との間で、A&D製品の優れた販売活動を、自国でどのように行なっているのかを知るための意見交換をしたいと思っています。▼マーケティング成功の鍵は、消費者のニーズと好みに合致する優れた製品にあると言われます。また適切な市場戦略と、

正しい現地パートナーの選択も重要です。この意味におきまして、私たちはA&D社の適格な代理店として選任されたことを、誇りに思う次第です。貴社のパートナーとして、A&D社と、貴社の国際ビジネスの発展に寄与できますよう、ベストを尽くして参ります。

Clues ※下線部（点線）1 & 2

(1) 全代理店を代表すると明言することで、自分の立場を明確にしています。それにより、「スピーチの目的」がはっきりと定まります。"on behalf of ~" は「〜を代表して」や「〜の代わりに」と言う際の定型表現です。→ *[Tip 3]*

(2) 一般論を語りつつも、実は自社の重要性をA&D社に再認識させるための表現です。控えめな「強調のジェスチャー」を用いて訴えたいポイントです。→ *[Tip 22]*

Concept ※下線部（実線）A & B

(A)と(B)で現れる"strategy"（戦略）という言葉の背後には、「戦い」の概念があります。"strategy"は本来「戦いの計略」を指しますので、この単語がビジネスで用いられると、「戦い」の概念がそのままビジネスにも反映され、「ビジネスとは（戦いのごとく）厳しいもの」という話者の価値観が聴衆に伝わります。そのため、この単語を多用すると、ビジネスを勝ち負けや優劣で判断する人、という印象を聴衆に与えてしまうことがあります。スピーチでは、言葉が持つ概念に留意しましょう。

Apply it! 確定的な未来をハッキリ伝える

波線部 "We are to ~" という表現は、「be動詞＋to不定詞」と呼ばれ、「確定的な未来や状況」を伝えます。予定・義務・運命の表現がその代表例として分類されますが、実際には、その3つが入り混じったニュアンスが伝わるため、willを用いた未来表現よりも、さらに断定的な状況を表現するのに適しています。

> The press conference **is to take place** on the 5th floor.
> その記者会見は、5階で開催されることになっています。（予定）
> Contract employees **are to leave** the office by 6:00 p.m.
> 契約社員の皆さんは、6時までに退社しなければなりません。（義務）
> We **are to face** a price hike of gas shortly.
> 間もなく我々は、燃料費の高騰に直面することとなる。（運命）

Follow-up Advice

何かを代表して挨拶をするというのは、緊張する反面、「全体のために何を言うべきか」というポイントが絞りやすくなるのではないでしょうか。どんなスピーチでも基本は「シンプルにまとめること」です。代表する組織全体の利益を頭の片隅に置いて、分かりやすい言葉で感謝と意欲を述べてください。

Model Speech 56
訪問先の視察団歓迎式典で挨拶をする

CD 2 / 6

電機工業会理事長のあなたは、同会主催のインドネシア産業視察団で団長を務めています。現地の商工会議所が催す歓迎式典で、一行を代表してひとこと挨拶をします。

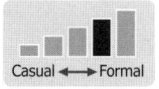

Casual ←→ Formal

Mr. Chairperson, Executive Director Teddy Jowono, members of the board of directors, ladies and gentlemen. I greatly appreciate the honor you have given me to speak before you all today. On behalf of our members who have joined this trip, I would like to thank all of you for this **heartwarming welcome to your beautiful country**.(1)

Twenty years have passed since our first trip here, marking the beginning of the close relationship between us. Twenty years ago we came here to find partners who might be interested in the products we were making. Today, however, we have come here hoping to locate those who may wish to make products for us.

Indonesia is now holding its own as an Asian industrial center while Japan is facing a hollowing out of its industries. Although it is true that Japanese production is now shifting to East Asia, I believe the resultant growth of the East Asian economies will, in turn, spark demand for Japanese products. If we work hard, hand-in-hand, we can surely create new international business opportunities. I hope we can have lively discussions with your members while we are here, which will be for our **mutual* benefit**.(2)

* mutual /mjúːtʃuəl/ 相互の

One Point　長期にわたって培われた信頼関係のある聴衆ですから、落ち着いて穏やかに話しましょう。

▼議長、テディ・ジュオノ理事長、理事の方々、および会場の皆様。皆様を前にご挨拶させていただく栄誉に感謝いたします。美しい貴国への訪問を、このように温かくお迎えくださり、この視察旅行の参加者に代わりまして、心より御礼を申し上げる次第です。▼双方の密接な関係が始まるきっかけとなった初めての訪問から、20年が経ちました。20年前は、私どもの製品に関心を示してくれそうなパートナーを見つけるために、当地へ来ました。しかし今回は、私どものために製品を作っていただける方々を、探しにやって来たのです。▼日本が産業の空洞化に直面する昨今、インドネシアは、アジア産業の中心としての地位を確固たるものとしています。日本の製造業がアジアへ移行しているのは確かですが、その結果としてアジアの経済地域が大きく成長し、日本製品の需要を大きく伸ばす

引き金となるものと信じております。お互いが、共に手を携えて懸命に努力をすれば、間違いなく、新しい国際ビジネスの機会を創造できるはずです。当地に滞在中、貴商工会議所の会員の皆様と、双方にとって実りある活発な討議ができますよう、願う次第です。

Clues ※下線部(点線) 1 & 2

(1) 「(形容詞＋名詞) to your (形容詞＋名詞)」という表現は、耳に美しい響きを残します。そのリズムが伝わるように発音することが大切です。→ *[Tip 21]*

(2) 相手の利益（話者と聴衆の相互の利益）への配慮を言葉にしています。聞き手にとって、安心感や喜びを感じられるエンディングになっています。→ *[Tip 17]*

Concept ※下線部(実線) A

(A) "spark"（引き起こす）は、その名詞形「火花」から連想されるように、何かが「炸裂する」概念を伝えます。本例では「需要を大きく伸ばす引き金」と訳しましたが、引き金を離した瞬間、(火花のように)「劇的に発生する」未来を暗示しています。その臨場感を伝えるのがsparkの持つ概念がなせる技で、bring（もたらす）や、show（示す）では伝えきれない強さがあります。

Apply it! 比較することで引き立つ魅力を探す

2つの波線部 "Twenty years ago ~" と "Today, however, ~" は、過去と現在を比べて、現在の状況を際立たせています。ここでは、商品を「作る側」から「作ってもらう側」への変化を対照的に描いています。時代（昔・今）の他にも、場所（東京・大阪）、人（あなた・私）、モノ（電子メール・郵便）など、様々な対照表現が可能です。あなたのスピーチに当てはまる、効果的な比較対象を探してください。

> Thirty years ago, our company started with **only one store in suburban Osaka**, but now you can find **our stores anywhere in Japan**.
> 30年前、大阪郊外でたった1店舗から始まった当社ですが、現在では、日本中どこでも、皆さんが私どもの店を見かけるまでになりました。
>
> **You** don't have to do **anything**. **We** will do **everything** for you.
> あなたは何もしなくて良いのです。我々がすべていたします。

Follow-up Advice

20年間の変化を基に、両者の関わりについて述べる答礼です。エンディングに向かうにつれ、前向きな表現になっています。両者の協調ぶりを示す "mutual" という単語は、mutual understanding（相互理解）、mutual trust（相互の信頼）、mutual cooperation（相互協力）という表現でも、よく用いられます。

Model Speech 57
研修を終え日本帰国の前に挨拶をする

CD 2
7

あなたは、海外にある関連企業の研究所での技術研修を終え、日本に帰国することになりました。現地の研究所員が企画してくれた送別会で、感謝とお別れの挨拶をします。

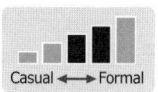

Casual ←→ Formal

Good evening, my friends. I can not remember how many times I have said, "Thank you," since I came here three months ago. Still, today is the day when I should say, "Thank you," once again for all the useful instructions and kind support you have given me during my stay.

Truth be told, I was the kind of person who believed that technical manuals alone could tell us everything we needed to know. However, your warm-hearted assistance and our heated technical discussions changed my mind. **Manuals are not enough.** What we need is real knowledge reinforced by up-to-date, hands-on technical training. I truly appreciate this opportunity now.

It is my turn to pass the real knowledge on to my colleagues in Japan. I am sure that they will be inspired by the experiences I have had here in this lab. Before leaving for Japan, let me say this once again, "Thank you very much."

【抄訳】当地へ来て3か月、何度「ありがとう」と言ったか覚えていません。それでも、これまでのご指導とご支援に、今日こそ「ありがとう」と言う時です。▼実は、私は「技術マニュアル」さえあれば十分だと思うような人間でした。しかし皆さんの助けや、熱い技術討論の数々が、私の考えを変えました。マニュアルだけでは不十分です。最新の技術研修によって強化された知識が必要です。今、この機会に感謝をしています。▼今度は、私がここで学んだことを日本の同僚に伝える番です。彼らもきっと刺激を受けるでしょう。帰国前にもう一度言わせてください。「ありがとうございました。」

Clue ※下線部

自分の意識が「どう変わったか」を、具体的に、ひとことで断言しています。この言葉は、同時に「聴衆が共感する言葉」であることが必要です。→ *[Tip 4]*

Follow-up Advice

技術研修の御礼ですから、研修の結果、「今」や「未来」にどのような変化があるかを具体的に述べる必要があります。印象的だった事柄について触れることは、それを「提供した側の満足感」にもつながります。話は具体的に進めましょう。

Model Speech 58
内覧会で新商品の情報を知らせる

あなたは、若者に人気の腕時計ブランドのマーケティング担当者。明日開会予定の業界展示会の会場で、上取引先を招いた内覧会を催し、新商品の特徴をいち早く知らせます。

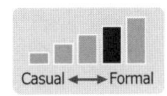

Ladies and gentlemen, thank you very much for coming to our exhibition stand. Today, we are thrilled to give you, our specially selected customers, a special preview of our new sports watches for this coming winter.

We are going to launch six new models in our Hyper Ski Watch series at prices ranging from $79.90 to $109.90. The top-end 1-80D has a digital display and can function at temperatures as low as -20 °C. It has a 0.01 second stopwatch and a built-in temperature sensor. In addition, it has three, exchangeable, colorful nylon bands for skiers to wear over ski jackets. I am sure that these new items will gain great popularity among young people. This is a perfect addition to the current sports watch market in Japan.

Please see, touch, and feel the new trend in ski watches here. We hope that you will give us your support in moving the series into your markets.

【抄訳】展示会場へようこそ。本日は特別なお客様に内覧会を開催できて光栄です。▼当社はHSWシリーズで79.90ドルから109.90ドルの6種類を新発売します。最上位機種は、デジタル表示でマイナス20度でも使用可能。1/100秒ストップウォッチと温度センサーも装備します。スキー服の上に着用できるよう、取換可能なバンドが3本付属します。これらは若者の間で人気を博すでしょう。日本のスポーツ・ウォッチ市場に最高の新顔が加わります。▼新スキー・ウォッチのトレンドを、見て、触れて、感じてください。本シリーズを、御社の市場で拡販くださいますよう、お願いいたします。

Clue ※下線部

一連の動作を表現する3つの動詞を連続させることで、特別内覧会における「体験」の臨場感や楽しさを演出しています。「3点ルール」の応用です。→ *[Tip 8]*

Follow-up Advice

商品名等を強調する際は、その言葉の前後で若干の間(pause)を置くと、キーワードが際立ちます。温度記号のCは摂氏(Celsius)、Fは華氏(Fahrenheit)を示します。0.01秒は、(zero) point zero one second と読むと伝わりやすいでしょう。

Model Speech 59
訪問先で自分の会社を紹介する

株式会社タモンの営業本部長を務めるあなたは、訪問先の企業で、自社の紹介をすることになりました。社名の由来から会社の特徴までを、簡単に整理して説明します。

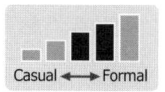

I appreciate the opportunity you have given me to speak to you today. Since all of the business related facts and figures are in the company information you have, I will briefly speak to you about something not stated in those materials.

Our company name, Tamon, is **a Confucian term. It signifies one** who listens to the opinions of others with humility, a friend one can respect throughout life. This kind of mutual respect and a common love to create sound, brought us together. We established Tamon 25 years ago to incorporate our sound-making concepts into products and to make them widely available to music lovers in Japan and overseas.

With the world as our market, we send our young and able audio engineers abroad. Fresh information obtained this way is carefully analyzed at our laboratory. The results are then utilized **in selecting materials, in determining sound quality, and in designing our products**.

We are striving to maximize our capacity for technical development and our marketing ability in order to remain competitive in both quality and prices. As you say, "Seeing is believing." Well, in our business, hearing is believing. Let me now demonstrate our products to you to prove this.

One Point 商品を売る前に「自社の存在を売る」という気持ちで、親しげに話すと良いでしょう。

▼本日は、皆様にお話しできる機会をいただき、ありがとうございます。会社の業務内容に関するデータはお手元の会社案内にございますので、そこには載っていないお話をご紹介いたしたく存じます。▼私どもの社名「タモン」は孔子の言葉なのです。それは、「謙虚に他人の意見に耳を傾ける人」「生涯尊敬できる友人」を意味します。私どものスタッフは、お互いを尊敬する思いと、皆に共通する「良い音作りへの愛情」が結び付けてくれた仲間なのです。私たちの音作りのコンセプトを製品にし、広く日本や海外の音楽ファンが入手できるようにと、25年前に私たちはタモンを設立いたしました。▼世界を我が社の市場とし、私たちは若く有能な音響技術者を海外へ送り出しています。そこで入手した最新情報は、我が社の研究所で入念に分析されます。その結果は、のちに素材の選択、音質の決定、

そして製品デザインに生かされます。▼我が社は、品質と価格の両方で競争力を維持するため、技術開発や営業力の向上を目指して鋭意取り組んでいます。「百聞は一見にしかず」と申しますが、私どもの業界であれば「百聞は"ひと聴き"にしかず」とでも申しましょうか。ただ今、それを証明するために、弊社製品のデモをさせていただきます。

Clues ※下線部(点線)1 & 2

(1) 特別な言葉や、難解な用語を用いた時は、すぐにその意味を補足することで、聴衆が「何のこと？」と不安になるのを防ぐことができます。→ *[Tip 11]*

(2) "A, B, and C" の形で例を挙げていますが、ここでは3点とも対等ですので、どれかが特別な印象を与えないように、均等なリズムで話しましょう。→ *[Tip 21]*

Concept ※下線部(実線) A & B

(A) "strive" には「何かと戦う」概念があることから、単に「頑張る」のではなく「懸命に打ち込む」という熱意が伝わります。続く (B) "maximize our capacity" では、企業の能力を「物体の容積」に喩えて、それが最大限に膨らむ様子を視覚的に伝えています。言葉とともに伝達されるこれらの概念によって、聴衆は、努力を続ける企業の姿勢をハッキリと思い描くことができるのです。

Apply it! ことわざの浸透力を自分の言葉に

2つの波線部は、誰もが知ることわざと、それに手を加えて自分が伝えたいことを表現した例です。この場合、前者(seeing)と後者(believing)の両方を変えてしまうと、聞き手は元のことわざを思い出せなくなります。ことわざをアレンジする時は程々の加工にとどめ、理解しやすい文脈の中でのみ使用しましょう。また、ことわざを引用する際は、聞き手の文化や使われる文脈によって、意図する意味が変わるもの ("A rolling stone gathers no moss."「転石苔を生ぜず」など) がありますので、フォーマルな場面では誤解を生まないよう留意しましょう。

> This is our new mattress. As you know, **"Sleeping is believing."**
> So, please give it a try now, and feel the difference!
> こちらが我が社の新しいマットレスです。「眠ればわかる」と言うでしょう。ぜひ、この機会にお試しいただき、その違いを感じてください！

Follow-up Advice

本例に登場する "mutual respect"、"a common love"、"young and able" などの言葉は、やさしい意味の単語なのですが、(気恥ずかしさもあって)うまく感情を込めて表現するのが難しいようです。頭の中で、それぞれの言葉が持つドラマチックなイメージを膨らませておくと、自然に感情が込められるようになります。

Model Speech 60
営業先の社員に自己紹介をする

取引先の社員が集まるランチ・ミーティングで、簡単な自己紹介を求められたあなた。穏やかな雰囲気の会場で、趣味や仕事、家族の話をコンパクトに紹介します。

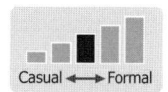

Good afternoon, ladies and gentlemen. My name is [   ]. **As requested, I would like to tell you a little about myself and my family.**

I joined this company, which had just started from scratch, after graduating from university. My major was English, although to hear my English today you may find it difficult to believe. I went to my university, however not to learn English, but to play rugby football. I practiced diligently every day when I was a student.

The name of my school is Doshisha University. Doshisha is famous for rugby in Japan. The name Doshisha literally means "one-purpose-institution." The spirit of rugby is "one for the team, and the team for one." This spirit goes well with the name of my school. **With this rugby spirit** I have been working for my company and our customers for 15 years.

I met my wife Masako while in the club. We "ruggers" were always hungry, and female fans often brought food that they cooked for us. I was attracted to Masako's delicious cooking, and we were married shortly after we graduated from school. We have a daughter. She doesn't like rugby, but she arranges flowers and plays **the koto, a Japanese harp**. Fortunately, she has not copied me in my English ability either and speaks it very well.

One Point　カジュアルな場面であれば、少々大げさな抑揚をつけて話すと親しみがわきます。

▼皆さんこんにちは、[　　]です。ご依頼により、私と私の家族について少しお話をさせていただきます。▼私は大学卒業後、まだゼロからスタートしたばかりのこの会社に入社しました。今、私の英語を聞いておられる皆さんには信じがたいことでしょうが、大学での専攻は英語でした。大学には行きましたけれど、英語を勉強するためではなくて、ラグビーをするためでした。学生時代は、毎日懸命に練習に励んだものです。▼私の母校は同志社大学と言います。同志社は、日本ではラグビーで有名です。同志社とは「ひとつの目的を持った組織」という意味です。ラグビーの精神は「一人はチームのために、チームは一人のために」です。この精神は、母校の名前に良くマッチします。このラグビー・ス

ピリットを胸に、15年間、私は会社とお客様のために働いてきました。▼妻の雅子にはこのクラブ活動で知り合いました。私たちラガーマンはいつでも腹を減らしていましたし、女の子のファンが、よく私たちのために料理を作って持って来てくれました。私は、雅子のおいしい料理に魅了され、卒業後しばらくして結婚しました。私たちには娘が一人います。娘はラグビーは好きではありませんが、生け花とお琴をたしなみます。幸いなことに、英語力は私に似ず、大変上手に英語を話します。

Clues ※下線部(点線) 1〜3

(1) 冒頭で話の範囲を明示することで、話の展開が分かりやすくなります。→ *[Tip 13]*

(2) 「大学名の由来」と「ラグビー・スピリット」の説明が、いずれも「仕事への情熱」を描写する構造になっています。→ *[Tip 14]*

(3) 日本語を使う場合には、簡単な英語で説明する心配りが大切です。→ *[Tip 17]*

Concept ※下線部(実線) A

(A) "scratch" には、刻み込まれた「目印」の概念があります。創業の瞬間は目に見えませんが、"start from scratch" と言うことで、まるで眼前にスタートラインが引かれ、何もない状態から駆け出すようなイメージが伝わります。逆に come up to scratch と言えば、何かの性能や状態が、ある水準(目印)に到達することを意味します。これらは、"scratch" が持つ「目印」の概念による演出効果です。

Apply it! 真意を強調するコントラスト

波線部は、「〜のためではなく、〜のため」という対比に重点を置いた表現です。実際には "not to ~, but" の箇所は省略されても「事実」そのものは変わらないのですが、"not to ~, but" の前置きがあることで、話者の論点が強調されます。

> Let me remind you that our new branch was opened [**not to** expand our sales, **but**] **to** guarantee the best service in town.
> 　皆さんに覚えておいていただきたいのですが、我々が新支店を開いたのは、[売上強化のためではなく] 街で最高のサービスを約束するためです。
>
> You have come here to Kyoto [**not to** see the town, **but**] **to** "feel" it.
> 　皆さんは、京都の町を [見に来たのではなく]「感じに」来たのです。

Follow-up Advice

ビジネスにおける自己紹介では、どこかで仕事に対する姿勢をアピールできる部分を設けて、無理なく自分を売り込みたいものです。趣味や嗜好が、何かの切り口でうまく仕事面に結びつくポイントを考えておくと良いでしょう。名前(漢字)と性格を結びつけて PR するのも一案です (→*[SP 98]*)。

Model Speech 61
新規営業先でプレゼンテーションを始める

あなたは、アンテナ機器メーカーの海外事業本部に勤務しています。このたび、海外の大手小売業者の商品企画会議の場で、自社製品のプレゼンをする機会を得ました。

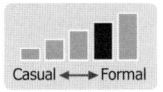

Ladies and gentlemen, shall we get started? Thank you very much for welcoming us this morning. On behalf of our company, I appreciate your interest in our top-selling, cutting-edge, flat passive antenna, the FP-100. We are sure that this model is the best choice for any digital TV, and this will be a valuable addition to the showcases at your stores.

This morning, we are here with the best possible offer. We have three topics to discuss with you. First is our award-winning quality for highest customer satisfaction. Second is our very competitive pricing exclusively for your stores. Third is our flexible OEM manufacturing and packaging services for the enhancement of your branding strategy.

We wish to make this meeting a golden opportunity for both of us. Let me begin with the first topic, our commitment to quality and customer care.

【抄訳】では始めましょうか？お迎えくださり光栄です。好評の最新式平型パッシブ・アンテナFP-100へのご関心に、弊社を代表し御礼申し上げます。これはあらゆるデジタルテレビに最適で、貴店の売場に追加いただく魅力的な製品です。▼今朝は、最善のご提案を用意しました。お話は3点です。まずは最高の顧客満足をもたらす、受賞歴のある品質。次に貴店だけに提案する、どこにも負けない価格設定。そして御社のブランド戦略を高める、柔軟なOEMでの製造・包装対応です。▼本日の会合を、双方にとってまたとない機会にしたいと願います。では、品質とサービスのお話から。

Clue ※下線部

聴衆にとって利益のある話（聴衆が納得する提案）をすると言い切ることで、聴衆を味方につけ、後に続く「3項目の紹介」への関心を高めています。→ *[Tip 4]*

Follow-up Advice

営業のスピーチでは、「各話題における顧客側の利益」を、常に意識して語ります。本例では、(1)高品質＝顧客満足、(2)特別価格＝市場での優位性、(3)OEM対応＝ブランド向上、のように、各話題と企業利益との関連性を明示しています。

Model Speech 62
取引先で出張セミナーを開催する

CD 2 / 12

あなたは、取引先から新しいソフトウェアの導入を受注しました。運用開始に先立ち、社員が取引先に出向いて実施する技術セミナーで、あなたが進行役を担当します。

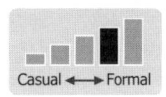

Casual ←→ Formal

Good afternoon, ladies and gentlemen. First of all, we greatly appreciate your recent order to upgrade the groupware to Kizuna 3.0. Thanks to your support, Kizuna has received many testimonials in trade magazines and newspapers. Today, we are very happy to hold this hands-on seminar in this setting at your company. We thank you very much, indeed.

Today's seminar has three sessions, 90 minutes in total. In the first session, our chief developer will give you a brief roadmap of the development of our Kizuna series followed by the demonstration of new features. Second, I will invite our senior instructor, who will provide complete, step-by-step instructions. Third, we will have a Q&A session to wrap up the meeting.

When your PCs are all booted up, we will start our first session. Will you please have your PC and guidebook ready? Thank you for your cooperation.

【抄訳】絆3.0へのグループウェアのアップグレードを感謝いたします。おかげ様で、絆は業界誌や新聞で数多く推薦されました。本日は、皆様とこのように体験型のセミナーを開催できて光栄です。御礼申し上げます。▼本セミナーは3部構成で全90分です。第1部では、開発責任者が開発の軌跡をご説明し、新機能のデモをいたします。第2部では、上級講師が一通りの説明を順にご提供いたします。第3部では、質疑応答で本セミナーの仕上げをいたします。▼皆様のPCが起動しましたら、開始いたします。恐れ入りますが、PCと手引書をご準備ください。ご協力ありがとうございます。

Clue ※下線部

先に話の全体像を紹介し、その上で順番に各項目を説明しています。→ *[Tip 13]*

Follow-up Advice

更新契約の仕上げとなる会合ですから、冒頭では契約についての感謝を述べます。"testimonial"（推薦文）に触れるのは、今回の契約が確かなものであったことを取引先の社員に再認識してもらう狙いがあります。第2段落のような「紹介の手順」を身に付けると、さらに長いプログラムでも説明がしやすくなります。

2 社外関連のスピーチ（営業）

Model Speech 63
店頭で一般消費者に実演販売をする

CD 2 13

あなたは、老舗刃物メーカーの営業担当者。このたびアメリカの大型小売業者との交渉が成立し、職人さんを連れて各店舗を巡回し、包丁の実演販売をすることになりました。

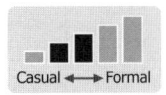

Casual ←→ Formal

Ladies and gentlemen, can I have your attention please? Thank you for stopping by our station today. As you see, we are craftspeople specializing in traditional, quality Japanese kitchen knives for professional chefs.
　From the finest selection of our products, we have brought here today the best kitchen knife perfect for your everyday use. **It has amazing quality with a user-friendly design at the best price!**
　This long-lasting sharp blade is made of high-carbon stainless steel, which is rust-resistant and easy to keep well maintained. And look at this large handle. With this traditional octagon shape, you can grip it really well, even with wet hands. Today, we are offering this best-selling Japanese knife for only $70 with a five-year blade warranty. In addition, we will engrave your name on the blade for free. Enjoy cooking with this stunning cutting tool, today!

【抄訳】皆さん、ちょっといいですか。お立ち寄りありがとうございます。ご覧の通り私たちは日本のプロ用包丁の職人です。▼自慢の製品群から、本日は皆さんのご家庭に最適の一品をご用意しました。驚きの品質、使いやすさ、それに値段！▼永切れする刃は高炭素ステンレス鋼で、錆びに強くお手入れも簡単。この大きな柄を見てください。伝統的な8角形だから、濡れた手でもしっかり握れるのです。本日は、この人気の包丁に5年間の刃金保証をつけて、わずか70ドルで販売します。しかも、あなたのお名前を無料で刻印します。この驚きの包丁で、お料理を楽しんでください！

Clue ※下線部

製品の魅力を「品質」「意匠」「価格」などの3点に絞って聴衆に呼びかける手法は、商品やサービスの告知でよく用いられるテクニックです。→ *[Tip 8]*

Follow-up Advice

本例には、「人の心を動かす3要素」(→*[Tip 5]*)がバランス良く配置されています。「プロも愛用する確かな品質」がロゴス、「名前入り包丁で楽しい料理」がパトス、「職人による製造直売」がエトスによるアプローチにそれぞれ該当します。

Model Speech 64
テレビ番組で新商品を紹介する

あなたが企画営業を担当する製薬会社が、化粧品分野で新商品を開発しました。人気のテレビ番組「グレッグ・モーニング・ショー」で、あなたがその新製品を紹介します。

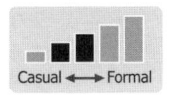

I'm so excited this morning, because today, our company, Sakai Pharma Corporation, will launch a brand-new cosmetic brand, "Kagayaki"! It was designed and developed completely from the ground up with an intensive focus on sensitive skin.

For the very first time, here is the all new Kagayaki series! Having been at the forefront of medical science for more than 80 years, Sakai Pharma is now offering these pharmaceutical-grade cosmetics at affordable prices. Do you have trouble with sensitive skin? The new concept, "For Sensitive Beauty," is just for you. I'm sure that our new Kagayaki series will make a difference. Please visit our website, and check out the secrets of Kagayaki today. Oh, until August 2nd, a special trial coupon is also available on the website.

Thanks for watching, and thank you, Greg, for having me this morning.

【抄訳】私ども堺製薬株式会社から新化粧品ブランド「輝」が本日登場します！敏感肌にこだわって、ゼロから開発しました。▼まさに初めてお見せします、こちらが輝シリーズです！80年以上、医療分野で最前線を走ってきた堺製薬が、医薬品グレードの化粧品をお求めやすい価格で提供します。敏感肌でお困りではありませんか？ならば「敏感肌の美しさに」という新しいコンセプトにぴったりです。輝シリーズは、きっと違いを生むでしょう。ぜひ当社サイトで輝の秘密をご覧ください。8月2日までは限定お試しクーポンもあります。▼それではまた。グレッグ、今朝はありがとう。

Clue ※下線部

多くの視聴者を対象とした、披露シーンの臨場感を伝える表現です。→ *[Tip 26]*

Follow-up Advice

短い出演枠ですから、伝えるべきポイントを厳選します。本例では、「製薬会社の信頼感」をベースにして「敏感肌のための美しさ」を訴え、商品が「手頃な価格」であることを紹介しています。途中で質問を入れるのは、視聴者の注目を維持することと、見込顧客である「敏感肌の視聴者」を絞り込む狙いがあるからです。

Model Speech 65
ラジオで新商品キャンペーンを知らせる

CD 2 / 15

あなたは、「京都」ブランドでアイスクリームを全米展開する販売責任者。このたび、自慢の新商品「桜」の販促キャンペーンを、ラジオ番組で紹介する機会が得られました。

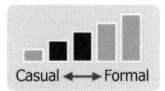

Casual ←→ Formal

Thanks, Terry, and hi, listeners! My name is [　　], and I've got a special announcement to make. Today, we've started shipping a new flavor of our best-selling "Kyoto" ice cream series. The new flavor is called "Sakura" or "cherry blossoms." You can enjoy the refreshing blend of selected Japanese cherries and apples – something completely new!

This weekend, we're going to celebrate the new product with a "One More Kyoto" campaign. For every purchase of a new Sakura ice cream, you'll get one more cup of your choice from the tasty Kyoto series for free! **Yes, one more cup for free!** No registration necessary, but it's a limited offer only at J-Mart stores in Illinois, this Saturday and Sunday.

So grab your friends and head down to the nearest J-Mart store this weekend to enjoy the new taste sensation, Sakura ice cream!

【抄訳】テリー、ありがとう。皆さん、今日は特別なお知らせです。本日、好評の「京都」アイスに新味が登場しました。名前は「桜」です。厳選された日本のさくらんぼとりんごの、まったく新しい風味です。▼新発売を祝って、この週末、「ワン・モア京都」キャンペーンを開催。桜アイス1個のお買い上げにつき、おいしい京都シリーズからお好きなものを、もう1個無料で進呈します。そうです、1個買えば、もう1個が無料！登録は不要ですが、イリノイ州のJマートのみで、この土日の限定です。▼さあ、今週末は仲間を連れて、お近くのJマートで、新しい味覚・桜アイスをぜひどうぞ！

Clue ※下線部
重要なポイントを、再度、簡潔な表現にして繰り返しています。→ *[Tip 17]*

Follow-up Advice
DJのテリーから合図を受けて、カジュアルに語りかけます。ラジオは、何かをしながら聞いている聴衆がほとんどですから、特に平易な文章で、メリハリをつけて語ることが大切です。本例のように、地域や日時が限定されるキャンペーンでは、顧客からのクレームを避けるために、ハッキリと限定項目を伝えましょう。

Model Speech 66
国際販売代理店会議を始める

あなたは、日米ソーラー株式会社の営業部長です。このたび、「アジア地域・販売代理店会議」で議長を務めることになりました。まずは開会のひとことから始めます。

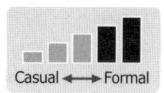

Good morning, ladies and gentlemen. My name is [   ], and I am the sales manager of Nichibei Solar Co., Ltd. I have been appointed to preside* over this conference for our exclusive distributors in Asian regions, and I would like to ask for your kind cooperation.

Let me start the session immediately as we are already running a little late. The purpose of this session is to review our activities of the past year and to introduce new sales plans for the coming year. I have asked Mr. Kimura and Ms. Piyaporn to act as secretaries. **Any objections?**

We have two hours for discussions first, so each member is allowed to speak for about 10 minutes. I want the participants to exchange ideas frankly and consider the problems now being faced in each market. Mr. Tan, **would you please start?**

* preside /prɪzáɪd/ 議長を務める

【抄訳】おはようございます。日米ソーラー株式会社の営業部長、[   ]です。アジア地域・販売代理店会議の議長に任命されましたので、ご協力をお願いします。▼少々遅れていますので、ただちに始めさせていただきます。当会議の目的は、1年間の活動を振り返り、翌年度の販売計画を紹介することです。木村さんとピヤポーンさんに書記を依頼しましたが、よろしいでしょうか？▼最初に2時間の討議時間がありますので、お一人約10分間ずつお話しいただけます。皆さんには、率直な意見交換と市場の諸問題に関する検討をお願いします。それではタンさん、始めてくださいますか。

Clue ※下線部

文末の抑揚を上げれば確認調、下げれば断定調の意味になります。→ *[Tip 21]*

Follow-up Advice

正式な議事を始める際のスピーチです。議場の隅々まで届く「声の大きさと速度」に注意しましょう。国際会議では、英語を母国語としない人々の「多様な英語」が聞き取りにくい時もあるでしょう。発表者の英語が聞き取りにくい時には、他の参加者への配慮をこめて、議長から言い直しを求めることも大切です。

Model Speech 67
ディーラー会議で工場の被災を詫びる

あなたは家電メーカーの製造管理部長です。先般の地震災害に伴う対応を協議するため、定例ディーラー会議を繰り上げて開催し、あなたが冒頭で謝罪と状況説明をします。

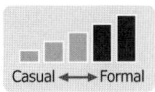

Casual ←→ Formal

Good morning, ladies and gentlemen. Thank you very much for taking the trouble to assemble here today to share an important discussion about the recent earthquake, which struck our central factory in Chiba.

First, we deeply regret that the incident has impeded the production of all K2 series. We are doing our very best to fill orders by producing them in the Nara factory instead. However, some expected delays in shipping have prevented us from receiving orders with a specified delivery date for the coming two months. Please accept our sincerest apologies for any inconvenience during this recovery period. We greatly appreciate your patience and cooperation.

Before the general session, we are going to have individual meetings with each of you this morning. **Please let us know how we can serve you better. Your opinions are always very important.** Thank you once again.

> 【抄訳】本日は、先の地震による千葉中央工場の被災について重要な協議をするため、皆様にご足労いただき感謝申し上げます。▼まずは、全K2シリーズの製造に支障が出ておりますことをお詫びいたします。現在、代替の奈良工場で同製品を鋭意製造しておりますが、出荷に遅れが見込まれるため、今後2か月間は納期指定のご注文をお受けできない状況です。復旧期間中のご不便をお詫び申し上げます。ご理解とご協力に感謝いたします。▼総会の前に、今朝は皆様との個別会合の場を設けております。弊社へのご要望をお聞かせください。皆様のご意見は常に大変重要なものであります。

Clue ※下線部

緊急事態においても、常に「顧客第一」の姿勢を明確に訴えています。聴衆に視線を送りながら、心を込めて語ることが大切です。→ *[Tip 18]*

Follow-up Advice

9行目の "patience" は、状況を理解のうえ文句を言わずに「我慢すること」を指しています。被災状況の説明に際して、各分野の担当者が登場する場合には、それぞれの責任領域（肩書）を説明できるように準備しておきましょう。

Model Speech 68
新事業の立ち上げを記者発表する

CD 2 / 18

お好み焼きの関連商材を製造販売するあなたの会社が、アメリカに合弁会社を設立し、新事業に乗り出すことになりました。あなたが、その概要について記者発表をします。

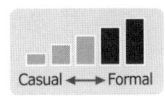

Casual ←→ Formal

Today, we are greatly pleased to announce that JP Foods Corporation will launch a chain of new-style Okonomiyaki restaurants with retail shops in the U.S. next August.

Our first shop will be opened in Seattle, in cooperation with Season Cook, Inc., one of the leading fast food chains, headquartered in the city. The two companies, Season Cook and JP Foods, will establish a joint venture to be called, "JP-Season Foods, Inc.," by the end of this year. JP Foods will play an initial role in management by holding 70% of shares of the venture.

<u>This plan is part of our dynamic strategy to expand the sales of our Okonomiyaki ingredients and other related merchandise.</u> Beside me is our executive vice president, Koji Kuwano, to answer your questions. He is the inaugural president and CEO of JP-Season Foods, Inc.

【抄訳】本日は、JP食品株式会社が、アメリカで販売店併設型のお好み焼き食堂チェーンを来年8月に立ち上げることをご報告できて光栄です。▼第1号店は、シアトルに本社を置くシーズン・クック社の協力のもと、シアトルに開設します。シーズン・クックとJP食品の2社は、本年末までに合弁会社「JPシーズン食品」を設立します。JP食品は株式の7割を保有し、先導的任務にあたります。▼本計画は、弊社のお好み焼き関連商材の拡販に向けた活動的な戦略の一環です。皆様の質問に答えるため、私の隣には弊社副社長の桑野康二がおります。彼は、新会社の初代社長およびCEOです。

Clue ※下線部

新事業の目的を、簡潔かつ力強い言葉で明確に述べています。→ *[Tip 11]*

Follow-up Advice

2行目の "launch" は、新しい世界に踏み出す頼もしさが伝わる言葉ですので、自信あふれる声と表情で語りましょう。7~9行目の "an initial role in management" や "dynamic strategy" も同様で、これらを適切に強調して語る(→*[Tip 21]*)ことで、その内容にふさわしい、企業の前向きな姿勢を伝えることができます。

Model Speech 69
新製品記者発表会で商品を紹介する

CD 2 19

あなたが勤務する設備機器メーカーは、ニーズを的確に反映した製品づくりで定評があります。あなたは同社の広報部員として、自慢の新製品を記者会見場で紹介します。

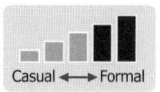

Casual ←→ Formal

Thank you, ladies and gentlemen, for coming to this press conference for the introduction of our new product. It is my great pleasure and honor to introduce to you this fluorescent lantern, "E-Lantern." The E stands for Emergency, and this lantern incorporates a 4-inch LCD TV, radio, searchlight, USB battery charger, and even emergency siren! Today, I would like to tell you about **three interesting features** of this truly unique new product today.

First of all, E-Lantern is portable. It is compact in size and light in weight. It measures only 20 cm high, 15 cm wide, and weighs less than 1 kg. Second, E-Lantern is user-friendly. It operates on four C batteries, and has large illuminating buttons for easy operation in an emergency. In addition, it operates on a household current with an adapter. Third, E-Lantern is versatile. The TV can be hooked up to a video camera and used as a monitor. Also, **please take a look at this USB port here**. This allows users to charge cell phones or other portable devices. E-Lantern is a reliable companion in an emergency.

Though technically advanced, our world is still at the mercy of nature. We cannot be free from the ravages of earthquakes or typhoons. Speedy and correct information is what is needed most in such disasters. E-Lantern will help you when you really need it.

One Point 製品紹介は、自信にあふれたテンポの良さが大切です。気持ちを盛り上げて始めましょう。

▼皆様、このたびは当社の新製品発表会見にお越しくださいまして、ありがとうございます。皆様に、この蛍光灯式非常灯「Eランタン」をご紹介できますことを喜ばしく光栄に存じます。EはEmergencyのEを意味し、この商品は4インチ液晶テレビ、ラジオ、サーチライト、USB充電器、そして緊急用サイレンまでもが装備されています。本日は、大変ユニークなこの新製品の3つの特長について、お話しいたします。▼まず1点目は、Eランタンは持ち運びが簡単です。小型で軽量です。高さ20センチ、幅15センチ、そして重さはわずか1キロを切っています。2点目は、Eランタンは使いやすいです。単2乾電池4本で動作し、大きな光るボタンが緊急時の操作を助けます。さらに、アダプターをお使い

いただければ、家庭用コンセントでもご利用になれます。3点目は、Eランタンは多機能です。テレビはビデオカメラにつないでモニターとしても使用できます。それと、こちらのUSB端子をご覧ください。これで携帯電話や各種携帯機器の充電ができるのです。Eランタンは、まさに災害時の頼れるパートナーです。▼どんなに技術が進歩しても、世界は依然、自然の力には逆らえません。私たちは地震や台風の猛威から逃れられないのです。そんな災害時に最も必要となるのは、速やかで正確な情報です。Eランタンは、それが本当に必要な時に、あなたを助けてくれるでしょう。

Clues ※下線部(点線) 1～3

(1) 数ある特徴の中から3点に絞り、それを順番に紹介すると明言することで、聴衆が話の流れに乗りやすくなります。→ *[Tip 8]*

(2) スライドを使って特徴を説明する場合には、どこまでの情報をスライドに掲載し、何を口頭で説明するか、という「役割の配分」に留意してください。→ *[Tip 27]*

(3) 聴衆に呼びかけて、スピーチの雰囲気を変えるひとことです。"here" のタイミングで、「指定のジェスチャー」とともに、USB端子を指し示します。→ *[Tip 22]*

Concept ※下線部(実線) A

(A) "companion" は、仲間を表す「人間」の概念を持っています。商品は単なる電子機器なのですが、災害時に使われる商品を "companion" と表現することで、誰もが平常心を失う非常事態においても、この商品があれば、そばに頼りになる「親友」(人間) がいてくれるかのような安心感を演出する効果があります。

Apply it! 略語の意味を簡潔に補足する

波線部 "A stand(s) for B"（AはBを意味します）は、略語や頭文字などの意味を説明する際の定型表現です。スピーチで、聴衆にとって馴染みの浅い略語を使う場合には、早い段階でその意味を補足しておくと良いでしょう。

> "LCD TV" **stands for** Liquid Crystal Display Television.
> 　"LCD TV" とは、「液晶テレビ」という意味です。
>
> "PB" apparently **stands for** Paperback in our industry.
> 　"PB" と言えば、私どもの業界では明らかに「ペーパーバック」を意味します。

Follow-up Advice

勝負するポイントを3点に絞り、その3点を軸に話題を展開する基本のスピーチです。各ポイントの出だしの文章を短く言い切り、後続の文章でそれを補足する、という構造を繰り返しています。第2段落にある "C batteries" は、乾電池のサイズです。一般に、D（単1）、C（単2）、AA（単3）、AAA（単4）と表現します。

Model Speech 70
経営陣の異動について報道発表をする

あなたが勤務するアメリカの現地法人で、トップの交代を含む経営陣の異動が決まりました。あなたは広報担当者として、その内容について公式に報道発表をします。

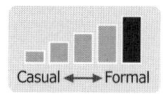

Thanks for coming today. **We will announce four changes in the management line-up** at Kida America, Inc. These appointments are to ensure and enhance our leading presence and profitable growth in the market.

Tokio Kida, CEO, is named as chairperson of Kida America, Inc. Nanao Kida, currently chairperson, will retire. Makoto Abe, currently executive vice president of Kida Corporation, Japan, will join Kida America, Inc. as president and CEO. Jean Fischer, senior vice president and CFO, continues her responsibilities with the additional role of investor relations manager. **These are the four appointments effective as of October 8th of this year.**

The new management at Kida America, Inc. will continue to take aggressive initiatives to lead the industry. A press interview with our new president, Makoto Abe, is scheduled on next Monday, starting at 2:00. Thank you.

【抄訳】キダ・アメリカ社の経営陣の異動を4点ご報告します。この異動は、当市場での弊社の存在を確かに、かつ強固にするものです。▼最高経営責任者の木田時男は会長に昇任。現会長の木田七男は退職します。新たな社長兼最高経営責任者には、日本のキダ株式会社・取締役副社長の安部誠が就任します。上級副社長兼最高財務責任者のジーン・フィッシャーは、現職務と投資家担当部長を兼任します。以上が、本年10月8日発効の人事です。▼新経営陣は、業界を牽引する積極的な役割を果たしていきます。弊社新社長・安部誠の記者会見は、来週月曜日、2時からを予定しています。

Clue ※下線部
報告事項4点の「始まり」と「終わり」を明確に伝えています。→ *[Tip 13]*

Follow-up Advice
名前と新旧の役職が複雑に入り混じるスピーチです。一人の情報が終わるごとに十分な間を置き、各人の異動内容がはっきりわかるように伝えましょう。このスピーチを社内での口頭連絡に応用する際には、第3段落で、新経営陣が目指す方針についての具体的な説明を追加すると、聴衆(社員)の安心感につながります。

Model Speech 71
プレス発表会で新たな経営ビジョンを語る

あなたは飛躍電機株式会社の社長。既成概念を打ち破る製品開発で急成長を続ける同社が、新経営ビジョン「22番街」を発表します。そのオープニングの担当が、あなたです。

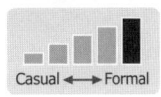

Today, Hiyaku Appliance Corporation proudly announces its new corporate vision toward the 22nd century. We call it, "The 22nd Avenue"!

"The 22nd Avenue" is named after the place, where people of the 22nd century live. Our new vision reflects their lifestyles. The way they talk, eat, play, shop, study, and sleep are completely revolutionary to the people of the 21st century. **We learn from the future, not from the past. We create something radical for tomorrow, not something conservative for today.**

This year, we will launch three new iconic products. They are all future-oriented, idealistic, and ground-breaking. I believe, our new products will completely redefine the current framework of "home appliances."

We are here to lead the way **to tomorrow, today**. Now, let us open the curtain to the new life on "The 22nd Avenue"!

【抄訳】22世紀に向けた経営ビジョンを発表します。「22番街」です！▼「22番街」は、22世紀の人々が住む街。新ビジョンはその生活様式を映します。彼らが話し、食べ、遊び、買い、学び、眠る様式は、21世紀の人々にはまさに革新的です。我々は、過去からではなく、未来から学びます。我々は、現在の保守的なものではなく、未来への挑戦的なモノを作るのです。▼今年は、象徴的な3製品を発表します。どれも未来志向で、理想にあふれ、革新的。新商品は、「家電」の枠組みを再定義するでしょう。▼我々が、明日への道を、今日ご案内します。さあ「22番街」での新生活の幕開けです！

Clue ※下線部

相反するものを並べて、斬新さを際立たせています。"future" と "past"、"radical" と "conventional"、"tomorrow" と "today" が、対比になっています。→ *[Tip 16]*

Follow-up Advice

第2段落の "talk, eat, play ~" と続くくだりは、22世紀の暮らしぶりを具体的に列挙することで、その様子を聴衆にイメージさせる狙い（→*Tip 14*）があります。オープニングですから、姿勢を正し、自信あふれる語り口で進めましょう。

Model Speech 72
製品の不具合と自主回収を報告する

CD 2 / 22

あなたは、高級工芸品の製造卸会社の広報担当者です。このたび、扇子の部品に不具合があることが判明したため、対象製品の自主回収について、記者会見で報告をします。

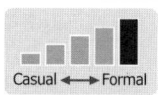

Casual ←→ Formal

This is a public announcement for **a voluntary recall of our "Japan Breeze" folding fans with the engraved brand name "Gion."** This involves approximately 240 fans produced in two specific lots in January.

We have learned that some brass rivets, binding guards and sticks, did not fully meet our quality standards. Due to this problem, customers may experience excessive tension when opening and closing the fan after a few months of use. In some cases, the rivet may be deformed and stick out of the surface resulting in scratching the palm or clothes. Customers who have one of these defective products will receive a full refund or exchange. Details about **this voluntary recall of our Gion fans** can be found on our website.

We sincerely care about our valued customers. Please be assured that we are highly committed to preventing issues like this from reoccurring in the future.

【抄訳】弊社の「ジャパン・ブリーズ」扇子で、「祇園」の刻印がある製品の自主回収を告知します。本年1月製造の2ロット約240本が対象です。▼扇子の親骨と中骨を綴じる要の真鍮部品の一部が、我々の品質基準を満たしていなかったことが判明しました。数か月使用しますと、開閉が極度にきつくなったり、要の変形による出っ張りで、手のひらや服を傷つける場合があります。欠陥品をお持ちのお客様には、返金または交換をいたします。自主回収の詳細は、弊社サイトをご確認ください。▼弊社は、お客様のことを大切に考えます。以後このようなことが起きないよう万全を尽くします。

Clue ※下線部

自主回収の製品名を、話の「導入」と「結び」で繰り返し伝えています。→ *[Tip 13]*

Follow-up Advice

会見場では詳細な資料が配られるでしょうから、まずは口頭で、本例のように全体の概要を説明し、その上で、配布資料を用いて補足をすると分かりやすいでしょう。聴衆に配布資料を参照してもらいたい場合には、"Please refer to Page X in your handouts."（お手元の資料のXページをご覧ください。）と言います。

Model Speech 73
ネットでの顧客情報流出を謝罪する

CD 2
23

あなたが技術責任者を務めるネットショップのサーバーがサイバー攻撃を受け、顧客情報流出の可能性が判明しました。あなたは記者会見を開き、本件について説明します。

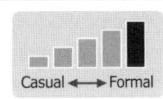

Casual ←→ Formal

Ladies and gentlemen, thank you for coming. Today, we regret to announce that we have discovered that unauthorized access to one of our web servers was gained two days ago. Consequently, the account information of up to 5,200 clients was possibly leaked to third parties for 10 hours.

5 **We take this matter very seriously and extend our deepest apologies to our valued customers.** We would like to assure everybody that customer account information, including IDs, passwords, and credit card information, was securely encrypted*. There has been no indication of unauthorized access or credit card abuse up to this moment. However, we would like to advise all
10 customers to change their passwords to ensure their security.

All the details and updates are available on our website. As always, we highly value the trust of our customers.

* encrypt /ɪnkrípt/ 暗号化処理をする

【抄訳】大変遺憾ながら、一昨日、私どものサーバー1台に不法侵入があり、10時間にわたって最大5,200人分のアカウント情報が、第三者に流出した可能性があることが判明しました。▼この事態を深刻に受け止め、心よりお詫び申し上げます。ID、パスワード、カード情報を含むアカウント情報は確実に暗号化されており、現時点までに不正アクセスやカード不正利用の兆候は見られません。しかし安全性確保のため、弊社は、全顧客にパスワードの変更を推奨いたします。▼詳細な情報はウェブサイトで公開しております。日頃と変わらず、私どもはお客様の信頼を大切にいたします。

Clue ※下線部

謝罪のスピーチにふさわしい、率直な謝罪の言葉を用いています。→ [Tip 3]

Follow-up Advice

英語での謝罪スピーチで特徴的なのは、謝罪の言葉がとても率直であることです。本例でも、冒頭で謝罪内容を述べ、次にお詫びをし、補足説明に続いて、最後に顧客への誓いを述べる、というシンプルな流れになっています。「言い訳」や「隠蔽」といった誤解を避けるためにも、冒頭から率直な言葉選びを心がけましょう。

Model Speech 74
ソーシャル・メディアの炎上を謝罪する

CD 2 / 24

あなたが顧客係を務める国際ホテルで、アルバイトによる業務関連の不適切なネット投稿が、外国人宿泊客を巻き込む騒動に発展。外国人記者を呼び、謝罪と説明をします。

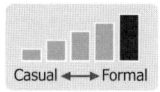

Casual ←→ Formal

Today's press conference is regarding the inappropriate post on the Internet made by one of our part-time employees. We deeply apologize for the disturbance this has caused on and off the Internet.

The initial post was made three days ago, at 6:00 p.m. on March 7th. It was an impolite message with a photograph involving our international guest. The message was reposted many times by third parties in spite of our immediate actions to stop the "flaming." Our compliance office interviewed the part-time employee on March 8th, and all the facts were confirmed.

We report today that the guest involved generously accepted our sincerest apologies. We promise that **all staff, from the management to part-timers, will surely adhere to the compliance guidelines.** Our hotel **always** respects the privacy of all guests, **before, during, and after their stay**.

> 【抄訳】アルバイトによる不適切なネット投稿について会見します。ネットの内外でお騒がせをし、お詫びします。▼3日前の3月7日午後6時、外国人宿泊客に関する無礼な写真付の投稿が最初でした。私どもの速やかな「炎上」対策にもかかわらず、第三者による再投稿が繰り返されました。3月8日、コンプライアンス室が同従業員に聴取した結果、全事実の確認が取れました。▼ご迷惑をお掛けしたお客様は、昨日、私どもの謝罪を寛大に受け入れてくれました。経営陣からアルバイトまで、全社員の規律順守をお約束します。宿泊前から後まで、お客様のプライバシーを大切に考えます。

Clue ※下線部

"from ~ part-timers" は "all staff" を、"before ~ their stay" は "always" を、それぞれ具体的に補足（描写）することで、事故対策の実効性を訴えています。→ *[Tip 14]*

Follow-up Advice

報道発表の際は、「客観的事実」と「主観的描写」を適切に区別することが重要になります。「3月7日に (when)、従業員が (who)、ネットで (where)、不適切な投稿を (what) した」のように、本例には、「客観的事実」が詰まっています。

Model Speech 75
社員の不祥事について謝罪する

CD 2 / 25

あなたは外資系飲料メーカーの広報部員。営業スタッフが酒気帯び運転で人身事故を起こしたため、あなたは国内外の記者を集めて会見を開き、その事実について報告します。

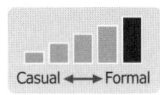

Casual ←→ Formal

This morning, 66 Drinks Japan, Inc. would like to extend **a sincere apology** for our 34-year-old, male employee at our Sapporo office, who caused an alcohol-related traffic accident last evening, at 8:45 p.m. on April 1st.

It was reported in newspapers this morning that **the cause of the accident** was driving under the influence of alcohol. Three pedestrians on the sidewalk were injured. We have confirmed the facts with the police and directly with the employee and have concluded that the case was true. 66 Drinks Japan extends its sincere apologies to the people involved in the accident. Our disciplinary committee is going to meet this afternoon to discuss the issue.

Compliance is highly valued at 66 Drinks Japan, the "Quality & Trust" company. We will strive to maintain the sharpest awareness of our responsibilities to the communities in Japan.

【抄訳】66ドリンクス・ジャパン社は、札幌営業所の34歳男性社員が、昨晩午後8時45分、飲酒がらみの交通事故を起こした件をお詫び申し上げます。▼新聞報道によれば、原因は彼の酒気帯び運転でした。歩道にいた3名が負傷されました。私どもは、警察および直接本人に事実確認を取り、すべてが事実であるとの結論に至りました。弊社は、心より負傷者にお詫びを申し上げます。本日午後、弊社の懲罰委員会を開き、本件を協議いたします。▼「品質と信頼」の弊社では、法令順守を重んじます。日本の地域社会における責任について、高い意識を維持するよう鋭意取り組んで参ります。

Clue ※下線部

不祥事の謝罪（第1段落）、事故の原因説明（第2段落）、法令順守の決意（第3段落）という、「起・証・結」の流れで話題を展開しています。→ *[Tip 11]*

Follow-up Advice

外資系企業ゆえに、日本での不祥事に対して敏感な対応をしています。最後のひとことは、その思いを象徴する言葉です。謝罪会見では、早い段階で最大限の情報を隠さず公開し、率直に詫びることが、不祥事の「傷口」の拡大を防ぎます。

こっそり上達するコツ③ プレゼン編

ワイヤレス機器を活用して演台を離れよう

パソコンを使ってプレゼンをする際に、ぜひ活用していただきたいのが、スライドをワイヤレスで操作するコントローラーです。これを使えば、PCを操作する瞬間も、聴衆とのアイ・コンタクトが途切れません。そして、少し勇気を持って、演台から離れてみませんか。演台に隠れずに全身を見せれば、聴衆との間の障害物が無くなり、物理的な距離も近くなります。操作をワイヤレスにするだけで、あなたのプレゼンの見栄えが変わります。

PART 2
Model Speeches 100

Section 3
各種行事でのスピーチ

お祝いのスピーチ 180
別れのスピーチ 188
公式行事でのスピーチ 194
カジュアル・イベントでのスピーチ 206
日本を紹介するスピーチ 214

Model Speech 76
部下の結婚披露宴で祝辞を述べる

CD 2　26

アメリカ法人で共に働く部下のジェリーが、あなたを結婚式に招待してくれました。会社の上司として、また個人的な友人として、あなたからお祝いのメッセージを贈ります。

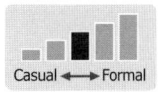

Casual ←→ Formal

　It was Christmas Eve, three years ago, that I first met Jerry. My first impression was that he was a very, very strict accountant, and **I really didn't like him**. However, as time went on, not only did we become* very good friends, but I began to look upon him as a younger brother. He is a very kind and understanding person.

　Just before I returned to Japan for my vacation, Jerry introduced Barbara to me. When I came back to Los Angeles in September, Jerry told me of his intention to marry Barbara. Since then, she has been to my house several times, and I have learned that she, too, is a very kind person who is always willing to help when needed.

　To both of you, I want to say this. Don't ever forget how to communicate. Communication is necessary, especially in married life. Lack of communication is frequently the cause of misunderstanding between husband and wife, and other members of the family, too. The purpose of communication is to share happiness. Therefore, I ask you to remember this important fact.

　I pray for your future happiness and congratulate you on this happy occasion.

＊"did we become" は、"not only" によって we became が倒置されたものです。

One Point　ユーモラスなオープニングから、次第に真剣な祝辞へと変化させるように意識しましょう。

▼あれは3年前のクリスマス・イブ、私は初めてジェリーに出会いました。彼の第一印象は、それはもう、とにかく厳しい経理マンという印象で、私は好きになれませんでした。ところが時が経つにつれ、私たちは本当に素晴らしい友人になったばかりではなく、私は彼を弟のように尊敬するようになりました。彼は、とても親切で、思いやりのある男です。▼昨年、私が休暇で日本へ帰る直前、ジェリーは私にバーバラを紹介してくれました。そして9月に私がロサンゼルスに戻ると、彼はバーバラと結婚するつもりだと打ち明けてくれたのです。それ以来、バーバラは何度か我が家を訪ねてくれましたが、彼女もまたジェリーと同じく、助けが必要な時には喜んで救いの手を差し伸べるような、実に親切な女性です。▼お二人に申し上げます。「伝え合うこと」を決して忘れないでください。結婚生活では

Model Speech 76　部下の結婚披露宴で祝辞を述べる

とくにコミュニケーションが大事です。「伝え合うこと」を欠いてしまうと、夫婦や家族の間にも、しばしば誤解を生むからです。コミュニケーションの目的は、幸福を分かち合うことです。ですから、この大切な事実を、覚えておいて欲しいのです。▼どうかお二人、末永くお幸せに。このよき日にあたり、心よりお祝い申し上げます。

Clues ※下線部(点線) 1 & 2

(1) 親しい間柄ならではの刺激的な否定文を入れて聴衆の注意を引き、その対比による効果で後続の文章（彼の人柄）を引き立てています。→ *[Tip 16]*

(2) 特定の人々にメッセージを伝えたい時は、対象となる人を指名して呼びかけるように話すと、緊張が和らぎ、スピーチがしやすくなります。→ *[Tip 24]*

Concept ※下線部(実線) A & B

(A) "brother" という言葉は、「家族」の概念を象徴します。あなたとジェリーは実際の家族ではありませんが、この概念のおかげで、「家族」から連想される信頼感や愛情、結束といったイメージがそのまま聴衆に伝わります。後半の (B) "family" は一般論を語っているだけですが、冒頭で演出された「家族」のイメージによって、実の兄弟がメッセージを贈っているかのような優しさが伝わります。

Apply it!　物語調のストーリー展開でドラマチックに

このスピーチのポイントは、storytelling（物語調）で3人の関係を描いていることです。冒頭の波線部 "It was Christmas Eve" から "three years ago" と具体的に続くことで、聞き手はその光景を思い描きやすくなります。第2段落も、出来事を発生順に追いかける物語形式になっています。物語調のエピソードがビジネス・スピーチをドラマチックにする例文を、以下に3つ紹介します。

> It was a very cold, snowy morning, that we opened our first shop.
> あれはとても寒い、雪降る朝、我々は第一号店を立ち上げました。
>
> In May of 2010, here in this town, we had the very first meeting.
> 2010年の5月、まさにこの地で、我々は初めての会合を持ちました。
>
> When I came back in the office, I saw him cleaning all the desks for us.
> 事務所に戻った時に私が見たものは、私たちのために、すべての机をキレイに掃除してくれている彼の姿でした。

Follow-up Advice

結婚など人生の節目を祝うスピーチでは、そこに至るまでのストーリーを、聴衆全員と共有するという気持ちが大切です。締めくくりの "I pray for your future happiness ~" は、結婚を祝う際の定番の表現ですので、二人の門出を祝い、新郎新婦に呼びかけるように練習をしておきましょう。

Model Speech 77
同僚の結婚披露宴で司会をする

同僚のアメリカ人が日本人女性と結婚式を挙げます。国際色豊かな披露宴会場で、あなたは、外国人ゲストのために、バイリンガルで司会を担当することになりました。

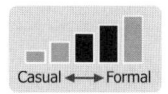

[1] We thank all of you for coming today **to celebrate this happy occasion, the wedding of Tom and Kayo**. We would like to begin the reception by welcoming, with hearty applause, the new Mr. and Mrs. Blackwood!

[2] To begin with, from the bridegroom's side, **Mr. Katayama will introduce to us the groom, Tom**. Mr. Katayama, please.

[3] Next, an introduction of the bride, Kayo, will be made by Mr. Fukuda. Mr. Fukuda, please.

[4] Well, it gives me great pride to introduce **our honorable guest**, Mr. Wagner, president of Wagner Corporation, for which Tom works. He has taken the trouble to fly over here for this reception **all the way from New York**! He will kindly make a speech for the happy bride and groom. Mr. Wagner, please.

[5] I would like to introduce to you our other honorable guest, Professor Nakamura, who represents the side of the bride. Professor Nakamura, please.

[6] Now we will have **the most exciting event of the reception**. The groom and the bride, Tom and Kayo, will cut the huge wedding cake. The guests who have cameras, please be ready for a nice shot. And, everyone, a hearty round of applause please **when they sink the knife into the cake**!

[7] Miss Ito, a very close friend of both Tom and Kayo, will lead us in a toast to the new bride and groom. **Please raise your glasses and join us in a toast**.

[8] The bride will now change dresses. She will change into a very colorful kimono. Would you please excuse the bride for a while? During this time, **please make yourself at home and enjoy the refreshments**.

[9] At this point, we will call upon the bride and the bridegroom to present a bouquet of flowers to their new mothers.

[10] For the last event on today's program, we would like to ask Mr. Blackwood, Kayo's new father, for a few words **on behalf of both families**.

Model Speech 77　同僚の結婚披露宴で司会をする

　　[11] According to Japanese custom, in the concluding speech for a wedding reception, the word "end" is never used. It is a taboo word on such occasions because it may give the false impression that the marriage has ended, whereas on the contrary it is just beginning. I am sure we are all of the same mind as we "close" this reception to open a new door for Tom and Kayo to **an everlasting, happy married life**! We all wish much happiness to you.

※太文字部分は、このスピーチの特徴的な表現を「英和対訳」で示しています。

▼[1] 本日は、**トムと佳代さんの結婚式のお祝い**にお集まりいただき、ありがとうございます。これより披露宴を始めたいと思います。まずは新郎新婦の入場を拍手をもってお迎えください！▼[2] はじめに花婿の側から、**新郎トムを、片山様が紹介**してくださいます。片山様お願いいたします。▼[3] 続きまして、花嫁佳代さんのご紹介は福田様にお願いします。それでは福田様、どうぞ。▼[4] さて、**本日の（私どもの）主賓**であり、トムが勤務するワグナー・コーポレーションの社長でもあるワグナー氏をご紹介申し上げます。同氏は、本日の結婚披露宴のために、**遠路はるばるニューヨークから飛んで来てくださいました！**新郎新婦へのご祝辞を頂戴いたします。ワグナー様よろしくお願いいたします。▼[5] 花嫁側の主賓である中村先生をご紹介いたします。中村先生、お願いいたします。▼[6] さあ、**披露宴で最もときめく瞬間**、新郎新婦のウエディング・ケーキ入刀です。カメラをお持ちのお客様、ご準備はよろしいでしょうか。そして皆様、**お二人がケーキにナイフを入れるときには**、盛大な拍手をお願いいたします！▼[7] トムと佳代さんの共通の親友である伊藤様に、新郎新婦への乾杯の音頭をとっていただきます。**グラスを挙げて、ご唱和ください**ませ。▼[8] ここで、新婦はお色直しをいたします。色艶やかな着物にお召し替えされるため、しばらく退席いたします。その間、**どうぞ皆様はごゆっくりおくつろぎいただき、茶菓などをお楽しみください**。▼[9] ここで新郎新婦から、ご両家の新しいお母様に花束の贈呈があります。▼[10] 本日の披露宴の最後に、佳代さんの新しいお父様になられるブラックウッド様より、**ご両家を代表し**、ひとことご挨拶がございます。▼[11] 日本の習慣によりますと、結婚披露宴を終えるにあたり「終わる」という言葉は使いません。結婚は今始まったばかりであるのに、「終わる」という言葉は、その結婚自体が終わりになるといった印象を与えてしまいますので、このような席ではタブーなのです。皆様も同じお考えかと存じますが、この披露宴を「お開き」にしますのは、トムと佳代さんのために、**永遠に続く、幸せな結婚生活**への新たな扉を開くためです！お二人の幸せをお祈りいたします。

Follow-up Advice

開宴当初のぎこちない雰囲気を柔らかくするのは、司会者の明るい声と表情（→ *[Tip 19, 22]*）です。プロの司会者気分で、お客様の盛り上がりをリードしてください。[11]で登場する「終わる」と「お開き」のくだりは必須ではありませんが、こうした「言葉の演出」は、来場者の記憶に残るものです。日本文化の一端を紹介するという意味においても、覚えておくと役に立つかもしれません。

Model Speech 78
就任披露宴で新社長の人柄を紹介する

あなたの長年の友人である白鳥伸次さんは、このたび外資系企業の新社長に就任しました。その就任披露宴で、あなたが同氏の人柄を紹介することになりました。

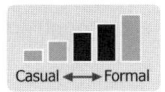

Shinji, I would like to congratulate you on your appointment as the new president of Corns & Co., Ltd. You really deserve it. **All of your friends and I are pleased and applaud your accomplishment***.

Ladies and gentlemen, my name is [　　], and I am a good friend of Mr. Shiratori. Although he has told us about Corns, I had no idea that this company had such a long history and extensive international operations **until tonight**. I remember well him frequently telling us that he liked the proverb, "Better to be the head of a dog than the tail of a lion." While many of his friends, including me, joined big companies after graduating from university, only he entered the then tiny company with that frame of mind. Today he has really become the head of the dog, but a dog that has grown much larger in size and stronger in power, like a "lion."

With his broad and deep background, knowledge, and leadership, I know he will bring about a bright future to this ever expanding company. Shinji, I know you can manage a very busy life, but I warn you, as a friend, that you must know the limitations of a man. Take good care of yourself, and I wish you the very best in your new job.

* accomplishment /əkámplɪʃmənt/ 何かを達成すること

One Point あなたの人柄の良さが、紹介される人の印象を高めます。明るく話しましょう。

▼伸次、コーンズ社の社長就任、本当におめでとう！君にふさわしい地位だと思うよ。友人一同そして僕はうれしく思い、君の功績に拍手を送ろう。▼皆様、私は[　　]と申しまして、白鳥氏の親友です。コーンズ社のことは彼からも聞いてはおりましたが、その長い歴史や幅広い国際展開については、今夜の披露宴を迎えるまで知りませんでした。彼が私たちに、「獅子の尾になるより犬の頭になれ」(※注：「鶏口牛後」の英語訳) のことわざが好きだと言っていたのを、よく覚えています。彼はそんな考え方を胸に、私を含む友達の多くが大学卒業後に大企業に就職をする中、彼だけは当時まだ零細企業だった同社へ入社したのでした。今日、彼は本当に「犬の頭」となり、それはまたどの犬よりも、はるかに大きなサイズで強力なパワーの、まるで「獅子」のように立派に成長した犬です。▼彼の広く

Model Speech 78 就任披露宴で新社長の人柄を紹介する

深い経験、それに知識とリーダーシップをもってすれば、ますます成長を続ける同社に輝かしい未来をもたらすでしょう。伸次、君なら超多忙な生活もうまくやっていくだろうけど、友人としてひとつ忠告しておきたいのは、一人の人間ができることには限りがあるということだ。身体に気をつけて、新しい仕事に邁進されることを願っています。

Clues ※下線部(点線) 1 & 2

(1) 友人代表という立場をふまえた表現です。友人を味方につけて堂々と発言することで、いくらかでもスピーチの緊張を和らげることができます。→ *[Tip 24]*

(2) 少々誇張した表現ですが、この2つの単語があるだけで、まさに「その日」の会場の雰囲気を反映した、リアルなスピーチになります。→ *[Tip 26]*

Concept ※下線部(実線) A & B

(A) "frame" は、「形ある物」の概念を伝えます。"frame of mind" では、写真を額に収めて眺めるように、目に見えない「彼の心の様子」が、手にとれるような形で表現されています。同様に、(B)の "background" (職業経験) や "knowledge" (知識) も目には見えませんが、"broad" (広い) や "deep" (深い) のように「目に見えるものを修飾する形容詞」を伴うことで、彼の職業経験や知識に、視覚的な奥行きが演出されています。

Apply it! 愛情ある忠告で引き締まった印象づくり

祝辞の中で、波線部のような「忠告」をひとこと付け加えることで、友人らしい愛情のこもったメッセージになります。どのような内容の忠告にするかは、場面や相手に応じて、慎重に選ぶ必要があります。

> I **warn** you that you should not work too hard.
>   あまり頑張り過ぎないようにとに、僕からひとこと言わせてもらうよ。
>
> Let me **warn** you that we suffer misfortune when we least expect.
>   ひとこと申し述べますと、災いは思わぬ時にこうむるものです。
>
> I will **warn** you, the new president, "Every flow has its ebb."
>   新社長に忠告しておこう、「月満つれば則ち虧く」ということを。

Follow-up Advice

紹介する相手の人柄を最も象徴するエピソードをひとつに絞り、やさしい英語で友人への思いを表現しています。本例ではことわざを引用していますが、上の *Apply It!* で紹介した「月満つれば～」は、英文では「すべての波に引き潮あり」という意味です。ことわざの応用については、*[SP 59]* も参考にしてください。

185

Model Speech 79
名誉市民号授与式で受賞の挨拶をする

あなたが社長を務める商社は、ベトナムに工場と販売会社を擁しています。同社がホーチミン市の経済発展に寄与した功績から、このたび名誉市民号の授与が決まりました。

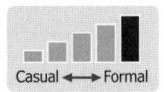

Thank you for your kind introduction of our company and of me on the occasion of this **solemn award ceremony**. All of the statements about us and what we have done here are much more than we really deserve. I know very well that I scarcely deserve the esteem this honorary citizenship award brings. I am confident that this award, though granted to me as an individual, is the result of our joint effort to be sincere and work hard in accordance with our company maxims. All of our employees, both Vietnamese and Japanese, will be proud to share this great honor with me. Without the help and support of my staff and employees in this town, my efforts would not have led to this grand reward.

The city council of Ho Chi Minh City informed me that I was selected for this honor because of our company's contribution to the economic development of your fine municipality. Receiving the award today, **I am determined to work even harder** to live up to this honor. I also hope the presence of our company in this city will continue to promote cultural exchange between Vietnam and Japan. This is the area I wish to devote myself to, in order that I may truly deserve today's award. Thank you once again.

One Point　厳かな会場です。声の高さは低めに保ち、豊かな声を出せるように練習しましょう。

▼この厳粛な授与式にあたり、当社ならびに私のご紹介を賜わり、誠にありがとうございます。当社について、またこれまでの私どもの取り組みについてのご紹介は、身に余るものであり、この名誉市民号の持つ意義と価値は、私には不相応であると十分承知しております。この称号は、私個人に与えられたものではあっても、それは当社の理念のごとく、誠実と勤勉を旨とし、社員一丸となって努力した結果であると受けとめている次第です。ベトナムと日本、両国の従業員全員が、このたび授与された素晴らしい栄誉を、共に誇りに思うことでしょう。この地のスタッフと従業員の助けがなければ、私の努力だけでは、この栄誉を受けるには至らなかったはずです。▼ホーチミン市の市評議委員会からは、私が市の経済発展に寄与したことから、この名誉市民号を授与されることになったとうかが

いました。本日この称号をいただき、その栄誉にふさわしいようになお一層努力していくことを決意いたしました。また、本市における当社の存在が、ベトナムと日本の間の文化交流を促進することになるように願ってやみません。この分野こそ、本日の称号に値する者となるため、私が献身申し上げたい分野でございます。本当にありがとうございました。

Clues ※下線部（点線）1 & 2

(1) 厳粛な会場にふさわしく、一貫して謙遜の言葉が続きます。スピーチの準備段階から、発表会場の雰囲気を十分に察して、本文を構成してください。→ *[Tip 25]*

(2) 受賞を機に未来を約束するシーンでは、自信に満ちた表情で、大げさにならない程度の「自信のジェスチャー」を伴って語ると良いでしょう。→ *[Tip 22]*

Concept ※下線部（実線）A

(A) "led"（現在形は lead）は、目的地までの「道程」の概念が伝わる言葉です。この単語を用いることで、何かを成し得た時に、単にその成功を語るのではなく、むしろそこに至るまでの道のりや苦労の過程にスポットライトが当たります。このスピーチでは、紆余曲折がありながらも、ここまでの「長い道のり」を振り返れば、そこには "the help and support" があった、というストーリーを伝えています。

Apply it! 手と手を取り合う一体感をひとことで

波線部 "share" は、どちらかの一方的な行為ではなく、聴衆と何かを共にする姿勢を表現できる言葉です。独占的に名誉を受けたり (receive)、持つ (have) のではなく、誰かと「分かち合う」(share) 思いを示すことで、聴衆を話題の中に巻き込むことができます。会場の一体感を演出したい時に活用してみてください。

> Today, we have something to **share** with you.
> 　　今日は、皆さんにご覧いただきたいものがあるのです。
>
> We all **share** the same future.
> 　　私たちは皆、同じ未来のもとにいます。
>
> Will you **share** your ideas and feelings with me?
> 　　あなたの思いを私に伝えてくれませんか？

Follow-up Advice

特別な機会ゆえ、状況にふさわしい話し方に留意したいところです。丁寧な謙遜表現は耳には心地良いですが、カジュアルな場面で多用すると、逆に聴衆との距離を遠ざけてしまいます。何かの価値を表す "deserve" は、"A deserve(s) B" の形で、「AがBに値するだけの価値がある」という意味になります。

Model Speech 80
結婚退職をする秘書の歓送会で挨拶する

CD 2 30

あなたが支社長を務める海外支社の女性秘書が、結婚に伴う転居のために退職をすることになりました。あなたは、歓送会で彼女の素晴らしさについてひとこと述べます。

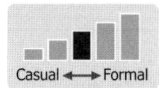

Casual ⟷ Formal

Good evening, ladies and gentlemen. I have **a special announcement to make**. It is happy news, but somewhat sad news for me. Your good friend, and my good partner, Gisel, will leave our company at the end of this month. She will get married next month and move to Mexico. Therefore, we have to say good-bye to her and wish her a very happy marriage.

Gisel has been helping me a great deal ever since I first came to this office five years ago. As everybody here is well aware, she is a very capable secretary. She has been my good teacher not only of German, but also of business practices here in Europe. It was she that made me a qualified European businessperson in such a short period of time. Without her assistance, I don't think I would have been able to manage my job successfully.

A member of the Imperial Family in Japan once said about his ideal future bride, "A person who can evaluate something beautiful as being beautiful. A person who recognizes* valuable things and takes good care of them."

Gisel, **these same words just fit your personality**. Keep these valuable assets of yours for a happy married life. Let's give her a big hand and a chance to tell us about her romance now.

* recognize /rékəgnàɪz/ 〜を〜だと認める・認識する

One Point　スピーチの終わりは、本日の主人公にマイクを渡すようなつもりで話しましょう。

▼皆さんこんばんは。今日は大切なお知らせがあります。幸せなニュースですが、私には少し悲しいものです。皆さんの良き友人であり、私の良きパートナーであるジゼルが、今月末に退職します。彼女は来月結婚し、メキシコへ転居するのです。「さよなら」を言わねばなりませんが、彼女の幸せな結婚を祈りたいと思います。▼私が5年前に初めてこちらへ来て以来、ジゼルはずっと私を助けてくれました。誰もが認めるように、彼女は大変有能な秘書です。彼女は、ドイツ語だけではなく、ここヨーロッパのビジネスのやり方についても、私の先生でした。この短期間で、私をヨーロッパで通用するビジネスパーソンにしてくれたのは、まさに彼女でした。彼女の手助けが無ければ、私の仕事は満足に運ばなかったことでしょう。▼かつて、ある日本の皇族の方が、将来の理想のお妃様について

こう申されたことがあります。「美しいものを美しいものと感じられる人。大切なものの価値を認めて大切に扱う人。」ジゼル、これらの言葉は、まさに君の人柄にぴったりだ。君のそのすばらしい魅力を持ち続け、幸せな結婚生活を送って欲しい。皆で大きな拍手でお祝いしよう、そしてジゼルの口から、ロマンスについて話してもらうことにしよう。

Clues ※下線部（点線）1 & 2

(1) 聴衆の興味を誘う言い方です。歓送会ですから目的は分かっているのですが、あえてこう言うことで、その場だけの「特別な雰囲気」が演出できます。→ *[Tip 26]*

(2) 著名人の言葉を引用して、話者自身の説得力や信頼感を高める手法です。この "A fit(s) B" は、「A が何の違和感もなく B に当てはまる感覚」を表現します。→ *[Tip 5]*

Concept ※下線部（実線）A & B

(A) "teacher" は、「学び」の概念を持つ単語です。この言葉が使われた瞬間に、本来なら2人を支配すべき「職場の上下関係」の概念は影を潜め、代わりに、教育や成長の場という「学び」の概念が2人を包みます。同時に、話者自身の成長と、2人の穏やかな関係という2つのメリットが同時に伝達されるのです。また、(B) "assets" は「お金」の概念を伝えますので、この言葉で「人の魅力」が表現されると、そこには（お金のように）「価値のある」という思いが付加されます。

Apply it! それは「まさに」あなたのおかげ

数ある強調表現の中でも、波線部は最もストレートな表現のひとつだと言えるでしょう。「それはまさに、あなたでした」などと言われれば、誰でも悪い気はしないはずです。効果的なタイミングで、応用してみてください。

> **It was you that** brought our products up to this quality.
> 　　我々の製品の品質をここまで高めたのは、まさにあなたでした。
>
> **It is nobody else but you that** should take up this position.
> 　　この役職に就くべきなのは、他の誰でもない、君なんだ。
>
> **It is he that** can make this project most fruitful.
> 　　この企画で目覚ましい成果をあげられるのは、やっぱり彼です。

Follow-up Advice

素晴らしい秘書とはいえ、慣れない海外で築いた人間関係ですから、中にはいくらか苦労もあったことでしょう。スピーチではそれをひとつの逸話として、前向きに語るように努めたいものです。10行目の "Without her assistance" 以降に登場する仮定の表現をマスターすると、英語表現に奥行きが生まれます。

Model Speech 81
インターンシップの送別会で挨拶をする

あなたは、水産加工会社の人材教育担当者です。世界中から20名の学生が参加したインターンシップが最終日を迎え、その送別会の冒頭で、あなたが別れの挨拶をします。

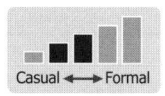

Good evening, my friends. Welcome to the farewell party for your successful completion of the internship. Congratulations to all of you. I am sure you won't miss writing a daily business report anymore, right?

Speaking of your reports, I enjoyed reading them every day. They were full of your fresh discoveries and interesting questions. **Some of you described your surprise at the size of a bluefin tuna, while others posed questions about the astonishing speed of our packaging system.** I would like to thank you for demonstrating such a fine attitude over the past 22 days. Our staff is very lucky to have shared this valuable opportunity with you. Your burning desire to learn has inspired us a great deal.

Today we have prepared a wide variety of food from your home countries. Just help yourself. I truly hope that we will meet again in the very near future.

【抄訳】送別会へようこそ。皆さんおめでとう。もう業務日報を書きたいとは思わないでしょう？▼日報といえば、皆さんの報告書は、新鮮な発見と面白い質問が詰まっていて楽しかったです。本マグロの大きさに驚く人や、パック設備の驚くべき速さについて質問する人もいましたね。22日間、素晴らしい態度で臨んでくれたことに感謝しています。当社のスタッフは、皆さんと貴重な機会を共有できて幸運です。皆さんの熱い学ぶ意欲は、私たちを大いに刺激してくれました。▼今日は皆さんのお国の料理をいろいろと用意しました。近い将来、皆さんと再会できることを願っています。

Clue ※下線部

どれほど「新鮮」で「面白い」日報だったのかを、具体例を挙げて紹介しています。この言葉（描写）のおかげで、日報のユニークさが明確に伝わります。→ *[Tip 14]*

Follow-up Advice

毎日顔を合わせてきた学生を相手に、軽い冗談から始めて、社会人の心構えを伝えています。多くの出来事の中から「最も印象的な話題」を絞り込むことができれば、それを丁寧に描写することで、心に残るスピーチに仕上がります。

Model Speech 82
取引先会長の社葬で弔辞を述べる

あなたは、株式会社ミヤビの海外事業部長。アメリカ進出の時からお世話になった現地取引先の会長が逝去され、同社の社葬で、あなたが弔辞を述べることになりました。

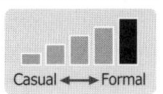

Members of the family of the deceased, President Josh Foster, all the respected staff of Willers, Inc., ladies and gentlemen. On behalf of Miyabi Corporation, I sincerely wish to express our heartfelt condolences and sympathy on the passing of Mr. Graham Williams, the former chairperson of Willers, Inc.

The late Mr. Williams was **a man of integrity, a pioneer of our industry, and personally, a great mentor**. **It was through his generosity, kindness, and goodwill** that we were accepted as a business partner. He and I shared the same vision for the future. His simple, yet persistent, message still remains with me. I hear him say, "We go for the best."

Mr. Williams, I have been deeply indebted to you for your kind-hearted encouragement for the past 20 years. I promise you today to keep going for the best. May you rest in peace. Thank you very much.

【抄訳】ご遺族の皆様、フォスター社長、ウィラーズ社員の皆様。株式会社ミヤビを代表し、ウィリアムズ前会長のご逝去にあたり、心よりお悔やみとご同情を申し上げます。▼同氏は高潔であり、開拓者であり、私にとっては指導者でもありました。弊社がビジネス・パートナーになれたのは、彼の寛大さ、優しさ、思いやりの賜物です。彼と私は、同じ未来のビジョンを共有しました。私には今も、彼の言葉が残ります。「我々は最高を目指す」と。▼ウィリアムズさん、20年間本当にお世話になりました。これからも私は、「最高を目指す」ことをお約束します。ご冥福をお祈りいたします。

Clue ※下線部

「3点ルール」による表現が、2種類、連続して登場しています。反復のリズムを保ちながら、故人への思いが増幅されるように語っています。→ *[Tip 8]*

Follow-up Advice

全体を通して、落ち着いた口調でゆったりと語ります。関係者への言葉（第1段落）、全体への言葉（第2段落）、故人への言葉（第3段落）は、それぞれに向けた思いを込めて話します。すべて同じ口調にならないように、注意しましょう。

Model Speech 83
社葬で一般会葬者に御礼を述べる

あなたが副社長を務めてきた株式会社タクティックの田中社長が急逝されました。新社長に任命されたあなたは、社葬での一般会葬者に御礼と感謝の辞を述べます。

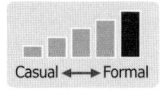

Honorable guests, friends, ladies and gentlemen. As introduced, I am [   ], and I have just assumed the responsibilities of the presidency of Tactic Corporation.

On behalf of everyone at Tactic, I would like to express our gratitude to those who have come all the way to this funeral service today for our late president, Mr. Tanaka. **All of our staff, as well as the family of the deceased***, truly appreciate your expressions of sympathy.

No words can express our sense of loss. Our sorrow over the death of Mr. Tanaka deepens here today. The great success of our company was possible because of his commitment and leadership. As you share in our sorrow, I am also sure you will share in our determination to continue the business and management strategies that Mr. Tanaka fostered.

With the strength I have learned from him, **with the confidence** of my dedicated staff, and **with the goodwill** of our customers and friends, I will do the very best I can for Tactic and for you. At this moment, I would like to request your support, as we will all need to help each other to keep Tactic growing in this difficult time. Thank you.

* deceased /dɪsíːst/ 死去した ("the deceased" で「故人」「亡くなった方々」の意味)

One Point　話者の落ち着いた雰囲気が、このスピーチに深みを与えます。ゆったりと話しましょう。

▼ご来賓の方々、友人、そしてご会葬の皆様。ただ今ご紹介いただきました[   ]でございます。当タクティック社の社長の重責を担うことになりました。▼社員一同を代表いたしまして、故田中社長の葬儀に本日遠路はるばるご参集賜わりました皆様に、心より厚く御礼を申し上げます。遺族ならびに社員一同、皆様からのご弔意に、心からの感謝を申し上げます。▼どんな言葉も、私どものこの喪失感を表すことはできません。田中の死に対する私どもの悲しみは、本日この葬儀にあたり、なおのこと深まります。我が社の成功は、前社長のご献身とリーダーシップによるものでした。私どもの悲しみを皆様に分かち合っていただくように、田中が育て上げたビジネスと経営の戦略を継続する私どもの決意を、

Model Speech 83　社葬で一般会葬者に御礼を述べる

皆様にも分かち合っていただけるものと信じております。▼故人から学んだ強さを持ち、献身的な社員の信頼を得て、そしてお客様と皆様からのご厚意を得て、私はタクティックと皆様のために、最大限の努力をいたします。この困難な時期にありましてもタクティックが成長を続けられるよう、私どもは皆で助け合っていかなければなりませんが、この日にあたり皆様のご援助をお願い申し上げる次第です。ありがとうございました。

Clues ※下線部（点線）1 & 2

(1) 全社員と遺族からの謝辞を述べています。悲しみがあふれるスピーチですが、聴衆全員にハッキリ聞こえるように、落ち着いて話すことが大切です。→ *[Tip 25]*

(2) "with ~, with ~" と同じ構造を繰り返すことによって、それぞれの要素が次第に強調されていく効果があります。→ *[Tip 16]*

Concept ※下線部（実線）A & B

(A) "foster" には、手塩にかけて育てるという「人間」の概念があります。田中社長の事業戦略(strategy)を "foster" という言葉で表現することで、まるで我が子を育てるように、「厳しく」かつ「愛情を注いで」事業戦略を練ってきた田中社長の人柄がしのばれます。その流れを汲み、(B) "to keep Tactic growing"（タクティックが「成長」し続けるように）と語る新社長にも、「人」の概念の温もりが感じられます。

Apply it! 言葉で表現できない感情を表現する

波線部は、「~を表現できるほどの言葉は無い」、つまり「それほどに悲しみが深い」という気持ちを表現しています。この "no words can ~" を応用すれば、様々な「言葉にできない気持ち」を伝えることができます。

> **No words can** convey the sorrow.
> 　その悲しみは、言葉では伝えきれません。
> **No words can** show our appreciation to you.
> 　皆様に対する私どもの感謝の気持ちは、言葉では言い表せません。
> **No words can** describe his powerful leadership.
> 　彼の力強いリーダーシップを、言葉で表現することはできません。

Follow-up Advice

冒頭であなたが新社長であることを明かしています。新社長の存在感をアピールするためには、堂々とした姿勢と落ち着きのある声が大切です。会葬への感謝、先代の功績、未来への決意という3つのテーマ（→*[Tip 8]*）を、あわてずに、聴衆を見ながら語ることができれば、感動的なスピーチに仕上がります。

Model Speech 84
研究成果について学会発表をする

CD 2 / 34

あなたは、外食産業大手の経営戦略部門で、研究開発班のリーダーを務めています。今回、実証研究に基づく新たな発見について、チームで学会発表をすることになりました。

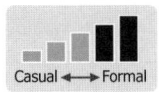

Casual ←→ Formal

Thank you for joining our session. This presentation is entitled, "The effect of eye contact at conveyor-belt sushi restaurants." **This will demonstrate our discovery that the longer clerks maintain eye contact with customers when leading to the counter, the higher the daily sales will soar.** This finding, which has been proved statistically significant, will help boost the sales. In addition, this will be useful for job training as well.

We have three sections. The first section is a literature review of the theories in interpersonal communication and business administration. Second, the research method and implications from the findings will be explained. The last section will touch on some limitations and further study.

We hope that our findings will contribute to the development of the industry and this research field. Please enjoy our presentation today.

【抄訳】本研究発表の題目は「回転寿司店での目線の効果」です。席に案内する際に、顧客と長く目線を合わせるほど、一日の売上が上昇することを実証します。統計的有意性を得た本発見は、売上増に貢献するでしょう。また、社員研修の際にも役立ちます。▼内容は3節構成です。第1節では、対人コミュニケーションや経営学の諸理論の先行文献を振り返ります。続いて、研究方法やこの発見が意味するところを説明します。最終節では、研究の限界や今後の研究課題に触れます。▼我々の研究が、業界と当分野の研究の発展に貢献することを願います。どうぞ発表をお楽しみください。

※この研究はフィクションです。

Clue ※下線部

研究発表の概要と要点を、冒頭（導入）で簡潔に説明しています。→ [Tip 13]

Follow-up Advice

「研究発表の最初の1分」となるこのスピーチは、いわば研究発表の「全体像を示すプレビュー」です。先に全体像を示すことで、聴衆の理解を促す役割を担っています。本例では、「発表題目、研究と発見の概要、発見の波及効果、発表内容の構成」の順に、研究発表の冒頭に必要な情報をカバーしています。

Model Speech 85
自社主催の技術コンテストで司会をする

あなたは、美容業界誌『ユア・ヘア』の事業部員。ロンドンからゲスト審査員を迎え、美容師の登竜門として名高い同社主催のコンテストを、あなたの司会で開会します。

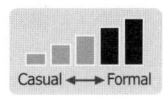

Good afternoon, ladies and gentlemen. Welcome to the 14th Annual Your Haircut Contest, sponsored by Your Hair Publishing. My name is [　　], and I will be your MC for today's contest. It is our great pleasure to hold this annual event with 40 finalists here, selected from 250 applicants across the country, while welcoming this large audience on the floor.

Here with us today are our judges: Ms. Jane Maslen and Mr. Masa Hasegawa. Ms. Maslen is a creative director at Prime Hair Academy in London, and Mr. Hasegawa is the chief editor of *Your Hair* magazine. In fact, today's top five winners will be featured in *Your Hair* next month. This means that **your splendid work will be widely recognized around the world**.

First, let us have a few words from our guest judge. Ladies and gentlemen, please welcome Ms. Jane Maslen with a big round of applause!

【抄訳】皆様、ユア・ヘア出版主催「第14回ユア・ヘアカット大会」へようこそ。私は司会の [　　] です。全国250名から選ばれた40名の決戦出場者と、これほど大勢の観客をお迎えし、毎年恒例の本大会を開催できて光栄です。▼本日は、審査員に、プライム・ヘア・アカデミーのジェーン・マズレン氏と、『ユア・ヘア』編集長の長谷川マサ氏をお迎えしております。上位5名は、来月『ユア・ヘア』で特集されます。つまり、皆さんの素晴らしい作品が世界中に知られるわけです。▼まずは、ゲスト審査員よりひとこといただきましょう。皆様、マズレン氏を拍手でお迎えください！

Clue ※下線部

出場者全員に呼びかける表現です。しっかり激励が伝わるよう、"your splendid work" に、軽く「指定のジェスチャー」を付けても構いません。→ *[Tip 22]*

Follow-up Advice

大会冒頭のMCは、歓迎の辞、概要紹介、来賓・審査員紹介、関係者挨拶、副賞・協賛紹介、競技説明等の順で進行します。出場者や副賞については、単に「多くの」と言わず、具体的な数字や名称を紹介すると、臨場感のある司会になります。

Model Speech 86
公開セミナーの講師を紹介する

あなたが勤務する外資系コンサルティング会社が、約600人の顧客を招いて講演会を主催することになりました。超満員の大ホールで、あなたが第2部の講師を紹介します。

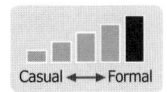

Good afternoon, ladies and gentlemen. I think it is about time to start the second part of today's program. The purpose of this session is to give you better insight into the Japanese distribution system, which has rapidly developed over the last several years.

We are privileged to have with us today a distinguished lecturer, <u>Dr. Keiko Ozaki, professor of marketing at Kyoto University</u>. Her major field of interest is area marketing in the Japanese distribution system. I am sure this session will be a great opportunity for us to <u>develop a new roadmap to better marketing solutions for tomorrow</u>.

Professor Ozaki has truly distinguished herself as a first-rate expert and specialist in the field of Japanese management, marketing, and other related subjects. **She is the author of several books on management and marketing, and has written about 20 papers** for various well-known journals in America as well as in Japan.

Today, she will be giving us a lecture on Japan's distribution system from an international viewpoint. This session, I believe, will <u>take us to new levels of understanding</u>. Now, ladies and gentlemen, please welcome Professor Ozaki with a round of applause.

One Point　大観衆の前では、まずしっかりと背筋を伸ばし、ゆったりしたペースで話してください。

▼皆様こんにちは。そろそろ、本日のプログラムの第2部を始める時間となりました。この第2部の目的は、ここ数年間で急速な発展を遂げた日本の流通システムをよりよくご理解いただくことにあります。▼本日は光栄なことに、大変著名な講師にお越しいただいております。京都大学のマーケティング担当教授である尾崎恵子博士です。博士のご専門は日本の流通システムにおけるエリア・マーケティングです。当セッションは、私たちにとりまして、より優れた今後のマーケティング活動への新たな道しるべが得られる、有意義な機会になるものと確信しております。▼尾崎教授は日本の経営学やマーケティング、また、その関連分野では超一流の専門家でいらっしゃいます。先生は経営学やマーケティン

Model Speech 86　公開セミナーの講師を紹介する

グに関する著作を何冊も出しておられ、日本だけでなくアメリカの有名な学会誌においても、約20編にわたる論文を発表されております。▼本日、先生には、国際的視野から見た日本の流通システムについてご講演をいただきます。このセッションを通じ、私たちが、より確かな理解を得られることと信じております。それでは皆様、どうぞ盛大な拍手をもって、尾崎先生をお迎えください。

Clues　※下線部（点線）1 & 2

(1) 大ホールでマイクを使う場合、冒頭のひとことを話した途端に、「自分の声の反響音」が邪魔をして、思うように話せなくなることがあります。大規模な会場では、必ず事前に音響状態を確認する習慣をつけましょう。→ *[Tip 28]*

(2) 教授陣の紹介では、一般的に、大学名と専門分野、教育の担当分野、学会での役職、主要な著作などが盛り込まれ、「具体性のレベル」が高くなります。→ *[Tip 9]*

Concept　※下線部（実線）A & B

(A) "roadmap"（道路地図）は、「道程」の概念を持つ言葉です。難解な物流システムを理解するための「道筋」が、一枚の地図で分かりやすく示されるかのように表現しています。(B) "take"（連れていく）も同じ概念の流れを汲み、その講演が、聴衆を明解な理解へと「導く」様子を、目に見えるかのように表現しています。

Apply it!　講師紹介の際に役立つ "brief bio"

波線部以降で、博士の基本情報を披露しています。多くの場合、講師は自分自身の「紹介してもらいたい」項目があるものです。前もって講師から略歴（brief biography）を受け取り、そこから必要な内容を抜粋すると良いでしょう。以下は、講師の学位を紹介する際の定型表現です。（※分野名は *[SP 28]* を参照）

> She **holds an MBA from** Doshisha Business School.
> 　彼女は、同志社ビジネス・スクールの経営学修士号(MBA)をお持ちです。
>
> Professor Ishida **was conferred a [doctoral degree / Ph.D.] in** international relations **from** Osaka University in 2001.
> 　石田教授は、2001年に大阪大学から国際関係学の博士号を授与されました。

Follow-up Advice

講師を紹介するスピーチでは、「なぜこの講師がこの場にふさわしいのか」という点を、いくつかの角度から説明するのが基本的なスタイルになります。「とても素晴らしい先生」という漠然とした言い方ではなく、「〜のご経験がある」や「〜からの評価を受けた」など、具体的で客観的な説明が望まれる場面です。

Model Speech 87
ロータリー・クラブで国際交流を語る

あなたが勤務する海外法人は、日米学生交流制度のスポンサーです。今回は、その協力団体である地元のロータリー・クラブに招かれ、国際交流の意義について話をします。

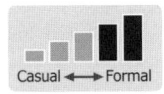

Fifteen years ago in the small town of Oswego on Lake Ontario in New York, a Japanese youth spoke to the local Rotary Club. Her topic was "Japanese-American Relations," and **she concluded the speech by saying**, "I wish to become a bridge that will link Japan to America and to other nations." Today, in this big city of Seattle on the Pacific Ocean, the same person, **although in her late-thirties**, is speaking to your Rotary Club with the same ambition.

I am very happy to be here today and appreciate very much your kind invitation to this general meeting. The president of our company in Kyoto **sent me an e-mail and asked me to convey his best wishes to you**. We hope our company's sponsorship of your student exchange program **will further contribute** to the development of closer relations between Seattle and Kyoto and also to a better understanding between America and Japan.

Because of the development of transportation, the world has become so small that **any country can be reached in a short period of time**. Yet, transportation improvements alone cannot make for better understanding and cooperation between peoples of different nations. There are still many invisible walls remaining between us. **Language can play an important role** in removing such walls. In this respect, your Rotary Club's cooperation is vital and **has a lot to offer for the betterment of international communication**.

English has become the international language not only in cultural exchange but also in international business. We, the non-native speakers of English, need your help to improve our English. At the same time, we can help you to understand the **cultural values and business practices** of our own countries. We need to formulate concrete ways we can be of service to each other.

We all appreciate the painstaking efforts the members of the international committee have made to promote the program and to strengthen the ties between these two cities and our two nations. My own efforts have not been as great as yours. However, I promise that I will **do my best to reciprocate your efforts** as a representative member of this student exchange program. By doing so, I believe, **I can also realize my dream** to become a bridge linking America and Japan across the Pacific Ocean.

※太文字部分は、このスピーチの特徴的な表現を「英和対訳」で示しています。

▼15年前、ニューヨーク州オンタリオ湖沿岸の小さな町オスエゴで、ある日本の若者が地元のロータリー・クラブで話をしました。その話題は「日米関係」で、**彼女は締めくくりにこう言いました**——「私は、日本とアメリカとを、また他の諸国とを結ぶ架け橋になりたい。」今日、太平洋沿岸の大都市ここシアトルで、もう彼女は**30代後半**ですが、まだ同じ夢を持ち、このロータリー・クラブで話をしています。▼本日ここにいることをうれしく思いますとともに、この総会へのご招待に感謝申し上げます。京都の弊社社長も、**メールで皆様方によろしく伝えて欲しい**と言っておりました。皆様の学生交流制度に対する弊社の後援が、シアトルと京都の関係をより密接にし、米日間により良い理解をもたらすよう、**なお一層貢献していくことを願っております**。▼交通手段の発達により、**どの国にもわずかな時間で行けてしまうほど世界は小さくなりました**。しかし、交通機関の進歩だけでは、異なる国々の人々と、より良い相互理解や相互協力を生みだすことはできません。私たちの間には、まだ多くの目に見えない壁が立ちはだかっています。そのような壁を取り除くためには、**言葉が重要な役割を果たします**。この点においてロータリー・クラブの協力は極めて重要であり、**国際コミュニケーションの改善に寄与するところは大きい**と思います。▼英語は、文化交流の場面だけではなく、国際ビジネスにおいても国際語となってきました。英語を母国語としない私たちが自分自身の英語を磨くには、皆様の助けが必要です。同時に私たちには、私たちの国々の**文化的価値や商慣習**などをご理解いただくためのお手伝いができます。双方がお互いの役に立つ具体的な方法を、策定していく必要があります。▼私どもは、これまで国際委員会の皆様が本制度を推進し、二都市間また二国間の絆を強固にされてきたご**苦労**やご**尽力**に対し、**感謝**を申し上げます。私自身の努力は、皆様方のそれに比べれば決して大きくはありません。しかし私は、この学生交流制度を代表する一員として、**皆様のご努力に酬いるため最大限の努力をする**ことをお約束いたします。そうすることで、「太平洋を越えてアメリカと日本を結ぶ架け橋になる」という私の夢も実現できると信じています。

Follow-up Advice

自身の経験を糸口に、国際交流と学生交流プログラムの意義について話しています。出だし（導入）と終わり（結び）で繰り返される同じ「夢の話題」が、本論の「国際交流の話題」をサンドイッチのように挟み込む構造になっています（→*[Tip 13]*）。また、公式な場で会社を代表して社員が話す際には、8行目の「メールの伝言」のように、社長をさりげなく登場させるのも気の利いた配慮です。

Model Speech 88
地元の大学の入学式で挨拶をする

CD 2 38

あなたは大手建材メーカーのカラチ支店長。同社の地域開発援助プロジェクトが実を結び、地元の大学に日本語学科が新設されました。その入学式で、ひとこと挨拶をします。

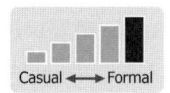

Casual ←→ Formal

Thank you, Professor Chatru, for your kind introduction. Dr. Hasarram, members of the board of directors, <u>ladies and gentlemen</u>, I greatly appreciate the honor you have given me to speak before you all today.

More than a century ago, back in my country, there was an ambitious student, like many of you today. He had a dream. He wanted to study abroad. When asked by the school examiner, "**Why do you want to go to the U.S. to further your education?**" he answered, without any hesitation*, "Because I must become <u>the bridge that links Japan and America</u> together." That student was Inazo Nitobe. He later built his bridge and then went on to become the principal of Daiichi High School, the predecessor of the present Tokyo University! He was truly a great man.

In my way of thinking, true greatness is **to share** our success with mankind, **to help** make life happier for our fellow men, **to give** without counting the cost, and **to serve** your country with the fruits of your ambition.

I wish that you, the students of Karachi University, with its rich tradition and honorable history, have dreams and become the leaders in various fields, for your country and the world of tomorrow. May you accomplish your dreams and bring honor to your school!

* hesitation /hèzətéɪʃən/ ためらい、迷い

One Point 聴衆のイキイキとした目の輝きに視線を送りながら、落ち着いた口調で話しましょう。

▼チャトルー教授、ご丁寧な紹介をありがとうございました。ハッサラム博士、理事会の皆様、ご来場の皆様、本日皆様を前にしてお話しする栄誉に対し、心より感謝を申し上げます。▼一世紀以上も前、私の母国に、今日の皆様と同じように大望を抱いた一人の学生がいました。彼には夢がありました。留学をしたかったのです。試験官に「君はなぜ、さらなる教育を受けにアメリカへ行きたいのかね？」と尋ねられた時、彼は躊躇することなく、「なぜなら私は、日本とアメリカを結ぶ架け橋にならなければならないからです」と答えました。少年の名は、新渡戸稲造と言います。彼はのちに、その架け橋をかけ、さらに東京大学の前身（とも言える）、第一高等学校の校長になったのです。彼は本当に偉大

Model Speech 88　地元の大学の入学式で挨拶をする

な人物でありました。▼私が思うに、真の偉大さとは、私たちの成功を人類で共有し、仲間の生活を幸せにする手伝いをし、打算を抜きに与え、大望の成果をもって国に尽くすことである、というように思います。▼伝統と栄えある歴史を持つカラチ大学の学生である皆様が、夢を持つ、そして祖国のため、明日の世界のために、様々な分野のリーダーとなられることをお祈りいたします。皆さんが夢を達成し、母校に栄光がありますように！

Clues　※下線部(点線) 1 & 2

(1) 会話をダイアログ形式の直接話法で表現すると、臨場感が出ます。他人のセリフを語る時は、少し「声の表情」(音程や声量)を変えると良いでしょう。→ *[Tip 19]*

(2) "to ~, to ~" の繰り返しによって、言葉のリズム感を出し、内容を引き立てる反復効果を狙っています。実際のスピーチでは、反復の効果が伝わるように、それぞれの "to ~" を意識しながら、聴衆に語りかけることが大切です。→ *[Tip 16]*

Concept　※下線部(実線) A

(A) "bridge" は、「二者をつなぐモノ」の比喩表現です。"bridge" という単語の背後には、「建造物」の概念があることから、単に結ぶだけではなく「両端をつなぎ、さらに人が往来できる」という絵が描けます。同様に「つなぐ物体」でも、thread（糸）や glue（接着剤）では伝わる概念がまったく異なります。比喩表現を選ぶ際には、伝えたい概念がきちんと反映されるかどうかを確認することが大切です。

Apply it!　オープニングの挨拶にリズムと親しみを

波線部 "ladies and gentlemen" は、誰もが知る冒頭の呼びかけですが、これをスムーズに口にするのはなかなか難しいようです。時折、日本人の司会者が「レディース、アーンド、ジェントルメン！」と威勢よく呼びかけるのを耳にしますが、通常は「**レィ**ディス**ン**ジェント**ゥ**メン」のように、太文字部分は強く、and は弱く読む「ゆったりした2拍のリズム」で発音されます。また、"Ms. A, Mr. B, and, ladies and gentlemen" と呼びかける人がいますが、これは and がひとつ余分です。正しくは、"Ms. A, Mr. B, ladies and gentlemen" です。来賓を敬いつつ、名前の語尾を「少し上げ調子で」呼びかけましょう。

Follow-up Advice

前途有望な学生へのはなむけの言葉は、希望に満ちたメッセージにしたいものです。逸話として登場した新渡戸稲造は、東京女子大学の学長でしたが、その前は第一高等学校の校長でした。彼のような著名な人物に限らず、自分の身近な例をひいて「学生とはどうあるべきか」を語ってみるのも良いでしょう。他にも、"If I were you, ~"（もし私が皆さんだったら）という仮定表現を用いて、理想の学生生活について語るのも、興味深いスピーチになりそうです。

Model Speech 89
商工会議所で国際理解について話す

あなたは、中堅商社の海外支店で勤務する国際ビジネスパーソンです。地元の商工会議所が「国際理解月間」に入ったことから、あなたにスピーチの依頼がありました。

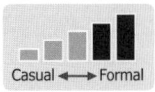

I truly appreciate the opportunity today to speak about mutual understanding among the nations of the world. **I will tell you what I have come to believe through my experience of visiting and living in about 40 countries.**

Although the U.S. continues to be an indispensable* partner for us, Japan should take more responsibility to promote mutual understanding with other nations as well. I believe such understanding can be achieved only when we realize that all the people and nations in the world are truly different. We often say all countries are like good brothers and sisters in the world family. Still, even among human brothers and sisters, there are differences in individuals.

I believe in the traditional values of each nation and people, yet it is also possible for universal values to coexist with traditional values. Each nation and each people has its own religion, culture, social structure, and way of thinking, and this diversity should be respected. Since each nation has its own development process and its own philosophical and social background, we must accept these different cultural systems. I honestly believe this is the attitude we should keep, as the world's family members strive for genuine mutual understanding.

*indispensable /ɪndɪspénsəbl/ 欠かすことのできない

One Point　自分自身の経験から得られた信念が伝わるように、堂々とした態度で臨みましょう。

▼本日、世界各国との相互理解についてお話をする機会を、大変ありがたく存じます。これまでに約40か国を訪れ、また滞在してきた私の経験から、自身が信じるに至った事柄についてお話を申し上げます。▼私どもの国にとってアメリカは必要不可欠なパートナーではありますが、日本は他の国々との相互理解を、もっと促進していく責任を果たすべきでしょう。こうした考え方は、世界の人々も国々も、みな異なっているということに気づいた時に、初めて得られるものだと私は信じています。私たちはよく、すべての国は地球家族の良き兄弟姉妹だという表現をします。しかし、人間の兄弟姉妹であっても、個人はそれぞれ異なっているわけです。▼私は、それぞれの国や人々に根差す、伝統的な価値を重んじていますが、それでも、世界共通の普遍的な価値観は、各国の伝統的な価値と共存

できるはずなのです。各国とその人々は、それぞれ独自の宗教、文化、社会構造、そして物の考え方を持っていて、この多様性は尊重されるべきものです。各国が、独自の発展の経緯と、哲学的・社会的な背景を抱えているわけですから、私たちはこれらの文化体系を受け入れなければなりません。これこそが、地球の家族たちが本物の相互理解を求める中にあって、我々が持つべき姿勢であると、私は心からそう信じています。

Clues ※下線部(点線) 1 & 2

(1) 自身の経験を基に話をするという「スピーチの方向性」を、冒頭（導入）で明かしています。この宣言が、聴衆を次の段落へとスムーズに誘導します。→ *[Tip 13]*

(2) 第2段落で「多様性を認める重要さ」に触れて、第3段落の冒頭で「自分の信念」を述べています。さらに同じ段落で「その信念の理由」を具体的に説明しています。すべての話題が、一貫して「自分の信念」を（前後から）支えています。→ *[Tip 7]*

Concept ※下線部(実線) A〜C

(A)(B)(C)の表現は、どれも「人間関係」の概念を伝えています。この概念により、国と国との関係に、人と人とが築き上げる親近感が投影されます。たとえば、(A) "partner" は夫婦や恋人のように「親密」であり、(B) "brothers and sisters" は（時にケンカをしながらも）当然のように「仲が良く」、(C) "world's family members" は、全世界がひとつの親族であるかのような「連帯感」を演出しています。

Apply it! 何かをして初めて手にする喜び

波線部の "A can be achieved only when B"（Bの時に限り、Aが達成される）は、when 以降に続く「Bの重要性」を聴衆に訴える表現です。何かの行動や変化を促したい時に、その結果として見込まれる成果を同時に伝えることができます。

> Our goal **can be achieved only when** we unite and help each other.
> 　　我々が一致団結し、互いに助け合って初めて目標は達成されるのです。
>
> A product of this quality **can be achieved only when** we have efficient, cross-functional collaboration within the company.
> 　　これほどの品質の製品は、効率的で、部門横断的な協力体制が社内にある時に限り、実現されます。

Follow-up Advice

自信を持って自分の意見を主張するためには、それを支える具体的な根拠を述べることが大切です。海外赴任中には、現地の諸団体から多様な「ひとこと」を求められることが少なくありません。本例のようなスピーチ（のアイデア）をいくつか用意しておくと、突然の依頼でもあわてずに対応できます。

Model Speech 90
高校生に「批判と理解」について語る

海外赴任中のあなたは、地元の高校から「国際化時代の若者」について話をするよう頼まれました。自身の経験をふまえ、「批判と理解」について感じるところを述べます。

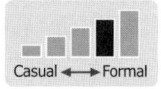

Mr. Elskins, members of the school board and the Parent-Teacher Association, and **my young friends**.

"Before you criticize, try to understand. After you understand the facts, there will be enough time to criticize if and when it becomes necessary." This is a statement I heard from my teacher when I was a high school student like you. We often criticize someone or something with little knowledge about what we are criticizing. We criticize certain nations, customs and even our own school without a true knowledge of what they stand for.

We are apt to become critical because others do not coincide with our way of thinking when we express our viewpoints. However, **are we qualified** to be judges of everything or anyone we happen to meet? **Can we hope** to know the whole issue by looking at only one side? I think this is impossible. Just as no two stars are alike, yet each in turn is a perfect star, all people are different both in habits and personalities, yet all are equal.

Do not criticize only for the sake of condemning* but for a better understanding. Strive for constructive correction. Strive now for real peace by being considerate of others.

* condemn /kəndém/ 激しく非難する

One Point 　前半があまり説教じみた雰囲気にならないよう、優しい表情を保ってください。

▼エルスキンスさん、評議会委員およびPTA役員の皆様、そして若い友人の皆さん。▼「批判をする前に理解するように努めなさい。理解した後で、批判することがもし必要になったとしても、その時間は十分にあります。」これは私が皆さんのような高校生だった頃、先生から聞いた言葉です。私たちはしばしば、ある人やモノについてほとんど何も知らないのに批判をしたりします。私たちは、ある国、習慣、あるいは私たちの学校に対してですら、それらの象徴的な意味を真に理解することなく、批判をします。▼私たちは、自分の意見を述べる際に、他人と自分の考え方が一致しないという理由で批判的になりがちです。しかし、私たちはたまたま遭遇した物事や人々に対し、審判員になるだけの資格があるでしょうか。一側面だけを見て、問題のすべてを知ることができるものでしょうか。私は、

それは不可能だと思います。星はひとつひとつが完全な星でありながらも、2つとそっくりな星が無いように、すべての人は等しくあっても、気質や個性は違っているものです。▼人を非難するためだけに批判するのではなく、より良い理解のために批判をしましょう。建設的に誤りを正すように努力しようではありませんか。他人への思いやりを持って、本当の平和のために努力をしていきましょう。

Clues ※下線部(点線) 1 & 2

(1) スピーチでは、聴衆に向かって "my friends" と呼びかけることがあります。ここでは相手が高校生であることから、親しみを込めて "my young friends" と呼びかけることで、聴衆との一体感を演出しています。→ *[Tip 4]*

(2) 質問を投げかけて、聴衆の注意を獲得しています。"are we ~?"、"Can we ~?" と質問が2つ続きますが、それぞれの質問の後には、聴衆が心の中で答えを考えるための間(pause)を少しだけ(1秒程度)置くようにします。→ *[Tip 15]*

Concept ※下線部(実線) A

(A) "star" を例に、「無数に存在するモノの個々の大切さ」を述べています。同時に、starが持つ「輝き」の概念が、聴衆の高校生に反映されることで、会場にいる一人ひとりが光り輝く魅力ある存在だという比喩を構成しています。星と同じように「無数に存在する固有のモノ」であっても、聴衆がstone (石) に喩えられていれば、スピーチ全体の空気はもっと地味なものになるでしょう。

Apply it! 同じフレーズで畳みかける印象づくり

終盤の波線部で、"strive for" を2回繰り返しています。同じようなフレーズを繰り返すテクニックはrepetition (反復) と呼ばれますが、それを意識的に使うことで、その部分に強い印象を残すことができます。簡単なフレーズでも、同じスタイルで繰り返してみると、また違った雰囲気になります。

> **Let us** help each other, **let us** try hard, and **let us** go for the best.
> 相互に助け合い、精一杯頑張って、ベストを目指しましょう。
>
> **We** talk **together**, **we** work **together**, and **we** enjoy our life **together**.
> 我々は共に語り、共に働き、共に人生を楽しむのです。

Follow-up Advice

聴衆に気持ちの変化を求める説得型(persuasive)のスピーチです。最後の "strive for" というメッセージに向けて、説得材料を積み重ねています。終盤の "all are equal" は、かつてはall men are equalと言われてきたフレーズですが、現代では「男性」という意味を含む "men" を避け、男女平等を意識した表現が主流です。

Model Speech 91
クリスマス・パーティーで感謝の挨拶をする

CD 2 41　あなたは海外現地法人の社長。毎年恒例のクリスマス・パーティーですが、今年はマークの発案で「10周年記念」として開催され、あなたに開会の挨拶が依頼されました。

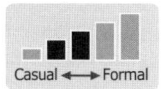

Casual ←→ Formal

Happy Holidays, everyone! Welcome to our 10th annual Christmas party. I wish to thank you for coming and sharing this time and the special spirit of the holiday season. By the way, **do I really look OK with this Santa hat Mark just got me**?

This season is a time to be happy and also thankful, and I have much to be thankful for tonight. My heart is full of deep emotion in having this happy annual event tonight. My heart is also full of appreciation **to every one of you, our company employees, their partners, and all those who help us in carrying on our business activities**. Without the cooperation and dedication of everyone here, our business success in the past 10 years could not have been accomplished. These bright 10 years have flown by really, really fast.

Well, we are celebrating with this very special Christmas party today! I have heard from Mark and his friends that they will make today's party something very different from those we have had so far. Also, as you can see, there is a lot of good foods, delicious wine and spirits, and superb company. Just enjoy yourselves! Please eat, drink, sing, dance, and be merry. My friends, have a very Merry Christmas and a Happy New Year!

One Point　第2段落で感謝の気持ちを伝え、第3段落冒頭の "Well" で気分を切り替えて明るく続けます。

▼みんな、ハッピー・ホリデー！ 第10回目の恒例クリスマス・パーティーへようこそ。みんなが参加してくれたこと、そして共に楽しみ、共にこの休暇の意味を分かち合うことに感謝しています。ところで、マークがくれたこのサンタ帽だけど、本当に似合ってるのかな？▼この時期は、楽しむ時、そして感謝をする時ですから、今夜の私にはたくさん感謝すべきことがあります。毎年の恒例行事の開催にあたり、私の心は深い感動でいっぱいです。私の心はまた、皆さん、従業員、皆さんのパートナー、そして私どもの事業をご支援くださる方々への、感謝の気持ちでいっぱいです。ここに集まった皆さん全員の協力と努力が無ければ、この10年間の成功はありえませんでした。輝きに満ちたこの10年は、本当に、とてもあっという間に過ぎていったのです。▼さて、今日は特別なクリスマス・パー

ティーでお祝いをするのですね。マークと彼の友人から、今日のパーティーはこれまでに経験したものとは一味違うと聞いています。ご覧のように、たくさんの素晴らしい料理や、上等のワインにスピリッツ（アルコール類）、そして最高の仲間が揃いました。さあ、楽しんでください！ 食べて、飲んで、歌って、踊って、楽しくやろうではありませんか。みんな、メリー・クリスマス、そして素晴らしき新年を迎えてください！

Clues ※下線部（点線）1〜3

(1) カジュアルなパーティーですから、威勢の良い声で呼びかけます。→ *[Tip 19]*

(2) 突然渡されたサンタ帽を小道具にして、明るくおどけて見せる表情と声の変化が、パーティーの臨場感あふれるユーモアを演出しています。→ *[Tip 26]*

(3) 感謝する相手を、対象ごとに丁寧に紹介しています。カジュアルなスピーチであれば単に "to many people" でも構いませんが、フォーマルなスピーチになるほど、個人や団体を個別に挙げて感謝をし、聴衆との一体感を高めます。→ *[Tip 4]*

Concept ※下線部（実線）A

(A)は「光陰矢の如し」(Time flies) に似た表現です。ここでは、"fly"（飛ぶ）という言葉が "year"（歳月）に「（飛行）物体」の概念を与えています。これにより、10年間が、目の前を駿足で「過ぎ去って」いくイメージが演出されます。歳月が「目に見える物体」だという前提があるからこそ、それを「輝かしい」(bright) と表現でき、また、過ぎ去る様子を「あっという間」(really fast) だと描写できるのです。

Apply it! 「従来の〜」とはケタ違い

波線部は、「これまでとは違う」期待感を演出できる表現です。新しい何かを紹介する際、この表現を併用することで、その違いに「特別感」を与えられます。

> This interface is completely **different from those we have had so far**.
> この操作性は、これまでに私たちが経験してきたものとはまったく違います。
>
> This feeling is somewhat **different from those we have had so far**.
> この感覚は、これまでとは、いささか異なるものです。

Follow-up Advice

冒頭の "Happy Holidays!" は、クリスマス・シーズンに交わされる、宗教色を伴わない挨拶です。第2段落の "My heart is full of 〜" を2度繰り返す技術は、自然にこみ上げる話者の思いがあってこそ、心に響きます。スピーチでは、何よりも話者の真心が大切です。第3段落のお酒の紹介で登場する "spirits" は、主にウィスキーやブランデーなどの蒸留酒 (distilled liquor) を指す言葉です。

Model Speech 92
家族連れの日帰り社員旅行を主催する

海外現地法人の総務部長であるあなたは、社員とその家族のための慰安行事として、日帰りバス旅行を企画しました。家族を迎えた車中で、歓迎と感謝の挨拶をします。

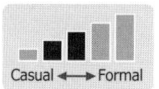

Good morning, ladies and gentlemen, boys and girls. **What a beautiful day!** Look at the sun smiling down upon us! I want to thank all of you for coming. I am so happy to welcome you on board.

As I see many good boys and girls joining us for this bus tour, let me tell you an old Japanese tale. **Once upon a time** there was a feudal lord who had three sons. **One day**, in his room, he told his sons to try to break an arrow. The arrow was easily snapped in two. Then, the lord told them again to break three arrows bound together. Though they tried and tried, no one could break the three arrows. The three brothers learned how strong a thin arrow becomes when it is united with the other two. At that very moment, the lord asked all three sons to always unite to defend their land.

I believe, the three arrows for us signify our company, our devoted staff, and their families who support them at home. As you know, our company has been honored by the Tokyo headquarters this year as the top of their overseas subsidiaries. We could not have achieved this if we had not all worked together with the support from your families. I thank you all for your fine efforts and full support. Now, please relax and enjoy the trip. Let's have fun!

One Point　話の対象が「全体 → 子供たち → 社員と家族 → 全体」と変化しますので注意してください。

▼皆さん、そしてみんな、おはようございます。素晴らしい天気です！太陽も微笑んでくれていますね！参加してくださった皆さん、ご参加ありがとうございます。皆さんをお迎えできてうれしいです。▼本日のバス旅行には、たくさんの良い子が参加しているので、日本の昔話をしましょう。昔あるところに、3人の息子がいる、領主の殿様がおりました。ある日、彼の部屋で、その殿様は3人の息子に1本の矢を折らせました。その矢は簡単に2つに折れてしまいました。次に殿様は、息子たちに3本に束ねた矢を折らせました。息子たちは何度も何度もやってみましたが、誰一人3本の矢を折ることはできませんでした。息子たちは、1本の細い矢でも、他の2本と一緒になれば、いかに強くなれるかを学びました。その瞬間に殿様は、「3人でいつも結束をして、この地を守ってほしい」と息子た

ちに頼んだのでした。▼私が思うに、私たちにとっての3本の矢は、「我が社」と「献身的な社員」と、そして「家庭で社員を支える家族」を意味するでしょう。ご存じのように、今年度、我が社は東京本社から海外子会社のトップに表彰されました。しかし、もし私たちが、家族の支えのもとで気持ちをひとつにして働いていなければ、この栄誉は受けられなかったことでしょう。その素晴らしい努力と、ご支援をくださった皆さんに、感謝いたします。さあ、ゆったりくつろいで、旅行を楽しんでください。楽しくいきましょう！

Clues ※下線部（点線）1 & 2

(1) 感嘆文を、わざとらしくならずに上手に使うコツは、文章を短くまとめることと、感情が高まる場所で適切な抑揚をつけることです。→ *[Tip 21]*

(2) 「昔々〜」や「ある日〜」で始まるstorytellingの定型表現です。昔話や逸話が長くなる場合には、簡単なメモを参照しながら話すと良いでしょう。→ *[Tip 23]*

Concept ※下線部（実線）A

太陽を人に喩える「擬人化」は、(A) "smiling" が持つ「人」の概念によるものです。"smile" のように、一般に人間の行為を表す動詞を、人間以外の物体に使用することで、「人」の概念が、その物体の印象に投影されます。太陽が微笑む(smile)のも、輝く(shine)のも、実際は同じ日射現象なのですが、それを "smile" で表現されると、楽しいバス旅行を太陽が優しく見守ってくれているような情景が演出されます。

Apply it! 「意味する」の意味もいろいろ

「〜を意味する」の英語といえば、ついmeanを使いたくなりますが、波線部の "signify"（〜を物語る）のように、同じ「〜を意味する」を伝える場合でも、どのように意味するのかによって、represent（象徴する）、describe（描写する）、suggest（提示する）、indicate（示す）など、検討すべき候補が出てきます。

> Our company logo **represents** everlasting trust for the future.
> 　私どもの社章は、未来に向けた永遠の信頼を意味（象徴）しています。
> The data **suggests** that we should maintain the status quo.
> 　データが意味（提示）するのは、我々は現状を維持すべきだということです。

Follow-up Advice

「3本の矢」を、企業活動を構成する「3つの要素」に喩えたスピーチです。応用できる場面は多くあるでしょう。ここでは、家族が参加するバス旅行という状況ですから、「子供たちへの昔話」を切り口にして全体を構成しています。話題のひとつとして昔話を準備しておくと、いずれ役立つ時があるはずです。

Model Speech 93
ホーム・パーティーで妻の手料理を振る舞う

CD 2 / 43

自身の50歳の誕生日を記念し、社員をホーム・パーティーに招待することにしました。あなたは日頃の社員の活躍に感謝を表し、奥様の自慢の手料理で、もてなします。

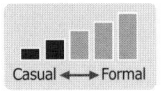

Casual ←→ Formal

Welcome to my home! Thank you for coming today and sharing this small party celebrating my 50th birthday. I know that you came today to have fun, **not to listen to my long speech**. But I just want you to know how much I appreciate your efforts in your daily work. Yoshiko, my wife, is also aware of
5 your superb assistance in our business, and she has specially prepared various kinds of typical Japanese foods like sushi, soba, tempura, and so on. Oh, don't forget the Japanese sake, too. This is also a very special one for you.

Some of you may have never had sushi before. Don't worry. Before you eat, **I will give you a long lecture about the traditional ways of enjoying**
10 **Japanese foods!** Joking aside*, please enjoy yourself.

Well, thank you again for coming to this party. Let's enjoy the rest of the afternoon!

* aside /əsáɪd/ わきへ、さておいて

【抄訳】ようこそ私の誕生パーティーへ！今日、みんなは私の長い演説を聞きに来たわけじゃないよね？ただ、みんなの頑張りに私がどれだけ感謝してるかは分かってもらいたい。家内もそれはよく知ってて、今日は特別に寿司、そば、天ぷらなど、いろんな日本料理を用意してくれた。そうそう、日本酒も忘れないでくれよ。特別な一本なんだ。▼寿司を食べたことのない人がいるかもしれないけど、大丈夫。私が日本食の伝統的な食べ方について、長い講義をしてあげるから！冗談はさておき、何より楽しんで欲しい。▼改めて、今日は来てくれてありがとう。最後まで楽しくいこう！

Clue ※下線部

ユーモアは、ユーモアらしく、声と表情を必ず連動させて語ります。→ *[Tip 18]*

Follow-up Advice

ユーモラスな人柄を伝えるカジュアルなスピーチです。終盤の "Joking aside" は、冗談から真面目な話へと話題を転換する際によく用いられる表現です。身内の手料理等を紹介する際、日本人はつい謙遜しがちですが、このような機会では、むしろ誇らしく自慢をするくらいの方が、英語では自然に響くものです。

Model Speech 94
顧客の誕生日パーティーで挨拶をする

CD 2 44

あなたは、サニー商事の営業部員。このたび、親しい顧客の誕生日パーティーに、新入社員数名と共に招かれました。あなたはサニー商事を代表して、お祝いを述べます。

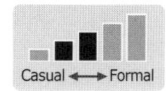

Casual ←→ Formal

Happy birthday, Mr. Davis, and good evening, ladies and gentlemen. On behalf of all the Sunny staff invited this evening, I would like to extend our congratulations to you on your very special day of the year.

As I entered this room and saw all the guests invited this evening, one saying sprang to my mind. "A man is known by the company he keeps." **Now I know what it really means.** It's about you, Mr. Davis, and it's about the great company you have here tonight celebrating this special evening together. I sincerely wish that my colleagues* and I at Sunny were also part of your wonderful company.

I am sure that nobody will forget this happy evening, unless of course we drink too much. Thank you very much for inviting us, and many happy returns!

* colleague(s) /káli:g(z)/ 仕事仲間、同僚（アクセント注意）

【抄訳】デービスさん、お誕生日おめでとうございます。サニー社員を代表して、この特別な日にお祝いを申し上げます。▼今晩この部屋に入って、お客様の顔ぶれを見た時、ある言葉が頭をよぎりました。「人は、その仲間で分かる。」今、この言葉の本当の意味が分かりました。それは、デービスさんと、ここの皆さんのことを指すのですね。同僚や私も、あなたの素晴らしい仲間の一員であることを願っています。▼今晩のこの楽しいひと時を、きっと誰もが忘れないことでしょう。これから飲み過ぎなければ、ですが…。ご招待ありがとうございます。お誕生日おめでとうございます。

Clue ※下線部

格言に「自分の思い」を重ねて、その類似性を描写しています。→ *[Tip 14]*

Follow-up Advice

顧客とゲストの両方の素晴らしさを、格言を用いて同時に表現しています。顧客の同僚や他の取引先も同席するパーティーでは、過剰に「馴れ馴れしい」印象を与えないよう、顧客の名前は、敬称付きの苗字で呼びかけた方が無難でしょう。なお、最後の "many happy returns"（幸多かれ）は、誕生日を祝う慣用句です。

Model Speech 95
親睦行事の抽選会で進行役を務める

CD 2　45

あなたが勤務する会社の新年会で、抽選会の司会を頼まれました。毎年豪華な景品が用意され、社員が楽しみにしているイベントを、カジュアルな雰囲気で盛り上げます。

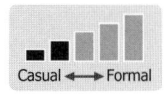

Casual ⇔ Formal

Attention please, everyone! It's time for a lucky draw!

　I'm sure everyone is having a great time together at this New Year's party. Now, the most exciting part has come! Look at all the prizes. They are all for you, and hopefully for me. Let me invite Ms. Lee, our president, to draw the
5　names of 10 lucky winners. Ladies and gentlemen, when your name is called, please respond with a big "WOW"!

　All right, let's see who will be the first lucky person. The prize for the first winner, a $200 gift certificate, goes to… Mr. Frank Ritchie! Congratulations! Frank, will you give us a few words? [winner's words] I hope this hasn't used
10　up all your luck for this year! Thank you. A big hand for Frank, please!

　Everyone, take it easy. There's much more to come! Let's call the next winner. Are you ready to say, "Wow"? Ms. Lee, next draw, please?

【抄訳】さあ、抽選会です！▼新年会で最もワクワクする場面ですね。景品をご覧ください。これは全部、皆さんと、願わくば私のものです。当選者10名の抽選は、リー社長にお願いします。名前を呼ばれたら盛大に驚いてください！▼最初の幸運な人は誰でしょうか。200ドルの商品券の当選者は…、フランク・リッチーさんです！おめでとう！フランク、何かひとことを。[当選者挨拶] これで今年の運を全部使い果たしてなければいいですが！どうもありがとう。フランクに拍手を！▼皆さんご心配なく。まだまだあります。驚く用意はいいですか？リー社長、次の抽選をお願いします。

Clue ※下線部

会の盛り上がりに割り込む表現です。司会の緊張を和らげるには、「みんなが司会者の登場を楽しみにしている」という自信を持つことが大切です。→ *[Tip 24]*

Follow-up Advice

抽選会では、しばしば当選者が会場にいないというトラブルが起こります。そんな時でも、"Wow, this will be a gift for the MC!"（これは司会者へのプレゼントですね！）などのユーモアを織り交ぜながら、焦らずに笑顔で進行しましょう。

Model Speech 96
同好会の歓迎を受けて挨拶をする

あなたが勤める現地法人で、親睦のために入会したジャズ同好会。初参加の夜に待っていたのは、仲間からのサプライズ歓迎会でした。あなたは、仲間に感謝の挨拶をします。

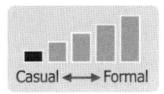

Hi, everyone. What a wonderful surprise to know that you have organized this welcome party for me! I joined this jazz club to relax. I certainly never expected to make a speech here!

I love jazz, just like you do. Why do I like it? Well, I guess it's because jazz is the art of harmony. As you all know, jazz has combined many different tastes and styles of music in its long history, but everyone still loves the mixture. Everyone still respects the different elements in jazz. **I believe that the same can be said of our company. Different people with different talents have joined to create the best harmony. Much like jazz, we are demonstrating the great mixture of good company.**

Thank you very much for having me in your club. I hope to talk with you about music, business, family, and "all that jazz" tonight! Thank you.

【抄訳】この歓迎会には驚きです！ リラックスが目的のジャズ・クラブなのに、スピーチをするなんて思いもしなかったわ！▼皆さん同様、私はジャズが好きです。その理由は、ハーモニーです。ジャズは歴史の中で、多くの音楽的要素が混ざったものです。でも誰もがその掛け合いを好み、異なる各要素を尊重します。私たちの会社も同じだと思うんです。異なる才能を持った異なる人々が一緒になって、最高のハーモニーを奏でます。ジャズのように、私たちは素敵な仲間の集合体なんです。▼仲間に入れてくださって、ありがとう。音楽、仕事、家族のことなど、いろいろとお話ししましょう。

Clue ※下線部

ジャズ同好会という会場の特性を反映した言葉です。「会社」を「ジャズ」（音楽の概念）に喩えながら聴衆を褒め、仲間との一体感を高めています。→ *[Tip 26]*

Follow-up Advice

第2段落は、ジャズが好きな人の自己紹介にも、そのまま応用できます。最後の行にある "all that jazz" は「いろんなもの」という意味の、カジュアルな表現です。気さくな場で英語を話す時には、柔らかい笑顔で語りかけましょう。

Model Speech 97
日本でのビジネスについて語る

日本市場で業績を伸ばす外資系企業で、社長を務めるあなた。経済団体からの依頼を受けて、外資系企業が日本で成功するための秘訣について述べることになりました。

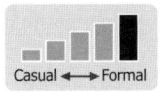

Mr. Chairperson, distinguished members and guests, ladies and gentlemen. I feel truly privileged to be here with you this afternoon. Today, I would like to talk about some **hints for business success in Japan**. Especially, **I will base my talk on my personal experiences** over 11 years as a "differential gear" between two different cultures, Japan and the U.S.

The persistent image that Japan's market is still "closed" leads foreign firms to believe it would be extremely difficult to start operations here. It is certainly true that Japan has its own culture and some **unique legal and business practices based on its history and philosophy**. I know that foreign business people find some of these hard to understand. However, it is also true that there are quite a few foreign companies, like our own, which have operated quite successfully. What is **the key to success in Japan**?

I would answer, the most important key is improving communications with their headquarters in the home country. There are two important things to deal with here. One is to **reconcile differences in opinions and ways of thinking** between the Japanese and American staff. The other is to overcome basic gaps in our two countries' cultural and market systems. This means we need to improve cross-cultural communications "within the company." Our company, therefore, has developed a mixed management of American and Japanese executives.

I was convinced that our products could contribute to Japanese society, and I had confidence in my **thorough knowledge of the market**. With my strong belief, I was able to convince the corporate top management in the U.S. to let me handle all local negotiations. Then I drastically changed the company's approach to the Japanese market. Meanwhile, our products and business methods **were adapted to Japanese customers and the industry**.

The debate continues as to whether the top management should be Japanese or foreign nationals. I think the answer is both are required on the top management team. It is the management team that **will appreciate and facilitate effective intercultural communications** through everyday business. This is, I believe, the key to business success in Japan.

※太文字部分は、このスピーチの特徴的な表現を「英和対訳」で示しています。

▼議長、会員の方々、ご来賓、そして皆様。このたびは、ここにご一緒できますことを大変光栄に存じます。本日は、**日本でビジネスを成功させるためのヒント**についてお話し申し上げたいと存じます。特に、日本とアメリカの文化間で「調節歯車」の役割をこなした11年間の私の個人的な経験を基に、お話しいたします。▼日本の市場はまだまだ閉鎖的であるという執拗なイメージが、外国企業が抱く「日本でビジネスを始めるのは大変難しい」という考え方につながっているようです。確かに、日本には固有の文化があり、**歴史や思想に根ざした独特な法律上や商売上の慣習**が存在します。私は、外国人ビジネスパーソンがこれらを理解しがたいと見ていることも存じています。一方で、私どものように、日本での事業を成功させている外国企業が多く存在するのも事実です。**日本での成功の鍵**は、何なのでしょうか？▼私が答えるならば、最も重要な鍵は、本社とのコミュニケーションを改善することです。ここで対処すべき重要なことが２つあります。まずは日本人とアメリカ人の社員間の**意見や考え方の違いを調整する**こと。そして両国の文化や市場制度に横たわる基本的なギャップを克服することです。これはつまり、「社内の」異文化間コミュニケーションを改善する必要がある、ということです。それゆえ我が社では、アメリカ人と日本人による混合経営を開発したのです。▼私は、我が社の製品が日本の社会に役立つとの自信がありましたし、**同市場に関する完璧な知識**があると自負していました。この強い信念をもち、日本国内の交渉をすべて私が担当できるように、米国本社の経営陣を説得しました。その後私は、我が社の日本市場へのアプローチを劇的に変えました。そうするうち、我が社の製品やビジネスのやり方は、**日本の顧客や業界に順応していった**のです。▼「経営トップは日本人であるべきか、外国人であるべきか」という論争が続いています。私の答えは、「両方とも、経営陣には必要である」です。それは、日常業務を通じて**異文化コミュニケーションの大切さを認識し、推進できる**経営陣のことを指しているのです。これこそが、日本でのビジネス成功の鍵であると信じています。

Follow-up Advice

経営者が成功の秘訣をひとことで語るのは至難の業です。それだけに、このスピーチのように「コミュニケーションの改善」などの一点に絞ることができれば、聴き手の印象に強く残ります(→[Tip 11])。このスピーチでは、その一点を、２つの切り口から補足する構造になっています。「ビジネス成功の鍵は何か？」と問いかけ、「これが鍵だ！」と断言する切り返しは、話者の自信を演出するためにスピーチでよく用いられる、「自問自答」のテクニックです(→[Tip 15])。

Model Speech 98
子供が通う小学校で日本を紹介する

CD 2 / 48

モンタナ州に駐在中の鈴木正子さんは、息子が通う地元小学校の校長先生から、日本の概要を簡単に紹介する話を、生徒たちにして欲しいと頼まれました。

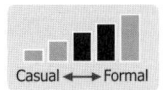

Casual ←→ Formal

Good morning, my friends! My name is Masako Suzuki. My family name, Suzuki, means something like "tinkling bells on a tree." Suzu means bell, and Ki means tree. My first name, Masako, means "honest woman." So, I am an honest woman born under a tree with tinkling bells on it!

Japan is located across the Pacific Ocean with an area just about the size of Montana! However, about 70% of the country is mountainous, and only 20% is suitable for agriculture and urbanization, which is a little smaller than the size of South Carolina. Can you imagine **about 120 million people, about 40% of the population of the U.S., living in South Carolina?**

The country stretches from a northern latitude, comparable to that of New England, to its southern extremity*, roughly parallel to Georgia. The generally mild climate of the islands of Japan makes the country a pleasant place to live, with a lot of natural treasures. Japanese people believe we should maintain a harmonious balance with nature. You can see the ability of our people to appreciate the beauty of nature in our buildings and gardens. Today, I have a video to show you how we live over there. **Do you want to see it? OK, let's start!**

* extremity /ɪkstréməti/ 端、先端

One Point 聴衆が話についてきていることを適宜確認しながら、話を進めるようにしましょう。

▼みんな、おはよう！私の名前は「マサコ・スズキ」です。苗字の鈴木は、鈴がbell、木はtreeで、「木に実った鈴」のような意味です。名前の正子は「正直な女性」を意味します。ですから私は、鈴がたくさんつり下げられた木の下に生まれた、正直な女の人なんですよ！
▼日本は、ちょうどモンタナ州くらいの広さで、太平洋をまたいだ反対側にあります。国の約7割は山岳地帯で、わずか2割が農業や街の暮らしに適した場所です。その広さは、少し小さい南カロライナ州ぐらいです。アメリカの人口の約4割にあたる、1億2千万人ほどが南カロライナ州に住んでいるなんて想像できますか。▼日本の国は、緯度でいうと北はニューイングランドあたりから南はだいたいジョージアあたりまで、縦長に延びています。総じて穏やかな日本列島の気候が、日本を、自然の宝庫で住みやすい土地にしてく

Model Speech 98　子供が通う小学校で日本を紹介する

れています。日本人は、自然と調和のとれたバランスを保つべきだと考えています。自然の美しさを評価し、味わう日本人の才能を、皆さんは私たちの建物や庭園に見いだすことができます。今日は、あちらでどんな生活をしているのかをみんなに見てもらうために、ビデオを持ってきました。皆さん、見たいかな？ じゃあ、始めましょう！

Clues　※下線部（点線）1 & 2

(1) 新たに紹介するものを、相手の身近な何かと比較することで、聴衆がその様子を想像しやすくなります。「類似の比較」による描写の技術です。→ *[Tip 14]*

(2) 聴衆への親しみのある呼びかけで、会場の一体感を高めています。ややカジュアルな表現ですので、使用する場面や相手（聴衆）に注意してください。→ *[Tip 4]*

Concept　※下線部（実線）A

自然の恵みを (A) "treasure" という言葉で表現しています。この単語が持つ「大切なもの」という概念によって、聞き手がそれぞれに描く「大切なもの」のイメージが、話し手が言う "nature" に反映されます。その結果、"nature" に対して、「大切な、かけがえのない、美しい」といった形容詞が次々に思い起こされるわけです。単に a lot of nature と言った場合とを比べれば、その響きの違いは明らかです。

Apply it!　名前でつくる印象深いオープニング

日本人の名前に馴染みのない聴衆には、波線部のように名前の仕組みを簡単に説明すると、親しげで、時にユーモラスなオープニングになります。活用機会の多い話題ですから、事前にいくつかのパターンを準備しておきましょう。

> My name is Yamada. Yama means mountain, Da means rice field. Such an eco-friendly name, isn't it?
> 　私の名前は山田です。ヤマは山、ダは田んぼを意味しています。
> 　何ともエコな響きの名前でしょう？
>
> Hello, my name is Ohya. Ohya means "a huge house" in Japanese, but I live in a one-bedroom apartment.
> 　こんにちは、大家と申します。オオヤは日本語で「とても大きな家」という
> 　意味です。私の住まいは小さなアパートなんですけど…。

Follow-up Advice

小学生にもイメージしやすいよう、「人口と自然」に焦点を絞って話を進めています。スピーチ自体が、最後に見せるビデオへの興味を誘うイントロのような役割を果たしています。16行目の "Do you want to see it?" は、会場からのYes! という元気な返答を期待しています。盛り上げるように尋ねてください。

Model Speech 99
日本の「就活」について話をする

CD 2 49

あなたは、多くの国々の参加者が集まる懇親会で、楽しい時間を過ごしています。司会者から、順に各国のエピソードの紹介を求められ、あなたが話をする番になりました。

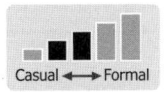

Casual ←→ Formal

Ladies and gentlemen, my story is about one Japanese tradition among university students, called "Shū-katsu," which means job hunting.

As you may have heard, a dream job seems too big a game to hunt for many Japanese students. It is not unusual to find some who apply to more than 100 companies. **How about in your country?** Such job-hunting students can be recognized at a glance in busses or trains, as they look all alike dressed in similar dark suits commonly known as "recruit suits" in Japan. It seems to me that these students are trying to avoid looking different from each other at interviews. **Does it sound somewhat "Japanese" to you?**

If you have a chance to visit Japan in April, when most companies hold welcome ceremonies, you will find fresh business people in such dark suits. When you see them, please kindly wish them the best of luck.

【抄訳】私の話は、日本の学生の「就活」についてです。▼憧れの仕事は、学生には大きすぎる獲物のようで、中には100社以上に応募する学生もいます。皆さんの国ではいかがですか？ そんな就活生は、電車やバスでひと目で判ります。似たような黒っぽい「リクルート・スーツ」で、みな同じように見えるからです。私には、彼らが面接で人と違って見えるのを避けているように見えます。「日本的」に響きますか？▼企業が入社式を開く4月に日本を訪れる機会があれば、ダークスーツに身を包んだ新米ビジネス・ピープルを見かけるでしょう。ぜひ彼らに幸運を祈ってあげてください。

Clue ※下線部

時折、質問を織り交ぜることで、聴衆の注目を維持しています。→ [Tip 15]

Follow-up Advice

短い時間で印象的な話をするためには、話題を絞り、それを具体的に説明することが大切です。本例では、話者と聴衆が同じ絵（イメージ）を共有できるように、就活生の様子を描写することで、スピーチにリアリティを与えています。時間があれば、第2段落の後に、話者自身の就活の思い出を付け加えても良いでしょう。

Model Speech 100
日本の季節の魅力を紹介する

CD 2 50

あなたは、取引先仲間とのカジュアルな夕食会で、日本の魅力についての話を求められました。そこで、あなたは日本の「秋の魅力」について話をすることにしました。

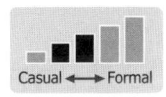

Casual ←→ Formal

Well, people often talk about spring delights in Japan, like cherry blossoms. But I would say that the best season in Japan is autumn.

<u>Autumn in Japan is a season of pleasant fulfillment.</u> For example, there is a mild climate for outdoor activities, longer and quieter evenings for relaxation, and above all, a lot of delicious seasonal foods that make me gain weight! In autumn, twilight time is very beautiful and romantic*. In your next business trip to Japan, why not spend some time in a park or on a riverbank to feel the beauty of a sunset that will take your breath away?

As you know, Japan is often referred to as a country of "the rising sun." But as I've said, it's also a country of "the setting sun." But please don't take it wrong. It's about the beauty of twilight and not about the twilight of the Japanese economy.

* romantic /roumǽntɪk/ ロマンチックな、空想的な（発音注意）

【抄訳】日本は春の魅力がよく話題になりますが、私は秋が最高だと思います。▼日本の秋は、心地よい満足感の季節です。レジャーに適した穏やかな気候、リラックスできる長く静かな夜、そして私を太らせる季節の恵み！ 秋は、夕暮れが実に美しくロマンチックです。次の日本へのご出張では、息をのむ夕日の美しさを感じに、公園や川辺でひと時を過ごしてみてください。▼ご存じのように、日本は「日出づる」国と言われますが、今お話ししたように、「日沈む」国でもあるのです。でも誤解しないでくださいね。話題は「夕暮れの美しさ」であって、「経済の夕暮れ」ではないですから。

Clue ※下線部

ひとことで「秋の魅力」を言い切り、それに続く "For example" 以降で、その「秋の魅力」を、ひとつひとつ具体的に描写しています。→ *[Tip 14]*

Follow-up Advice

「秋」というキーワードから、「類似の配列」（→*[Tip 10]*）によって話題を広げています。「配列」の種類を変えると、たとえば、「秋の魅力の今と昔」（時制の配列）や、「日本各地の秋の風情」（空間の配列）といった話題にも転換できます。

3 各種行事でのスピーチ（日本紹介）

Jump-Start Index

英語スピーチ「目的別索引」について

パート3では、本書に掲載の「*Apply it!*」、「上達の秘訣」、そして「スピーチの表現例」を効率的に探していただくためのインデックスを提供しています。目的に応じて、3種類の索引を活用してください。必要な時に必要な情報がすぐに探せるこのインデックスを使いこなせば、本書がより一層、あなたのスピーチづくりに欠かせない「パーソナル・アシスタント」となることでしょう。

#1 「*Apply it!*」をテーマ別に探す（応用のヒント 索引）

本書PART 2 (Model Speeches 100)の「ショート・スピーチ」で応用のヒントを紹介している「*Apply it!*」を、「単語」、「表現」、「演出」のテーマ別に、一覧で探すことができます。スピーチづくりに必要なヒントを探すのはもちろん、興味のあるタイトルの内容を拾い読みするのも楽しいでしょう。

#2 「上達の秘訣」をスピーチの用語から探す（用語解説 索引）

本書PART 1 (Speakers' Tips 30)の「上達の秘訣」を、様々なスピーチの用語から検索することができます。この索引を使えば、解説に登場する言葉の意味がよく分からない時や、特定の項目についてさらに深く学びたい時に、目的の解説に素早く到達することができます。

#3 「スピーチの表現例」をキーワードから探す（スピーチ表現 索引）

本書PART 2 (Model Speeches 100)に掲載の全スピーチを対象に、そこで登場する「活きたスピーチの表現例」を、700項目以上のキーワードから簡単に探すことができます。このインデックスは、ビジネス・スピーチに特化した、手軽な「和英 スピーチ表現辞典」としても活用できるでしょう。

【凡例】索引の見方

[＊＊＊]　　　検索語やキーワードの意味・文脈を補足しています。
【＊＊＊】　　その英語表現が使われる場面について補足しています。
(→「＊＊＊」)　「＊＊＊」で探せば、該当するキーワードが見つかります。

PART 3
Jump-Start Index

英語スピーチ「目的別索引」

#1 「*Apply it!*」をテーマ別に探す 222

#2 「上達の秘訣」をスピーチの用語から探す 223

#3 「スピーチの表現例」をキーワードから探す 225

#1 「*Apply it!*」をテーマ別に探す

■ テーマ	■ タイトル	■ 解説内容	■ 頁

※この項目の昇順で一覧が並んでいます。

基本的な「単語」を活用する

	"appreciate" はビジネスの万能動詞	appreciate	83
	様々な「いいこと」を伝える	beneficial	125
	ゲストにまつわる言葉選び	distinguished, honorable, invited（ほか）	69
	ビジネスを見通す "insight"	insight	149
	あるべき形から抱負を語る	make	103
	「意味する」の意味もいろいろ	mean に代わる表現	209
	誰かがいないと寂しくなる時は	miss	133
	人の度量を言葉にする "patience"	patience	151
	可能性の広がりに含みを残す	primarily	95
	手と手を取り合う一体感をひとことで	share	187
	惜しみない努力を表現する "spare"	spare	73
	大学や大学院の学位を紹介する	「学位」（学術分野）の単語	113
	講師紹介の際に役立つ "brief bio"	「学位」（修士と博士）の単語	197
	役職の英訳は職務の「内容」から	「肩書き」の単語	105

スピーチらしい「英語表現」を応用する

	何かにぴったりの「場所」を伝える	a place for ~	123
	ありがたい「借り」に感謝する	be indebted to ~	87
	確定的な未来をハッキリ伝える	be 動詞 + to 不定詞	153
	何かをして初めて手にする喜び	can be achieved only when ~	203
	それが無くては不可能な場合に	can not ~ without ~	89
	「従来の~」とはケタ違い	different from those we have had so far	207
	創立記念日を発展祈念日に	for the next ~ years and beyond	75
	話の先に興味を持たせる完了形	[have / had] + 過去分詞（完了形）	101
	過去の出来事を鮮明に語るには	I can still remember ~	141
	微妙なバリエーションも正確に	It gives me great pleasure の類似例	85
	「光栄です」にもバリエーションを	It is a great privilege for us to ~.（ほか）	67
	親切な「あなた」にお願いをする	kind enough to ~	115
	オープニングの挨拶にリズムと親しみを	ladies and gentlemen	201
	未来が大きく変わる印象を簡単に	make ~ more ~ than ever	81
	聞き手も喜ぶラッキーな謙遜	Maybe I am a lucky person because ~	119
	言葉で表現できない感情を表現する	no words can ~	193
	真意を強調するコントラスト	not to ~, but to ~	161
	略語の意味を簡潔に補足する	stand for ~	171
	「のちほど説明する」旨を伝える	~ will be explained later	79

印象深い「演出」のためのひと工夫

意図的な矛盾で引き出す緊張感	「意外性」で聴衆の興味を引く ……… 107
あの人にこんな意外な一面が	驚きの「新情報」を印象的に語る …. 111
これまでも、そしてこれからも	過去・現在・未来の「一貫性」を伝える　99
愛情ある忠告で引き締まった印象づくり	「辛口のひとこと」で愛情を伝える … 185
それは「まさに」あなたのおかげ	聞き手を「明確に」称える ………… 189
聴衆との一体感を高めるひと工夫	「具体的なエピソード」を語る …… 93
ことわざの浸透力を自分の言葉に	「ことわざのアレンジ」を取り入れる .. 159
物語調のストーリー展開でドラマチックに	スピーチに「物語性」を織り込む … 181
よろしくお願いしたい時には	スピーチの「最後」を締めくくる ….. 71
比較することで引き立つ魅力を探す	「対比」で物事の特徴を際立たせる .. 155
名前でつくる印象深いオープニング	日本人の「名前」を自己紹介に活かす　217
同じフレーズで畳みかける印象づくり	「反復効果」(repetition)の力を借りる　205
ダブルの助動詞が伝達を助ける	「連続する助動詞」で思いを強調する　121

#2　「上達の秘訣」をスピーチの用語から探す

■用語	■頁		■用語	■頁
あ アイ・コンタクト (eye contact)　**44**、46、60			感情［による説得］(パトス) ………. 11	
アウトライン（話の全体像）……. **26**、47			貫通力 ……………………………… 61	
アニメーション効果 ……………… 55		**き**	技巧的 ……………………………… 37	
暗唱型スピーチ …………………… 46			起・「証」・結 …………………… 23	
い 一致型（同一化）………………… 9			気持ちを伝える …………………… 36	
逸話 ………………………………… 29			疑問文（質問）……………… 27、**30**、58	
芋づるマップ ……………………… 13			逆接 ………………………………… 27	
インパクト ………………………… 61			共感型（同一化）………………… 8	
え エトス (ethos) …………………… 11			強勢 (stress) ……………………… 42	
お 音程調節（抑揚）……………… **39**、43			強調技法 …………………………… 42	
温度［を合わせる］………………. 60			強調のジェスチャー ……………… 45	
か カード型メモ ……………………… 47			［話題の］切り替え ……………… 27	
解釈を示す ………………………… 36			儀礼的 (ceremonial) スピーチ ……. 7	
会場 ………………………… **50**、52			緊張感の克服 ……………………… 48	
外的要因 …………………………… 51		**く**	空間の (spacial) 配列 …………… 21	
概念［を伝える］………………… 24			空気［を表現する］……………… 52	
緩急［をつけたスピーチ］……… 60			具体性 ……………………………… 19	
簡潔 (concise) ……………………… 4		**け**	結論 ………………………… 23、**26**	

■用語	■頁
こ 構成	23
誤解	**15**、36、56
根拠	14
さ 参照型スピーチ	46
参照用原稿	46
[話の] 3層構造	26
3点ルール	16
し 子音	41
ジェスチャー (gesture)	45
視覚	36
事故 (トラブル)	57
自己暗示	49
支持材料	15
自信のジェスチャー	45
自信を持つ	11
[体の] 姿勢 (posture)	44
時制・時系列の (chronological) 配列	20
質疑応答	58
質問 (疑問文)	27、**30**、58
指定のジェスチャー	45
視点	3、5、**50**
自問自答型の疑問文	31
修辞型の疑問文	30
主題	4、**22**、26、34
主張と根拠	14
[スピーチの] 種類	7
順接	27
[スピーチをする] 状況	50
情報伝達型 (informative) スピーチ	7
[配布用] 資料	55
新情報	28
す 推敲	34
ステージ・フライト (stage fright)	48
ストーリー (物語調、storytelling)	29
スピーチ・マインド (speech mind)	3
スライド	54
せ 声量	39
説得型 (persuasive) スピーチ	7
説得力 (説得の3要素)	10
た 退屈	19
対照的	33
対比	**33**

■用語	■頁
対話型の疑問文	30
多角的 [な視点]	5
戦いの概念	24
ち 聴覚	36
聴衆分析 (audience analysis)	**8**、51
て デリバリー (delivery)	36
[話題の] 転換	27
伝達のトラブル	56
と 同一化 (identification)	9
導入	23、**26**
独創的 (creative)	5
トラブルの対処	56
な 内的要因	51
に ニーズ	7
は [話題の] 配列	20
破擦音 (発音)	41
発音記号	40
発声法	38
発想	12
パトス (pathos)	11
話の素材	13
破裂音 (発音)	41
反復	17、**32**、45
ひ 鼻音	41
比較	**29**、33
人柄 [による説得] (エトス)	11
比喩、比喩表現	24
描写	3、**28**
表情 (facial expression)	44
ふ 不安のジェスチャー	45
腹式呼吸	38
プレゼンテーション・ソフトウェア	54
へ 平易な英文	22
平凡	5
ほ 母音	40
[スピーチを] 補足する	59
ボディ・ランゲージ (body language)	44
[物事の] 本質	5
本論	23、**26**
ま 間 (pause)	43
マイクのトラブル	56
真心を伝える	47

Jump-Start Index　#2・#3

	摩擦音（発音）	41		[英語の] リズム	39、**42**
み	身だしなみ	49		[反復の] リズム	17、**32**、45
む	結び	23、**27**		臨場感	**29**、52
め	明解 (clear)	4	る	類似の (relevant) 配列	21
	目線（アイ・コンタクト）	**44**、46、60	れ	レトリック	32
も	[スピーチの] 目的	**6**、34	ろ	ロゴス (logos)	10
	もぐらたたきスピーチ	20		論証	**26**、35
	物語調 (storytelling)	29		論理 [による説得、ロゴス]	10
ゆ	友好型 (partnership) スピーチ	7		論理構造	**14**、23
	ユーモア［の口調］	37、**43**		論理の穴	14
よ	抑揚 (intonation)	39、**43**	わ	忘れ物	57
り	リアリティ	52		話題	**20**、26

#3 「スピーチの表現例」をキーワードから探す

【 この索引のご利用にあたって 】

「スピーチの表現」（中央列）に列記されている英語表現は、基本的に該当するスピーチからの抜粋であるため、**冠詞、時制、主語**などの取り扱いが統一されていません。この索引を活用してスピーチを作成される際には、**該当するスピーチの原文および文脈を必ずご確認ください。**

	■ キーワード	■ スピーチの表現	■ 頁 - 行
あ	のちほど日本語でご**挨拶**いたします。	I will later address you in Japanese.	70　6
	新しい**味**は「〜」という名前です。	The new flavor is called, "〜".	166　3
	アジア産業の中心として	as an Asian industrial center	154　11
	・値する（→「ふさわしい」）		
	ある言葉が私の**頭**をよぎりました。	One saying sprang to my mind.	211　4
	10年は、**あっという間**に過ぎました。	10 years have flown by really, really fast.	206　11
	〜という**誤った**印象を与える	give the false impression that 〜	183　29
	改めて御礼申し上げます。	Thank you once again.	168　12
	〜に製品**アンケート**の記入をお願いする	ask 〜 to fill out the product questionnaire	147　10
	彼らの [顧客の] **安全性**を確保する	ensure their security	175　10
	明日への道を**案内**する	lead the way to tomorrow	173　11
い	**言い換え**ますと、	In other words,	102　9
	言うに及ばず	needless to mention	144　8

225

■ キーワード	■ スピーチの表現	■ 頁 - 行
(い) 言うまでもなく	needless to say	104　10
皆さんの国では**いかが**ですか？	How about in your country?	218　5
大変**遺憾**ながら、〜を伝えます。	We regret to announce that 〜.	175　1
・意義（→「存在意義」）		
〜というのはとても**意義深い**です。	It is significant indeed that 〜.	124　8
〜と**意見交換**をする	exchange our opinions with 〜	152　9
〜について、高い**意識**を維持する	maintain the sharpest awareness of 〜	177　11
〜の新しい**礎**	a new foundation for 〜	91　7
・維持する（→「競争力」）		
ご**遺族**の皆様	members of the family of the deceased	191　1
［彼／彼女］の退職は大きな**痛手**です。	[His / Her] retirement means a great loss.	122　2
痛みを和らげる	help ease the pain	137　12
〜の**一員**になる	become a part of 〜	70　9
社員**一丸**となって努力した結果	the result of our joint effort	186　6
Aを、Bの中で**一番**にする	make A the best of B	100　10
〜分野での超**一流**の専門家	a first-rate expert and specialist in the field of 〜	196　10
視察団のご**一行**	the members of the delegation	90　2
一手販売契約を締結する	sign an exclusive distributorship	140　8
それは、〜における確かな**一歩**です。	It is a bold step forward in 〜.	104　5
経営陣の**異動**	changes in the management line-up	172　1
健康と成功を皆で**祈**っています。	We wish you good health and great achievements.	124　16
ご健勝をお**祈り**いたします。	I sincerely wish you all the best.	143　12
〜の幸せをお**祈り**いたします。	We all wish much happiness to 〜.	183　32
皆様のご多幸を心からお**祈り**します。	My sincere good wishes to you all.	118　17
健康と幸運をお**祈り**します。	We wish you the best of luck and health.	131　12
幸せな結婚を**祈り**たいと思います。	We wish [him / her] a very happy marriage.	188　5
・祈る（→「冥福」）		
大阪の本社に**居場所**はない	no place to sit in our Osaka office	66　6
今こそ、私が〜する時です。	This is a moment for me to 〜.	96　11
Aは**B**を意味します。	A stand(s) for B.	170　3
AはBのような**意味**です。	A mean(s) something like B.	216　2
その**意味**において	in this regard	84　11
この**意味**におきまして	in this sense	152　15
お互いにとって**意味**のある機会にする	make this opportunity mutually beneficial	97　11
医薬品グレードの化粧品	pharmaceutical-grade cosmetics	165　7
皆さんの、熱い学ぶ**意欲**	your burning desire to learn	190　9
いろいろなこと	all that jazz	213　12
当社設立を**祝う**	celebrate the opening of our company	66　2
〜の開設を**祝う**	commemorate the opening of 〜	98　13
10周年を**祝う**	celebrate our 10th anniversary	135　2
〜の将来の繁栄を**祝う**	celebrate the future prosperity of 〜	142　7

Jump-Start Index #3

新社長の就任を**祝う**	celebrate the inauguration of the new president	143	2
[世間では] ～とよく**言われ**ます	it is often said that ~	118	8
飲酒がらみの交通事故を起こす	cause an alcohol-related traffic accident	177	2
引退とは信じられません。	I still cannot believe that you are retiring.	131	10

う
～は**薄れる**のではなく、深まります。	~ will not fade away but will, in fact, deepen.	130	11
まだ**打つ手**があるうちに	while we still have options	137	9
生まれたばかりの[未熟な]会社	a fledgling company	94	14
スムーズな～の流れを**生み出す**	generate a new, smooth flow of ~	102	9
売場に追加いただく魅力的な製品	a valuable addition to the showcases	162	5
私はどれほど**うれしい**ことでしょうか。	Let me say how pleased I am.	74	6
馴染みの顔が見られて**うれしい**です。	I am glad to see some familiar faces here.	109	2
皆さんとご一緒できて**うれしく**思います。	I am delighted to be here with you.	92	1
～できて、とりわけ**うれしく**思います。	I am particularly happy to ~.	110	4
当初の予定を**上回る**	more than what we initially expected	78	6

え
～するために、**鋭意**努力しております。	We are doing our very best to ~.	168	5
永遠に続く、幸せな結婚生活	an everlasting, happy married life	183	31
この**栄誉**に感謝いたします。	I greatly appreciate the honor.	154	2
社長に**選ばれる**[任命される]	be appointed president	102	4
速やかな「**炎上**」対策【インターネット】	immediate actions to stop the "flaming"	176	6
どうぞ**遠慮なく**～してください。	Please don't hesitate to ~.	78	11

お
OEMでの製造・包装対応	OEM manufacturing and packaging services	162	9
～へ[**ようこそ**]**お帰り**！	Welcome back to ~!	82	1
お悔やみとご同情を申し上げる	express our heartfelt condolences and sympathy	191	3
すでに少々**遅れて**いますので	as we are already running a little late	167	5
～を**怒らせる**【カジュアルな表現】	make ~ go crazy	108	6
・**惜しまない**（→「努力」）			
・**お互い**（→「意味のある」）			
盛大に**驚いて**ください！	Please respond with a big "WOW"!	212	6
驚き（青天の霹靂）	a bolt out of the blue	134	4
何と素敵な**驚き**[サプライズ]でしょう！	What a wonderful surprise!	213	1
皆さんには**驚き**のことでしょう。	This may be surprising to you.	134	2
パック設備の**驚くべき**速さ	the astonishing speed of our packaging system	190	7
同じことが～にも言えると思います。	I believe that the same can be said of ~.	213	7
この会を「**お開き**」にする	"close" this reception	183	31
初めて～した日のことを今でも**覚えて**います。	I can still remember the day I first ~ [過去形動詞].	140	7
皆さん**おめでとう**。	Congratulations to all of you.	190	2
～をするなんて、私は**思いもしなかった**。	I certainly never expected to ~.	213	2
AをBだと**思う**[見る]	view A as B	106	12
[受けた] ご親切と**おもてなし**に応える	return the kindness and hospitality	68	13
親会社	a parent company	94	15
Bに関し、Aに厚く**御礼**を申し上げます。	I wish to express my sincere gratitude to A for B.	152	3

か
・**カード不正利用**（→「兆候」）
・**海外**（→「駐在」）

■ キーワード	■ スピーチの表現	■ 頁 - 行
(か) [彼/彼女] の18番目の**海外企業**	[his / her] 18th overseas establishment	140　11
海外志向の強い会社	an overseas-oriented company	100　6
お客様に最高の**解決策**を提供する	offer the best solutions for customers	117　9
皆さんの素敵な**顔ぶれ**	your gracious company	84　16
お求めやすい**価格**	affordable prices	165　7
どこにも負けない**価格設定**	our very competitive pricing	162　8
・鍵（→「成功」）		
国際的な幅を**拡大**する	expand the international dimension	92　6
販売**拡張**のために	in order to expand our sales	68　3
御社の市場で〜を**拡販**する	move 〜 into your markets	157　12
AとBとを結ぶ**架け橋**になる	become a bridge to link A and B	70　15
私は〜に**囲まれ**てきました。	I have been surrounded by 〜.	97　4
・価値ある（→「財産」）		
私は皆さんを**がっかり**させません。	I will not let you down.	106　17
ニーズと好みに**合致**する	match the requirements and preferences	152　13
・かつてなかったほど（→「重要」）		
〜と**活発**な討議をする	have lively discussions with 〜	154　16
最新設備を［最大限］**活用**する	make the most of these new facilities	91　12
家庭用電源でも使用［**稼働**］できます。	It operates on a household current.	170　10
〜の死に対する私どもの**悲しみ**	our sorrow over the death of [Mr. / Ms.] 〜	192　8
上半期	the first half of the term	148　6
ガラス張りの〜を維持する	keep 〜 aboveboard	106　9
・為替ディーラー（→「増強」）		
変わらないものがひとつあります。	One thing remains unchanged.	120　9
鋭いビジネスの**勘**［センス］	good business sense	110　8
そんな**考え方**を胸に	with that frame of mind	184　10
私たち人間は**歓喜**するのです。	We humans are projected into a state of bliss.	98　7
〜に**歓迎**の言葉を申し述べます。	I extend our warm welcome to 〜.	88　4
心のこもった**歓迎**パーティー	a heartwarming welcome party	94　2
心から**歓迎**申し上げます。	I would like to give you a warm welcome.	86　2
温かい**歓迎**をありがとうございました。	Thank you for your warm welcome.	100　16
私の心からの**感謝**の念	my sincerest gratitude	76　2
皆様に心からの**感謝**を捧げます。	I am very grateful to you all.	148　7
今、この機会に**感謝**をしています。	I truly appreciate this opportunity now.	156　9
感謝状	a certificate of appreciation	144　11
〜へのご**関心**に御礼申し上げます。	I appreciate your interest in 〜.	162　2
〜を力強く**完全復活**させる	make 〜 a fully revived and robust player	137　10
この**観点**から	from this viewpoint	68　10
単2**乾電池**4本で動作します。	It operates on four C batteries.	170　9
頑張って！	I wish you good luck!	129　12
ぜひとも**頑張って**ください！	Best wishes to you!	124　17

Jump-Start Index #3

日本語	English	頁	番
共に**頑張り**ましょう。	Let us try our best, together.	98	16
その市場に関する**完璧**な知識	thorough knowledge of the market	214	22

き

日本語	English	頁	番
～があなたの**記憶**に残るでしょう。	~ will remain in your memories.	131	11
ビジネスの**基幹機能**	basic functions of business	84	7
旗艦店	a flagship store	97	2
皆さん、お**聞き**ください。	May I have your attention for a moment, please?	128	1
レジャーに適した穏やかな**気候**	a mild climate for outdoor activities	219	4
熱い**技術討論**の数々	heated technical discussions	156	7
平凡な**技術屋**【謙遜】	an ordinary engineer	102	4
皆さんの**期待**に応える［添う］	live up to your expectations	98	14
経営陣の**期待**に応える［尽くす］	rise to the expectations of the top management	104	15
皆さんとこの**貴重**な機会を共有する	share this valuable opportunity with you	190	9
本会で**議長**を務める	preside over this conference	167	2
AがBに～する**きっかけ**となる	A prompt(s) B to ~	91	6
皆様のPCが**起動**しましたら	when your PCs are all booted up	163	11
・**義務**（→「果たす」）			
関西人の**気持ち**	the mentality of people in Kansai	82	14
キャッチ・コピー	a tagline	147	9
～に対する当社の**寄与**［貢献］	our company's contribution to ~	186	12
AがBに**寄与**するだろう。	A will contribute to B.	78	16
AがBに**寄与**するところは大きい。	A [have / has] a lot to offer for B.	198	19
・**強化**（→「研究開発」）			
・**強化**（→「人間関係」）			
・**業界**（→「牽引」）			
～について重要な**協議**をする	share an important discussion about ~	168	2
AとBの間の絆を**強固**にする	strengthen the ties between A and B	198	26
今日こそ、私が～すべき時です。	Today is the day when I should ~.	156	2
急なことで**恐縮**です。	I apologize for the short notice.	130	1
優れた**業績**とともに	with a strong record of success	91	4
品質と価格の両方で**競争力**を維持する	remain competitive in both quality and prices	158	15
業務終了後に	after work	135	11
同じ興奮や喜びを**共有**する	share the same excitement and joy	97	6
温かいご**協力**	warmhearted cooperation	68	17
ご**協力**ありがとうございます。	Thank you for your cooperation.	163	12
～の**協力**がなければ	without the cooperation of ~	72	8
規律を順守する［コンプライアンス］	adhere to the compliance guidelines	176	11
緊急時には	in an emergency	170	10

く

日本語	English	頁	番
偶然にも	coincidentally	106	4
産業の**空洞化**に直面する	face a hollowing out of [its] industries	154	12
具体的な方法を策定する必要があります。	We need to formulate concrete ways.	198	24
くつろいで旅行を楽しんでください。	Now, please relax and enjoy the trip.	208	17
ごゆっくりお**くつろぎ**ください	please make yourself at home	182	22
苦難を乗り越える	overcome the difficult times	76	9

i スピーチの表現例（か〜く）

229

■ キーワード	■ スピーチの表現	■ 頁 - 行	
〈く〉 どこの**国**でも使える製品	products that can be used in any country	126	17
グラスを挙げて、ご唱和くださいませ。	Please raise your glasses and join us in a toast.	182	19
車椅子対応の	wheelchair accessible	146	10
鍬入れ式[地鎮祭]	a groundbreaking ceremony	91	2
け 皆様の努力に**敬意**を払う	admire your efforts	74	10
A[さん]のBに心から**敬意**を表します。	I pay my profound respect to A for B.	143	3
豊富な**経営管理経験**	[his / her] vast experience in management	116	4
優れた**経営管理能力**	[his / her] very capable management	110	11
広く深い**経験**	[his / her] broad and deep background	184	13
日本経済の夕暮れ[たそがれ]	twilight of the Japanese economy	219	11
契約を締結する	enter into an agreement	72	3
ケーキにナイフを入れる【パーティー】	sink the knife into the cake	182	17
・**決意**する（→「努力」）			
自分の**決意**[決心]を表明する	express my determination	72	10
欠陥品	a defective product	174	9
[仲間の]**結束**を新たにする	unite again	74	17
今**月末**に	at the end of this month	112	2
業界を**牽引**する	lead the industry	172	11
製造**見学**ルーム	a production viewing room	146	7
研究開発を強化する	strengthen research and development	84	10
研究方法	the research method	194	8
謙虚に他人の話に耳を傾ける	listen to the opinions of others with humility	158	5
現実となる[実現する]	come true	94	7
厳粛な[授与 / 表彰]式	a solemn award ceremony	186	2
現状報告を受ける	receive a report on the current situation	84	6
[彼/彼女]の**献身的**な協力に感謝します。	I really appreciate [his / her] dedicated assistance.	124	1
厳選された〜の爽やかなブレンド	the refreshing blend of selected 〜	166	4
しっかりとした**現地会社**	a qualified local company	94	6
何百人という**現地従業員**	hundreds of local workers	80	14
こ **故**〜氏[故人]	the late [Mr. / Ms.] 〜	191	5
また、競技を**ご一緒**ください。	I look forward to playing it with you.	97	8
いつでも**ご一緒**ください。	You are always welcome to join us.	117	10
〜できて大変**光栄**[喜び]です。	I am truly pleased to 〜.	77	1
〜に来られて**光栄**[わくわく]です。	I am excited to be here at 〜.	97	2
〜をお迎えできて**光栄**[うれしい]です。	It is a great pleasure to welcome 〜.	116	1
〜できて**光栄**[どきどき]です。	We are thrilled to 〜.	157	2
〜できて**光栄**[恵まれた]です。	We are privileged to 〜.	196	5
〜できて大変**光栄**[栄誉]に存じます。	We feel truly honored to 〜.	68	1
お迎えくださり**光栄**[感謝]です。	Thank you very much for welcoming us.	162	1
A氏にBについてご**講演**をいただきます。	A will be giving us a lecture on B.	196	15
・**交換**（→「返金」）			

230

Jump-Start Index #3

すべてのものに**好奇心**を持つ	be curious about everything	129	11
・**貢献**（→「寄与」）			
～として**貢献**する	make a contribution as ~	109	10
これは特筆すべき**貢献**です。	This is a remarkable contribution.	144	6
工場長	a plant manager	76	5
・**構築**（→「市場」）			
～のご**購入**の御礼を申し上げます。	I thank you very much for purchasing ~.	147	2
～の目的は、**幸福**を分かち合うことです。	The purpose of ~ is to share happiness.	180	14
合弁会社を設立する	establish a joint venture	72	3
広報部	a public relations office	109	6
会議であなたは自信に満ちた**声**を出す。	Your voice is full of confidence in meetings.	131	7
誤解しないでくださいね。	Please don't take it wrong.	219	10
小型で軽量です。	It is compact in size and light in weight.	170	7
国際協力	international cooperation	92	12
真に**国際的**となる	become truly internationalized	126	12
国際的視野から	from an international point of view	129	9
・**国際的**な心構え（→「賜物」）			
・**国際展開**（→「幅広い」）			
～にある基本的なギャップを**克服**する	overcome basic gaps in ~	214	16
～は、私の**心**に末永く残るでしょう。	~ will long remain in my heart.	132	16
長年**心**に秘めてきたこの夢	this long cherished dream	94	7
私の**心**は～でいっぱいです。	My heart is full of ~.	206	6
・**心**から（→「歓迎」）			
・**心**から（→「感謝」）			
・**心**のこもった（→「歓迎パーティー」）			
～に**こだわって**	with an intensive focus on ~	165	3
音楽に**国境**はありません。	Music knows no national boundaries.	98	6
～は、**言葉**では言い表せません。	No words can express ~.	192	8
［戸惑って］**言葉**もありません。	I am at a loss as to what to say to you.	130	4
何か**困ったこと**があった時には	when you feel you are in trouble	78	12
～でお**困り**ではありませんか？	Do you have trouble with ~?	165	7
ご**覧**のように	as you can see	206	14
今後の20年	for the next 20 years	74	17
この**困難**な時期にあたり	in this difficult time	192	17
・コンプライアンス（→「規律」、→「法令順守」）			
さ ～の**最後**まで楽しくいこう！	Let's enjoy the rest of ~!	210	11
我々は**最高**を目指す。	We go for the best.	191	9
最高品質の電気製品	the best quality electronic products	120	10
我々の最も価値ある**財産**	our most valuable assets	126	26
在職期間中	during [his / her] tenure	128	5
最新式の	cutting-edge	162	3
・**最新**設備（→「活用」）			
・**最新**の（→「製品戦略」）			

231

■ キーワード	■ スピーチの表現	■ 頁 - 行
(さ) 最善のご提案	the best possible offer	162　6
国際的努力の最前線	the forefront of the international effort	118　16
医療分野で最前線を走る	be at the forefront of medical science	165　6
最先端の	state-of-the-art	86　10
グループ会社のさきがけとなる	lead other group companies	92　16
撮影のご準備はよろしいでしょうか。	Please be ready for a nice shot.	182　16
錆びに強い	rust-resistant	164　8
お別れするのを寂しく思います。	I will miss you all.	132　15
あなたがいないと寂しくなります。	We will miss you very much.	122　15
さらに［それと］〜を望みます。	I further hope that 〜.	82　11
〜の告知をするのは大変残念なことです。	I deeply regret having to announce that 〜.	137　2
(し) セミナーの仕上げ［まとめ］をする	wrap up the meeting	163　10
皆様の、誠意ある変わらぬご支援	your heartfelt and unfailing support	91　10
皆様の、温かく親切なご支援	your heartfelt support and kind assistance	108　10
支援が必要な方［場合］は、［呼びかけ］	Should you need any assistance,	146　10
ご支援のほど、お願いいたします。	I will always appreciate your kind assistance.	109　12
私が本日の大会の司会を務めます。	I will be your MC for today's contest.	195　3
あまり時間をかけないでください。	(Please) don't take too much time.	84　14
共に楽しい時間を過ごしましょう。	Let us have a wonderful time together.	90　12
事業は人なり。	Business success depends on people.	126　24
その地域の人々の嗜好	the local people's tastes and preferences	98　10
今後に向けた試作品	prototypes of our future products	148　12
時差ボケが抜けていない	be still suffering from jet lag	110　3
自主回収の告知［告示］	a public announcement for a voluntary recall	174　1
当時は市場もまだ十分に育っていなかった。	The market was not yet mature at that time.	150　7
市場構築の業務	the operations to build our market	88　12
綿密な市場調査を行う	conduct in-depth market research	94　11
〜に自信を持つ	have confidence in 〜	80　13
地震や台風の猛威から逃れる	be free from the ravages of earthquakes or typhoons	170　16
これこそ私たちが持つべき姿勢［態度］です。	This is the attitude we should keep.	202　15
自然の美しさを評価し、味わう	appreciate the beauty of nature	216　15
世界は依然、自然の力には逆らえません。	Our world is still at the mercy of nature.	170　15
自然の宝庫	a lot of natural treasures	216　13
市長閣下	[His / Her] Honor the Mayor	66　3
・地鎮祭（→「鍬入れ式」）		
実［本当］は	truth be told	156　5
実［本当のこと］を申しますと	as a matter of fact	140　4
皆さんが実力を発揮されることを願います。	I hope that all of you will fulfill your potential.	136　9
我々は、〜してまいる所存［心構え］です。	All of us are prepared to 〜.	86　16
・支店（→「前任者」）		
・自慢の（→「製品群」）		

Jump-Start Index #3

日本語	English	Page	#
・視野（→「国際的」）			
新しい**社長**として参りました。	I am the new head of this company.	100	1
１年間の**社内研修**	a one-year, in-house training program	129	2
〜の**重責**を担う	assume the responsibilities of 〜	192	2
周到な計画	careful planning	72	5
・〜**周年**（→「創立」）			
〜は、かつてなかったほど**重要**です。	〜 is more vital than ever before.	92	12
酒気帯び運転をする	drive under the influence of alcohol	177	5
祝賀式典	a grand celebration party	140	1
私どもの**受賞歴**のある品質	our award-winning quality	162	7
私どもの**主賓**［来賓］	our honorable guest	182	8
日本製品の**需要**	demand for Japanese products【名詞】	154	14
新工場の**竣工**	the completion of this new factory	145	1
竣工の喜び	the delight of completion	145	12
このような素晴らしい**賞**をいただく	receive such a prestigious award	96	1
素晴らしい**紹介**	wonderful introduction	70	1
生涯尊敬できる友人	a friend one can respect throughout life	158	5
〜に**賞賛**を贈る	show our greatest admiration to 〜	144	3
・上司（→「直属」）			
商習慣	business practices	198	23
［彼／彼女］は着実に**昇進**されてきた。	[He / She] has been steadily promoted.	112	7
この**招待**ワークショップの目的	the purpose of this complimentary workshop	147	4
冗談はさておき、	Joking aside,	210	10
象徴的な製品	an iconic product	173	8
〜に関する新鮮な**情報**を集める	collect fresh information on 〜	98	11
原産地**証明書**の取得	the acquisition of certificates of origin	102	12
・（ご）唱和ください（→「グラス」）			
〜さんに**書記**を依頼する	ask 〜 to act as a secretary	167	7
当部署での**職務**を果たす	play my part in this division	108	10
〜の**初代社長**およびCEO	the inaugural president and CEO of 〜	169	12
電子メールでお**知らせ**した通り	as informed by e-mail	135	1
今日は特別なお**知らせ**です。	I've got a special announcement to make.	166	1
［誕生した］私たちの**新会社**	our newborn company	94	17
この事態を**深刻**に受け止める	take this matter very seriously	175	5
それを**信じがたい**ことだと思う	find it difficult to believe	160	5
この強い**信念**を持ち	with my strong belief	214	22
皆さんご**心配**なく。【カジュアルな表現】	Everyone, take it easy.	212	11
新発売する	launch	157	4
私たちは皆さんに絶大な**信頼**を置いています。	We have great confidence in all of you.	80	15
経営陣の絶大な**信頼**を勝ち得る	win the confidence of the management	110	9
私どもはお客様の**信頼**を大切にいたします。	We highly value the trust of our customers.	175	11
皆さんのご**尽力**とご努力	your painstaking efforts and struggles	92	3
皆様のご**尽力**［努力］のおかげで	because of your efforts	150	12

スピーチの表現例（さ〜し）

233

	■ キーワード	■ スピーチの表現	■ 頁 - 行	
す	～によって作られた**水準**を保つ	maintain the standards set by ~	100	14
	効果的な異文化コミュニケーションを**推進**する	facilitate effective intercultural communications	215	30
	[出版物などで] 数多く**推薦**される	receive many testimonials	163	3
	3週間はすぐに**過ぎます**。	Three weeks will fly by quickly.	97	10
	時が**過ぎる**うちに	as time goes by	82	8
	・すぐそこ (→「間近」)			
	・優れた (→「業績」)			
	・すでに (→「存じ」)			
	皆さんの**素晴らしい**作品	your splendid work	195	9
	みんなの**素晴らしい**仕事の頑張り	your superb assistance in our business	210	5
	皆さんは**素晴らしい**仕事をしてくれた。	You have done a tremendous job.	120	13
	スポーツの好きな**素晴らしい**人々	really good people who love sports	97	4
せ	私は**精一杯**努力いたします。	I will do my very best.	109	11
	新ビジョンは彼らの**生活様式**を映します。	Our new vision reflects their lifestyles.	173	4
	～ [会社] が事業を**成功**させる。	~ operate(s) quite successfully.	214	11
	ビジネスを**成功**させるいくつかのヒント	some hints for business success	214	3
	～をさらなる**成功**に導く	make ~ more successful than ever	80	16
	マーケティング**成功**の鍵	the key to successful marketing	152	12
	日本での**成功**の鍵は何なのでしょうか？	What is the key to success in Japan?	214	12
	ビジネスの旅が**成功**を収めてきました。	The journey of our business has been a great success.	132	13
	我が社の**成功**を継続させる	continue the company's great success	114	16
	～の**精査**	a careful diagnosis of ~	137	5
	私どもは～の**生産**に乗り出しました。	We launched the production of ~.	78	2
	我々は**生産増強**に励んできました。	We have been expanding the production.	86	7
	生産的で利益を生み出す	productive and profitable【形容詞】	102	16
	成長の第一ステージ	the first stage of growth	80	8
	・成長 (→「無限」)			
	成長市場	a growing market	104	10
	～はこの分野に**精通**しておられます。	~ is familiar with the field.	84	12
	自慢の**製品群**	the finest selection of our products	164	4
	最新の**製品戦略**	the latest merchandising strategies	152	7
	世界を我が社の市場として [とらえて]	with the world as our market	158	10
	～は**世界** [共通] **語**です。	~ is a world language.	97	5
	世界的に有名なデザイナー	a world-renowned designer	147	5
	世界的規模の生産と販売網	production and sales network worldwide	92	7
	いよいよ新しい**世代**が業務を始めます。	A new generation will soon begin operations.	140	14
	～が親切に**説明**してくれた通り	as ~ kindly explained	134	1
	～は、のちほど**説明**をいたします。	~ will be explained to you later.	78	14
	会社を**設立**する	set up a firm	94	5
	新しく投資相談の会社を**設立**する	establish a new investment advisory firm	124	10
	まったくの**ゼロ**から	completely from the ground up	165	3

	ゼロからスタートする	start from scratch	160	3
	BについてAにお世話になる【恩義】	be deeply indebted to A for B	191	10
	私の専攻は英語でした。	My major was English.	160	4
	先行文献のおさらい	a literature review	194	7
	～の前身［前の物・人］	the predecessor of ~	200	10
	前人未到の素晴らしい販売成績	superb, unprecedented sales results	100	13
	～が先導的任務［経営］にあたります。	~ will play an initial role in management.	169	7
	この支店の、私の前任者	my predecessor at this office	106	5
	～を専門とする	specialize in ~	136	5
	ご専門の分野は～です。	[His / Her] major field of interest is ~.	196	6
	私は～に全力でかかります。	I dedicate myself to ~.	66	7
そ	葬儀	a funeral service	192	5
	外国為替ディーラーを増強する	boost the number of traders	104	4
	相互協力	mutual cooperation	92	15
	相互理解を促進する	promote mutual understanding	202	5
	本物の相互理解を［強く］求める	strive for genuine mutual understanding	202	16
	私どもの喪失感	our sense of loss	192	8
	AがBに贈呈されます。	A will be awarded to B.	144	11
	10ドル相当の～	~ of around $10 in value	135	7
	送別会	a farewell party	190	1
	創立20周年	the 20th anniversary	74	1
	AとBの文化交流を促進する	promote cultural exchange between A and B	186	15
	貿易の促進を目的とする［目指す］	aim at promoting trade	102	8
	俗にBと呼ばれるA	A commonly known as B	218	7
	～の別の側面を学ぶ	learn another facet of ~	82	5
	私たちが卒業後しばらくして	shortly after we graduated from school	160	15
	率直な意見や提案	candid opinions and suggestions	84	13
	皆さんのような尊敬される～になる	become a respected ~ like each one of you	134	10
	確かな存在［存在感］	a substantial presence	104	10
	ゆえに～がここに存在するのです。	This is what ~ is here for.	98	12
	弊社の存在を確かに、かつ強固にする	ensure and enhance our leading presence	172	3
	存在意義を示す	demonstrate our raison d'être	84	9
	すでにご存じかとは思いますが	as you may already know	104	1
	～として第一歩を踏み出す	start [his / her] career as ~	88	5
	・滞在（→「実り」）			
た	私の滞在期間	the period of my stay	78	9
	～が［自己都合で］退職する	~ will leave our company	188	3
	対人コミュニケーション	interpersonal communication	194	8
	弊社は、お客様のことを大切に考えます。	We sincerely care about our valued customers.	174	11
	～を代表いたしまして	on behalf of ~	68	16
	当工場の代表として	as the representative(s) of our firm	129	4
	A&D社の販売総代理店	A&D's sole agent	152	2
	打算を抜きに与える	give without counting the cost	200	13

■ キーワード	■ スピーチの表現	■ 頁 - 行	
(た) ～にお**立ち寄り**ありがとうございます。	Thank you for stopping by ~.	164	1
昼食のためレストランに**立ち寄る**	stop by a restaurant for lunch	122	6
我々の売上目標を**達成**する	achieve our turnover goal	148	6
私のアイデアは初めは単なる小さな**種**でした。	My idea was just a small seed at the beginning.	96	6
～［場所］で共に**楽しい**時間を過ごす	have a great time together at ~	212	2
楽しくいきましょう！	Let's have fun!	208	17
どうぞ発表をお**楽しみ**ください。	Please enjoy [our / my] presentation.	194	12
～と仕事ができるのを**楽しみ**にする	look forward to working with ~	108	12
さあ、**楽しんで**ください！	Just enjoy yourselves!	206	15
超**多忙**な生活をうまくこなす	manage a very busy life	184	15
この国際的な心構えの**賜物**	due to this international frame of mind	126	15
皆様の～の**賜物**［お陰］です。	I owe much to you for your ~.	76	7
我々の成功は～の**賜物**です。	We are indebted for this success to ~.	86	12
～は君たちと私たちの**ためになる**はずだ。	~ will surely benefit both yourselves and all of us.	129	10
この**多様性**は尊重されるべきです。	This diversity should be respected.	202	13
頼れるパートナー【製品紹介】	a reliable companion	170	14
最初の幸運な人は**誰**でしょうか。【抽選】	Let's see who will be the first lucky person.	212	7
これほどの**短期間**で	in such a short period of time	76	4
お**誕生日**おめでとうございます。	Many happy returns!［幸多かれと願う］	211	11
ち ・**地域**（→「発展」）			
・**地域的**な違い（→「ないがしろ」）			
～はきっと**違い**を生むでしょう。	~ will make a difference.	165	9
これまでに経験したものとは一味**違う**	different from those we have had so far	206	14
私は喜んで皆さんの**力**になります。	I will be happy to help you.	78	3
ぜひ皆さんの**力**をお貸しください。	I hope you give me your full support.	102	17
知事閣下	[His / Her] Honor the Governor	74	4
～によって強化された真の**知識**	real knowledge reinforced by ~	156	8
AはBに**ちなんで**名づけられたものです。	A is named after B.	173	3
茶菓などをお楽しみください。	Please enjoy the refreshments.	182	22
・**着実**に（→「昇進」）			
（～事業所に）**着任**する	take a new assignment (in ~ office)	130	3
中規模企業	middle-scale commercial enterprises	94	11
友人として、～と**忠告**しておくよ。	I warn you, as a friend, that ~.	184	15
今回は3度目の海外**駐在**です。	This is my third overseas assignment.	100	4
日本の**中小企業**	small and medium-size Japanese companies	124	12
製造工場の**中心地**	the heart of our production facilities	146	2
次の**抽選**をお願いします。	Next draw, please?	212	12
さあ、**抽選会**ですよ！	It's time for a lucky draw!	212	1
躊躇することなく	without any hesitation	200	7
皆様からのご**弔意**に感謝する	appreciate your expressions of sympathy	192	7
カード不正利用の**兆候**	indication of credit card abuse	175	8

Jump-Start Index #3

日本語	English	頁	行
～における違いを**調整**する	reconcile differences in ~	214	15
やってみるだけの価値がある**挑戦**	a worthwhile challenge	102	5
私は**挑戦**をするのが好きです。	I like to challenge myself.	109	7
懲罰委員会	a disciplinary committee	177	9
私の**直属**の上司	my immediate boss	88	11
[彼/彼女] は、～だと**直感**した。	[He / She] had a good intuition that ~.	122	9
ちょっといいですか。【注目を集める】	Can I have your attention please?	164	1

つ

日本語	English	頁	行
通関	custom clearance	102	11
新しい仕事を**通じて**	through your new job(s)	98	15
「伝え合うこと」を決して忘れないでください。	Don't ever forget how to communicate.	180	11
AをBに [次の者へと] **伝える**	pass A on to B	156	10
[それに] **続く**のは大変です	it is a tough act to follow	100	14

て

日本語	English	頁	行
お**手入れ**が簡単	easy to keep well maintained	164	8
工場でできたての	just fresh from the factory	146	9
[彼/彼女] はまさに**適任者**です。	[He / She] is the right person indeed.	84	11
私は～なのではないかと思います。【仮定】	I feel as if I were ~.	78	10
手を携えて懸命に努力をする	work hard, hand-in-hand	154	15
素晴らしい**天気**です!	What a beautiful day!	208	1
～に**転勤**する	move to ~	88	7
予期せぬ**転勤命令**	an unexpected transfer order	130	1
当社の**展示会場**	our exhibition stand	157	1
ガラリと180度**転身**する	pivot 180 degrees	112	15
店長	a store manager	97	1

と

日本語	English	頁	行
統括責任者	managing director	104	7
統計的に有意な	statistically significant	194	5
不適切なネット上の**投稿**	an inappropriate post on the Internet	176	1
投資家担当部長	investor relations manager	172	8
次の**当選者**を発表しましょう。	Let's call the next winner.	212	11
ご**同伴**の皆様	the partners of our friends	90	3
登録は不要です。	No registration necessary.	166	9
時が経つにつれ	as time went on	180	3
あなたの、この**特別**な日に	on your very special day of the year	211	3
富士社の**特許製法** [製造過程]	Fuji's patented production process	146	5
私は～で**戸惑っ**ています。	~ have put me in an embarrassing situation.	130	4
みんな本当によい**友達**でした。	All of us were really good friends.	132	10
取換可能でカラフルなナイロン製バンド	exchangeable, colorful nylon bands	157	8
取締役会	the board of directors	137	3
永きにわたってのご**努力**	so many years of hard work	122	17
私は、なお一層**努力**することを決意しました。	I am determined to work even harder.	186	13
私たちは一層～するよう**努力**する所存です。	We will further endeavor to ~.	91	11
私はいかなる**努力**も惜しみません。	I will spare no efforts.	72	14
皆さんが**努力**を重ねられて	with your continued efforts	92	16
あらゆる**努力**を払う	make every effort	68	14

スピーチの表現例 (た〜と)

237

■ キーワード	■ スピーチの表現	■ 頁 - 行
な　当社は地域的な違いを**ないがしろ**にしません。	We do not ignore regional differences.	126　17
～［商品］の特別な**内覧会**	a special preview of ~	157　3
・永きにわたって（→「努力」）		
［彼/彼女］は当時、まだ20代**半ば**でした。	[He / She] was in his mid-twenties at the time.	140　9
楽しいお**仲間**	the good company	150　2
素敵な**仲間**の集合体	the great mixture of good company	213　10
さあ、**仲間**を連れて、～へ行こう！	So grab your friends and head down to ~!	166　11
人は、その人の**仲間**を見れば分かる。	A man is known by the company he keeps.	211　5
私たちは、共に目標を**成し遂げ**られます。	We can meet the goal together.	104　17
に　皆さんには少々「**日本的**」に響きますか？	Does it sound somewhat "Japanese" to you?	218　9
入社式を開く	hold a welcome ceremony	218　10
若者の間で大変な**人気**を博す	gain great popularity among young people	157　9
私たちの新しい**人気商品**	our new fast-selling product	96　4
人間関係の強化	strengthen the personal relations	70　13
・認識する（→「有利性」）		
市場における皆様の**任務**	your mission in the market	74　10
任務を全うする［成功させる］	accomplish the task successfully	129　7
私は今回の**任命**を喜んでおります。	I am pleased with this appointment.	114　5
～を**願い**、また祝おうではありませんか。	Let us wish for and celebrate ~.	94　16
の　**納期指定**のご注文	an order with a specified delivery date	168　7
・のちほど（→「説明」）		
その資料には**載っていない**お話	something not stated in those materials	158　3
は　**栄えある歴史**	a renowned history	70　10
～を盛大な**拍手**でお迎えください。	Please welcome ~ with a big round of applause!	195　12
盛大な**拍手**を送る	give a round of applause	77　11
僕たちから君の功績に**拍手**を送ろう。	We applaud your accomplishment.	184　3
～に**拍手**をお願いします！	A big hand for ~, please!	212　10
あなたの**迫力**あるビジネスの手法	your dynamic way of doing business	143　9
春は**始まり**の時期です	spring means the period of beginning	80　7
～から**始めさせて**いただきます。	Let me begin with ~.	162　11
始めてくださいますか。	Would you please start?	167　11
皆さん、では**始めましょう**か。	Ladies and gentlemen, shall we get started?	162　1
そろそろ～を**始める**時間となりました。	I think it is about time to start ~.	196　1
・初めは（→「種（たね）」）		
私たちの義務を**果たす**	fulfill our duty	104　16
私の務めを**果たす**	carry out my duties	118　3
重要な役割を**果たす**	play an important role	106　14
10月8日**発効**の人事	an appointment effective as of October 8th	172　9
当社は、～を社長に**抜擢**しました。	We have selected ~ as president.	68　10
地域の**発展**［幸福］	the welfare of this locality	66　9
地域の**発展**［成長］	the development of this local community	145　6

	日本語	English	P	#
	我が社のますますの**発展**	the further development of our company	78	16
	大いなる**発展**[進歩]を遂げる	make great progress	126	21
	みんな、**ハッピー・ホリデー！**	Happy Holidays, everyone!	206	1
	Aを、Bとして**花咲かせる**	let A bloom as B	96	8
	～に**花束**を贈呈する	present a bouquet of flowers to ~	182	23
	お**話**する項目は3点[項目]です。	We have three topics to discuss with you.	162	6
	幅広い国際展開	extensive international operations	184	6
	～から[遠路]**はるばる**訪問する	come all the way from ~	148	2
	今度は、私が～する**番**です。	It is my turn to ~.	156	10
	繁栄を確かなものとする	ensure prosperity	74	17
	～に**万全**を尽くす	be highly committed to [名詞 / ~ing]	174	12
	・販売実績（→「前人未到」）			
ひ	～への**日帰り**視察	a one-day visit to ~	148	10
	～が私のポジションを**引き継ぎ**ます。	~ will take over my position.	112	3
	素晴らしいスタッフを**引き継ぐ**	inherit such a marvelous staff	120	16
	ここ、～での**ビジネスのやり方**	business practices here in ~	188	9
	これらの言葉は君の人柄に**ぴったり**だ。	These same words just fit your personality.	188	15
	～はあなたに**ぴったり**です。	~ is just for you.	165	9
	ひとことご挨拶を申し上げます。	I would now like to say a few words.	150	4
	～［さん］、何か**ひとこと**を。	~ , a few words, please.	128	12
	すべての人は**等しい**。	All are equal.	204	14
	～は、**ひと目**でそれと分かります。	~ can be recognized at a glance.	218	5
	独り立ちをする	stand on its own	94	15
	私たちは**批判的**になりがちです。	We are apt to become critical.	204	9
	さらなる**飛躍**に向けた新たなステージ	a new stage of further growth	80	10
	我が社の売上が**飛躍的**に伸びました。	Our sales jumped tremendously.	150	10
	主要客先に**表敬訪問**をする	pay courtesy calls to our major customers	84	3
	我々の優秀従業員を**表彰**する	recognize our outstanding employee	77	2
	毎年恒例の**表彰式**	annual award ceremony	77	2
	我々の**品質基準**を満たす	meet our quality standards	174	5
	この**品質本位**の長い歴史	this long history of pursuing quality	136	6
ふ	お褒めのお言葉に**ふさわしい**	deserve the praise	94	5
	この言葉に**ふさわしい**	worthy of this remark	100	9
	この**節目**にあたり	at this turning point	76	11
	～にとっての貴重な**節目**	a remarkable milestone for ~	145	8
	この**復旧期間**中	during this recovery period	168	8
	AがBを**太らせ**ます。	A make(s) B gain weight.	219	5
	不法侵入【サーバー】	unauthorized access	175	2
	御社の**ブランド戦略**の強化	the enhancement of your branding strategy	162	10
	私たちは**プレゼント交換**をする予定です。	We are planning to have a gift exchange.	135	6
	いろんな物を**分解**する	take various items apart	108	4
	・文化交流（→「促進」）			
	文化的価値	cultural values	198	23

	■ キーワード	■ スピーチの表現	■ 頁 - 行	
へ	ベストだけが、ベストを創れる。	Only the best can create the best.	134	7
	大きな**変革**をもたらす	bring about constructive changes	128	5
	全額**返金**または交換を受ける	receive a full refund or exchange	174	9
	～[刊行物]の**編集長**	the chief editor of ~	195	8
ほ	複雑な国際**貿易慣行**	complicated international trade practices	102	15
	関西地方で広く使われる**方言**	a dialect widely spoken in the Kansai region	82	11
	良い**方向**に進む	go in the right direction	114	7
	・**報告**（→「現状報告」）			
	～では**法令順守**[コンプライアンス]を重んじます。	Compliance is highly valued at ~.	177	10
	[彼/彼女]の偉業を大変**誇り**に思います。	I am very proud of [his / her] accomplishments.	140	12
	～するのを大変**誇り**に思います。	I am very proud to ~.	70	9
	5年間の刃金**保証**	a five-year blade warranty	164	11
	我が社の将来は**保証**されています。	Our future is assured.	126	22
	骨の折れる努力	painstaking efforts	76	8
	[冗談ではなく]**本気**で受け取る	take ~ seriously	70	2
	日本が**本拠地**の会社	a Japan-based company	106	12
	本当にありがとうございます。	I thank you very much, indeed.	96	12
	今、その**本当**の意味が分かりました。	Now I know what it really means.	211	5
ま	**前置き**はこれくらいにして	without further ado	136	11
	前へお越しくださいませ。	Will you come to the front, please?	144	12
	まさに初めて	for the very first time	165	5
	まずは	to begin with	182	4
	・**ますます**（→「発展」）			
	またとない機会	a golden opportunity	162	11
	まだまだありますよ。【お楽しみ】	There's much more to come!	212	11
	～はもう**間近**[すぐそこ]です。	~ is just around the corner.	80	7
	私には**学ぶ**ことが多くあります。	I have much to learn.	100	15
	今朝はお**招き**いただきありがとう。	Thank you for having me this morning.	165	12
	満場一致を得る	reach a unanimous decision	77	5
	製品にはご**満足**でしょうか。	I hope you really like the product.	147	3
	満足感[心の充実]	a feeling of satisfaction	127	27
	心地よい**満足感**[心地よさ]の季節	a season of pleasant fulfillment	219	3
み	私には、～のように**見え**ます。	It seems to me that ~.	218	7
	AがBで**満たされ**ます。	A will be filled with B.	145	10
	～への、新たな**道しるべ**を得る	develop a new roadmap to ~	196	8
	双方の**密接**な関係	the close relationship between us	154	7
	身に余るものである【謙遜】	truly more than I could ever deserve	96	2
	短いご滞在で最高の**実り**を得る	get the most out of your brief stay	90	9
	未来を造る（構築する）	build the future	145	10
	未来志向	future-oriented	173	9
	～に**魅了**される	be attracted to ~	160	14

	日本の春の**魅力**	spring delights in Japan	219	1
	〜が**実を結ぶ**ようにする	make ~ bear fruit	106	10
む	日本の**昔話**	an old Japanese tale	208	5
	昔々、【昔話の開始】	Once upon a time,	208	5
	皆様の親切に**報いる**	repay your kindness	76	12
	皆様のご努力に**報いる**	reciprocate your efforts	199	28
	〜が十分に**報われる**	~ will be well rewarded	74	15
	弊社製品の**無限**の可能性	the infinite potential of our products	147	5
	無限の成長	the infinite growth	94	16
	〜が**無駄**にならないように	not to let ~ go to waste	106	6
め	**名士**	a dignitary	74	4
	ご**冥福**をお祈りいたします。	May you rest in peace.	191	12
	名誉市民号	an honorary citizenship award	186	4
	目覚ましい業績	outstanding achievements	144	4
	〜するのも**珍しく**ありません。	It is not unusual to ~.	218	4
	〜と**目線**を合わせる	maintain eye contact with ~	194	3
	・綿密な（→「市場調査」）			
も	（これを）**もう一度**言わせてください。	Let me say (this) once again.	156	12
	書類の**目次**	the table of contents in the document	136	12
	最たる**目的**［核心の目的］	the core purpose	84	3
	主要な**目的**［第一の目的］	the prime purpose	88	17
	我が社の**モットー**	our company's motto	68	8
	自分の個人的な経験を**基**に話す	base my talk on my personal experiences	214	3
	これほどの会を**催して**くれてありがとう。	Thank you for doing me such a great honor.	132	3
	盛りだくさんの企画	a well-rounded program	90	10
や	〜は当社の重要な**役目**であります。	~ is a vital part of this office.	98	11
	・役割（→「果たす」）			
	できることはすべて**やり遂げ**ました。	I have done all that I can.	118	4
ゆ	〜との温かい**友好関係**を続ける	continue a warm relationship with ~	86	17
	・優秀（→「表彰」）			
	有能な秘書	a very capable secretary	188	7
	AはBで**有名**です。［良いことで有名］	A is famous for B.【補足】悪名高いのは notorious	160	8
	〜の**有利性**を十分認識する	be well aware of the advantages of ~	104	2
	対米**輸出**を伸ばす	expand our export market into America	130	8
	［上役が］若い幹部社員に道を**譲る**	make room for my younger executives	126	4
	皆さんが**夢**を達成されますように！	May you accomplish your dreams!	200	17
	大きな**夢**を胸に	with a big dream	98	3
よ	〜へ**ようこそ**お越しくださいました。	Welcome to ~.	84	3
	ようこそ発表にお集まりくださいました。	Thank you for joining our session.	194	1
	弊社への**ご要望**をお聞かせください。	Please let us know how we can serve you better.	168	11
	この**よき日**にあたり【祝福】	on this happy occasion	180	16
	［参加の］ご**予約**は、私までどうぞ。	Please contact me soon to reserve your place.	135	10
	・喜び（→「共有」）			

■ キーワード	■ スピーチの表現	■ 頁 - 行	
（よ） ・喜ぶ（→「任命」）			
よろしいでしょうか？【異論の確認】	Any objections?	167	8
～様、よろしくお願いいたします。[呼名]	[Mr. / Ms.] ~, please.（ご登場ください）	182	5
～をよろしくお願いします。[要望]	Please let me ask for ~.（～を与えてください）	108	10
よろしくお願い申し上げます。[提Ћ]	Let's help each other.（共に助け合おう）	70	16
ら 多くのご来賓	many distinguished guests	68	1
ご来賓の皆様	our guests of honor	91	9
り 過去2年間の利益増	a growing profit margin over the last two years	114	7
～に関する、より深い理解	better insight into ~	148	13
AがBを理解しがたいと見る[感じる]	A find(s) B hard to understand	214	10
理想にあふれた	idealistic	173	9
～は私には立派すぎます。【謙遜】	~ is much too good for me.	132	2
当社の理念のごとく[理念に沿って]	in accordance with our company maxims	186	6
理由はともあれ	whatever the reason	102	5
両社のために	for the sake of both companies	150	15
素晴らしいスウェーデン料理	the excellent Swedish cuisine	150	2
皆さんのお国のいろいろな料理	a wide variety of food from your home countries	190	11
ここにご臨席のディーラーの皆様	our dealers present here	88	14
れ 零細企業	a tiny company	76	3
その長い歴史の中で	in its long history	213	6
本日、ご列席賜わりました皆様	all of you who have gathered here today	66	1
常に緊密に連携する	always work closely together	117	8
ろ 私には～がロマンチックに聞こえます。	It sounds all romantic to me that ~.	136	8
わ AはBと分かち合うべきものです。	A must be shared with B.	96	8
なぜ～なのか、よく分かりません。	I have no clue why ~.	109	6
3つの思いを胸に、お別れをします。	I leave you now with three thoughts.	118	13
親切な別れの言葉	gracious words of farewell	126	1
～の枠組みを再定義する	redefine the current framework of ~	173	10
～できて、私はわくわくしております。	I am excited to ~.	102	6
最もワクワクする場面ですね！	Now, the most exciting part has come!	212	3
・忘れないで（→「伝え合う」）			
～をお詫びいたします。	We deeply regret that ~.	168	4
ご不便をお詫びいたします。[辛抱に感謝]	We appreciate your patience and cooperation.	168	9
お騒がせをし、お詫びします。	We deeply apologize for the disturbance.	176	2
～を心よりお詫び申し上げます。	Please accept our sincerest apologies for ~.	168	8
～［人］に心よりお詫び申し上げます。	We extend our deepest apologies to ~.	175	5

あとがき

100 Ready-to-use Business English Speeches

　このたびは、数あるスピーチ書の中から本書を手に取ってくださり、本当にありがとうございました。

　スピーチは、人々に思いを伝える力です。それは、キング牧師の "I have a dream" から、オバマ大統領の "Yes, we can" へと時代が流れても、変わることはありません。もう数十年も前の話になりますが、著者二人はそれぞれの学生生活を終え、亀田は音響機器メーカーの貿易部員として、また清水は広告出版会社のコピーライターとして、ビジネスパーソンの第一歩を踏み出しました。二人がビジネス・コミュニケーションの研究者として大学の教壇に立つまでの間、亀田の国際ビジネス交渉が成功を収めてきたのも、清水のCMコピーがいくつかの賞をいただいたのも、その原動力は「人々の心に響く言葉を生み出す力」、すなわち「スピーチの力」に依るところが大きかったと振り返っています。

　本書は「英語スピーチ」の本ですが、人々に思いを伝えるスピーチの技術は、言語が違っても、その根幹は同じです。本書の「上達の秘訣」は、日本語でスピーチをする際にも、必ず役に立つことでしょう。本文冒頭の *Speakers' Tip 1* で紹介した「スピーチ・マインド」という言葉(p.3)には、著者二人の、スピーチへの敬愛が詰まっています。本書を手にされた皆さんには、ぜひスピーチ・マインドを胸に、「人々に思いを伝える力」、そして「スピーチの喜び」を感じてもらいたいと願っています。

　ビジネスが多くの人々とのチームプレーであるように、本書もまた、多くの方々のご協力の賜物であることは言うまでもありません。本書の終わりに、改めてお世話になった方々へ感謝を申し上げます。それぞれの専門分野から洞察あふれる助言をいただいた先輩方や同僚。読者の立場から率直な意見を聞かせてくれた学生たち。100本のスピーチを、著者の指示通り感情豊かに吹き込んでくださったCarolyn Miller氏とChris Koprowski氏。その音源を最高品質のCDに仕上げてくださった株式会社東京録音の佐藤技師。深夜早朝にわたる原稿執筆と版下制作を温かく支援し、絶えず応援してくれた著者の家族。そして何よりも、本書を手にしてくださった皆さんに、心からの感謝を捧げます。

　読者の皆さんにとって、本書が良きパートナーとなりますように。

著者略歴

亀田 尚己（かめだ なおき）
同志社大学商学部・大学院商学研究科教授。商学博士。国際ビジネスコミュニケーション学会相談役。日本大学大学院商学研究科博士課程修了単位取得退学（1977年）。専門は国際ビジネス・コミュニケーション。著書に『ビジネス英語を学ぶ』（筑摩書房、2002年）、『国際ビジネスコミュニケーションの研究』（文眞堂、2003年）、Managing Global Business Communication（丸善出版、2005年）、『英語ができるのになぜ通じないのか』（日本経済新聞出版社、2012年）、『和製英語事典』（共著、丸善出版、2014年）など多数。

清水 利宏（しみず としひろ）
滋賀県立大学全学共通教育推進機構特任准教授。博士（英語学）。日本国際情報学会理事。関西外国語大学大学院外国語学研究科博士課程後期修了（2012年）。専門はビジネス・スピーチ・コミュニケーション。主要な学術論文に、"Dots or flows? A field of metaphors in business"（国際ビジネスコミュニケーション学会『研究年報』71号、2012年）、"Designing business speeches with CEO's metaphorgrams"（同72号、2013年）などがある。また、英語弁論大会の審査やスピーチ・セミナーを通じ、スピーチ教育の普及に努める。

英文監修者略歴

ガー・レイノルズ（Garr Reynolds）
米国オレゴン州出身。1989年に初来日して以来、日本の文化や哲学を研究し続ける。住友電気工業や米国アップル社の勤務を経て独立。プレゼンテーションの実施および指導における世界的な第一人者。スティーブ・ジョブズ流のプレゼンに日本文化「禅」を融合させた手法は、"世界で最もシンプル" なメソッドとして名高い。関西外国語大学の教授も務める。著書『プレゼンテーションZen』は世界19か国で発売され、約30万部のベストセラーに。その他の著書に『プレゼンテーションZenデザイン』、『裸のプレゼンター』などがある。

『ビジネス英語スピーチ100』著者提供サイト http://www.english.gr.jp/100

すぐに使える ビジネス英語スピーチ100　上達の秘訣30＋モデル文100
2014年3月28日　初版発行

著　者	亀田 尚己　　清水 利宏
	© Naoki Kameda, Toshihiro Shimizu, 2014
英文監修	ガー・レイノルズ（Garr Reynolds）
英文校正協力	Jean-Pierre Antonio, Martin C. Stack
発行者	関戸 雅男
発行所	株式会社 研究社
	〒102-8152　東京都千代田区富士見2-11-3
	電話　営業(03) 3288-7777（代表）　編集(03) 3288-7711（代表）
	振替　00150-9-26710
	http://www.kenkyusha.co.jp
印刷所	研究社印刷株式会社
装丁・本文デザイン・DTP組版	清水 利宏

KENKYUSHA
〈検印省略〉

ISBN 978-4-327-43081-8　C1082　Printed in Japan